iT邦幫忙 鐵人賽

S

你的地圖會說話？

WebGIS 與 JavaScript 的情感交織

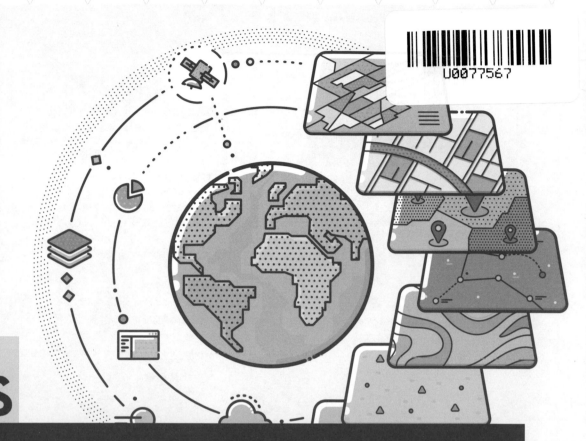

2020 iT邦幫忙 鐵人賽 佳作 iThome

鎖地圖與 JavaScript 相遇的秘密

國第一本介紹 WebGIS 開發與實戰應用的實體書籍！

WebGIS 啟蒙首選 五家地圖 API 近百個程式範例

實用簡易口訣 學習難度分級 補充 ES6 小知識

書提供範例程式下載，事半功倍一學即上手！

廖炳閎（Perry Liao）—— 著

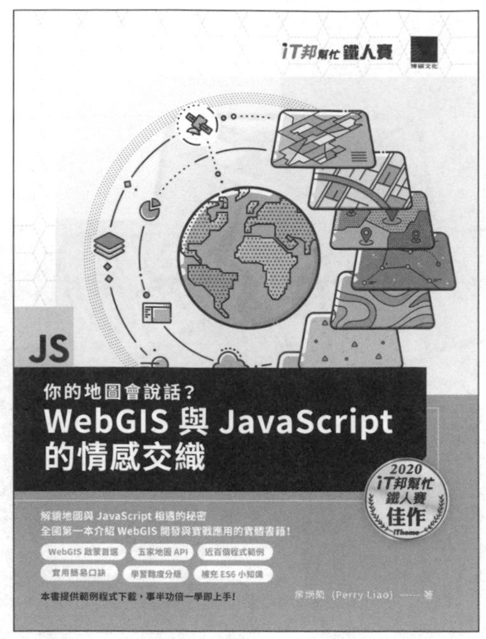

本書如有破損或裝訂錯誤，請寄回本公司更換

作　　者：廖炳閎（Perry Liao）
責任編輯：魏聲圩

董 事 長：陳來勝
總 編 輯：陳錦輝

出　　版：博碩文化股份有限公司
地　　址：221 新北市汐止區新台五路一段 112 號 10 樓 A 棟
　　　　　電話 (02) 2696-2869　傳真 (02) 2696-2867
發　　行：博碩文化股份有限公司
郵撥帳號：17484299　戶名：博碩文化股份有限公司
博碩網站：http://www.drmaster.com.tw
讀者服務信箱：dr26962869@gmail.com
訂購服務專線：(02) 2696-2869 分機 238、519
（週一至週五 09:30 ～ 12:00；13:30 ～ 17:00）

版　　次：2022 年 6 月初版一刷

建議零售價：新台幣 600 元
I S B N：978-626-333-076-4
律師顧問：鳴權法律事務所 陳曉鳴 律師

國家圖書館出版品預行編目資料

你的地圖會說話 ?WebGIS 與 JavaScript 的情感交織 /
廖炳閎著 . -- 初版 . -- 新北市 : 博碩文化股份有限公司,
2022.04
　面；　公分 . -- (iT 邦幫忙鐵人賽系列書)

ISBN 978-626-333-076-4(平裝)

1.CST: 地理資訊系統

609.029　　　111003963

Printed in Taiwan

博碩粉絲團

歡迎團體訂購，另有優惠，請洽服務專線
(02) 2696-2869 分機 238、519

推薦序

在當前的網頁應用程式（Web Apps）大多是以 JavaScript 程式語言開發前端網頁系統，開發者若能進一步整合地理資訊呈現與分析的功能，將使網頁應用程式的資料呈現更為多元豐富，因此地圖瀏覽與分析功能已經是近年網頁程式開發者需提供的標準內容，例如：COVID 疫情期間常見到政府或民間製作的「口罩地圖」、「快篩地圖」等。由於目前坊間較欠缺關於學習網頁地理資訊開發的中文技術書籍，因此，個人非常推薦廖炳閎先生出版的《你的地圖會說話？WebGIS 與 JavaScript 的情感交織》。這本書是非常適合初學者自學上手的 WebGIS 入門教材，從地理圖資的常見格式，再來深入淺出的解說如何運用網路資源進行資料擷取、設定、展示與分析等，提供讀者循序漸進的瞭解 WebGIS 的基本原理，進一步能學習如何開發適用於不同目的的 WebGIS 系統。

在過去的教學經驗中，在講授撰寫應用系統開發時，經驗上初學者常困擾於瞭解各種程式語法的使用時機、函數設定等，而程式語法在學習上經常是很困難進行系統性的理解，且在各種時機都可能有不同的設定方式。因此，這本書提供很好的範例實作說明，使用者可藉由這些範例程式，瞭解如何實作與開發 WebGIS 的各項功能。例如：在地圖應用程式介面（Application Programming Interface, API）的連結上，該書提供業界最常用的五種主要圖資來源，從商業地圖公司（Google Map/Here Maps）到開放源碼方式（Leaflet）；從國外專業地理資訊公司（Esri ArcGIS）到國內政府部門（TGOS）提供的地圖介接方式，都有完整的設定說明，是初學者依照不同目的來上手 WebGIS 的絕佳參考。

最後一提的是，學習開發 WebGIS 前端應用程式，通常需事先具備網際網路運作方式、地理資訊系統與資料庫系統的基本觀念，技術上要先瞭解

HTML、JavaScript 等程式語法等，因此常讓人感覺增加上手 WebGIS 的困難度。而這本書的架構與可讀性，提供初學者很容易上手的方式，讀者不太需要有前述的背景知識或程式技術，就可以透過這本書的內容説明與範例程式，瞭解 WebGIS 的運作原理以及具備親自實作的能力。綜言之，這是一本讓所有想要瞭解如何開發地圖應用程式的任何人，都能一窺 WebGIS 實用且充滿趣味的技術領域。

溫在弘

國立臺灣大學地理環境資源學系教授

國立臺灣大學理學院空間資訊研究中心主任

中華民國地圖學會理事長

序言

2020 年 9 月，筆者在 iT 邦第 12 屆鐵人賽以《你的地圖會説話？WebGIS 與 JavaScript 的情感交織》網路系列文章榮獲佳作，以至於有了本書的出版。

説到 WebGIS，筆者是從 2018 年進入業界後才開始接觸。在過去的職場經驗裡，不禁有感而發。具備 GIS 背景的畢業生，在網頁開發知識的不足以及軟體工程的經驗缺乏下，進入 WebGIS 領域的門檻較高；資訊科學專業的畢業生，雖然經歷較系統性的演算法及資料結構的訓練，程式基礎較為扎實，但在地圖相關的 domain knowhow 卻不足，再加上 WebGIS 產業薪資水平不算特別突出，除非興趣使然，不然並不會特別進入 WebGIS 相關的產業工作。在這樣子的環境背景下，使得 WebGIS 領域的工程師人才極為稀缺。

有鑑於此，筆者身為地理系專業，又具備一定程度的軟體工程的知識及經驗，有能力及責任拉近 GIS 與軟體工程之間的距離，搭建兩個領域相結合的橋樑。本書會從最基礎的地理資訊系統的知識講起，結合軟體工程的開發經驗，搭配口訣與流程圖，讓初學者快速上手 WebGIS 領域，打造屬於自己專屬的地圖，述説著每一個精彩動人的故事。

歷經數月的撰寫及校稿，本書終於迎來上市的日子。要感謝的人太多，無法一一列舉，感謝軟體工程路上所遇見的每個人，也感謝我的家人、朋友一路的陪伴與支持，最後感謝地理系、iT 邦與博碩文化提供的協助。

關於本書

本書章節架構

本書一共分為四個部分，PART I（初學者的試煉）及 PART II（GIS 資料格式）介紹了 WebGIS 初始化地圖的方式、以及常見的向量及網格資料格式，並且輔以口訣、步驟及流程圖。所謂「工欲善其事，必先利其器」。掌握了 WebGIS 的基本工具，無論遇到什麼樣的 WebGIS 的需求，都能以它們為基礎，完善進階複雜的地圖功能。

此外，不同的地圖服務 API 的實作方式也略有不同，在 PART I 及 PART II 中，筆者精心挑選出最常見的地圖 API 進行介紹，一共介紹了五家地圖 API 的實作方式，包括：Google Map API、Here Maps API、ArcGIS API、TGOS Map API、Leaflet API。透過五家地圖 API 的異同比較，以及範例程式的精確掌握，讀者們可以更了解如何在不同使用情境中，選擇最合適的地圖 API。

PART III（GIS 查詢功能），為一般 WebGIS 資訊系統中常見的功能，包括坐標定位、地址定位、行政區定位、展點、環域查詢等等……，由於篇幅的關係，再加上在 PART I 及 PART II 已有介紹各家地圖 API 基本的使用方式，在 PART III 中只以 Leaflet API 來進行地圖呈現，並且輔以各家 API 的資料服務（例如：Google Map Geocoding API、全國門牌地址定位服務等），掌握了 GIS 查詢功能的核心思路，在不同的 WebGIS 資訊系統中將能舉一反三。

PART IV（高手雲集的殿堂），主要介紹 WebGIS 中較為進階的部分。承接 PART III 中的環域查詢，在 PART IV 的第七章中介紹了 SQL Spatial 空間查詢，詳細介紹環域查詢在資料庫面的實作方式及核心思路，也是本書唯一非使用 JavaScript 的章節；GIS 除了空間分析外，也十分注重使用者的視覺效果，因此 PART IV 也介紹了各種視覺化的進階展現，讓資料展現在地圖上更為鮮明。

➲ 本書與鐵人賽系列文章有何不同？

在鐵人賽的文章中是以兩篇為一組，第一篇為 WebGIS 功能實作，第二篇則是講解 JavaScript 的觀念，為 WebGIS 與 JavaScript 並重的主題式文章。本書在經過系統性的整理後，以 WebGIS 為主軸，詳細介紹 WebGIS 的基礎觀念，以及各種情境的實戰應用的方式，並且整合五家地圖 API 的範例程式，一次滿足所有的使用情境。

在鐵人賽的文章中，沒有五家地圖 API 的統整，也沒有系統性整理 WebGIS 的常見功能，本書約有 50% 以上的內容皆為鐵人賽文章所沒有的。然而，有鑒於本書定位為初學者入門的書籍，相較於鐵人賽，本書刪除了許多較為進階的前端程式，包括 JavaScript 設計模式、結合 vue.js 前端框架、Webpack 的編譯及打包、3D GIS 的應用，有興趣的讀者們可以透過筆者鐵人賽的文章初步窺探這些領域。因此，鐵人賽的文章與本書可以說是相輔相成，並非簡易版與完整版的差別。

➲ 本書範例程式

本書所有範例均提供範例程式檔下載，每個範例從 HTML、CSS 及 JavaScript 檔案均鉅細靡遺，下載後可直接執行。部分程式範例還提供線上 Demo（Github Page），可以於書中掃描 QR Code 直接看地圖呈現效果；部分程式因為 API Key 的安全考量，沒有提供線上 Demo，讀者們可以申請完地圖 API Key 後，替換範例程式中輸入 API Key 的位置，即可展示地圖。

本書範例程式下載：

https://github.com/PapaPerryLiao/WebGIS-and-JavaScript

目錄

PART I 初學者的試煉

01 地圖 API 的選擇？

PART II GIS 資料格式

02 向量資料格式

03 網格資料格式

04 複合型資料

PART III GIS 查詢功能

05 定位查詢

06 展點與環域

PART IV 高手雲集的殿堂

07 SQL Spatial 空間查詢

08 進階視覺化功能

PART I

初學者的試煉

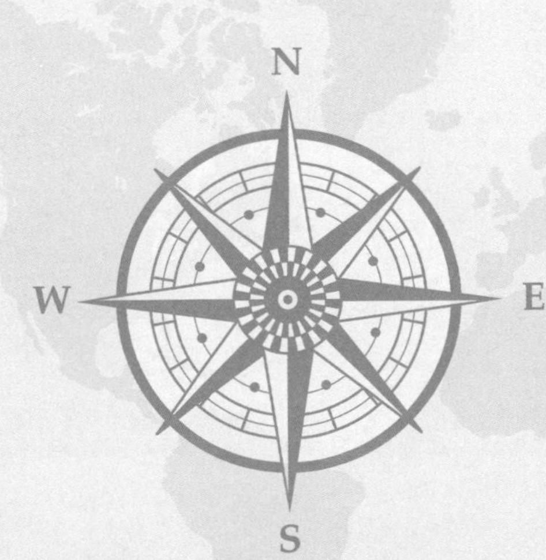

01 Chapter

地圖 API 的選擇？

本章學習重點：

- 初始化地圖四步驟，跟著口訣立即上手
- 認識地圖初始化的基本屬性，例如：坐標系統、縮放層級、中心點等等
- 認識各家地圖 API 的優缺點，選擇最合適的 API

1.1 與 WebGIS 的邂逅

學習難度 ★☆☆☆☆

1.1.1 GIS 是什麼？

GIS 是什麼？GIS 全名為 Geographic Information System，地理資訊系統。讀者們可以把它拆分為「地理」跟「資訊系統」來看待。

地理，也就是大家耳熟能詳，國高中都有的一門學科，不知道大家還記不記得中學時期的地理課學了些什麼？忘記了很正常！筆者身為地理系的畢業生，也記不清大部分的內容及細節了。說到地理，有的人可能會想起地形地貌，海蝕作用造就野柳的女王頭，抑或是火山活動造就的陽明山小油坑，不

勝枚舉；還有人會想起人口、都市化、產業發展，青年們背井離鄉來到台北工作的人口遷移，都市規劃帶動產業發展及郊區化；可能最多人想起的是地圖，背包客出遠門旅遊要看地圖，美食外送員將餐點送達也要看地圖。不論大家心中的地理是什麼？抑或是有什麼印象深刻的故事，都讓我們透過地圖來述說。

在西元前 6000 年左右，石器時代時就有人類製作地圖的痕跡，隨著地圖的不斷發展與演進，地圖的類型隨著時代與地區性也有所不同。然而，從前的地圖多半為紙本的地圖，直至 20 世紀中後期，資訊科技蓬勃發展，才出現計算機製圖，也就是用電腦資訊系統來製作地圖。最早使用地理資訊系統的是加拿大地理學家羅傑 ‧ 湯姆林森（Roger Tomlinson）於西元 1967 年開發的加拿大地理資訊系統（CGIS），用以儲存加拿大土地利用情形並加以分析。後來隨著企業的商業投入，地理資訊系統也逐漸蓬勃發展。

在 20 世紀末，網際網路（Internet）的興起，透過應用程式執行的資訊系統都逐漸網站化，GIS 也不例外。早期透過企業 GIS 軟體製圖（例如：ArcGIS、QGIS 等等……），也逐漸演變成透過網站（Web）來實現，也就是所謂的 WebGIS（地理資訊系統網站化，或稱為電子地圖服務），也就是本書要教讀者們快速上手的工具。

WebGIS 系統開發，通常是經由第三方提供的應用程式介面（Application Programming Interface）去實踐，簡稱為 API。然而，提供 WebGIS 的 API 來源有很多種，有開源的、也有依流量計費的、有功能齊全且複雜的、也有簡單能快速上手的，可謂青菜蘿蔔各有所好，各有各的好。那要怎麼去挑選 WebGIS 的 API 呢？

接下來的章節會介紹常見的地圖 API，絕對不是要讀者們精通各家地圖 API 的使用，就連筆者本人因為工作需求，也僅僅有在專案中使用其中四家地圖 API，其餘的均為閒暇之餘慢慢去研究及摸索。然而，這些地圖 API 雖然各有優缺，但僅僅只要學會一家地圖 API，就能開發出一套完整的 WebGIS 圖台系統，並且可以支援幾乎所有的基本功能。在本章節的介紹中，透過各家 API 的實作方法與程式風格，可以了解地圖 API 大同小異的原理及開發方式，並分享筆者的開發經驗及思考邏輯，再從各家 API 的優缺引導讀者選擇自己最適合的地圖 API，打造自己專屬的圖台系統。

> **告訴你一個小祕密！**
>
> 以 WebGIS 開發為主的資訊系統又被稱為地圖或是圖台，提供 WebGIS 開發的第三方 API，則稱為地圖 API 或是圖台 API。

1.1.2 初始化地圖的四步驟

通常我們使用一個沒接觸過的 API、套件或框架，首先一定要仔細研究 API 文件，並且根據文件中的說明及範例去試著實作。在實作的過程中就是不斷地試誤（try and error），從不斷錯誤中不斷地找尋解決方法，也就會逐漸累積經驗。然而，這樣的方式雖然有效，但卻太花時間。想要更快速地上手一個陌生領域，最佳的方式是透過有經驗者的教學，研讀整理過後的文章及筆記，參考已經完成的範例實作。在缺乏 domain knowhow 的情況下，更難以上手地圖 API 的使用。本小節筆者整理了簡單的口訣，只需要四步驟，就能初始化地圖，建立 WebGIS 圖台系統。

口訣

Step 01 載入地圖 API

第一步為載入地圖 API。在載入 API 之前，首先必須決定使用哪一家地圖 API，並且把 JavaScript 程式透過 script 標籤以超連結的方式載入。

Step 02 新增存放地圖的 div

WebGIS 地圖會透過第三方 API 加載到網頁標籤上，因此需要一個網頁標籤作為容器，用來存放即將加載的地圖，而最常使用的標籤為 div。新增一個帶有 id 的 div 標籤，讓地圖 API 透過 id 來辨識這個標籤，並存放地圖。

Step 03 設定 div 的寬高

地圖 API 絕大多數沒有預設的固定寬高，因此要預先給予存放地圖的 div 容器寬與高的屬性，以免無法生成地圖。

Step 04 初始化地圖

呼叫地圖 API 提供的方法來初始化地圖，根據不同的地圖 API，有不一樣的呼叫方式。地圖的初始化設定也是在這一步驟去實現，例如：初始中心點坐標、初始縮放層級、坐標系統等等⋯⋯。

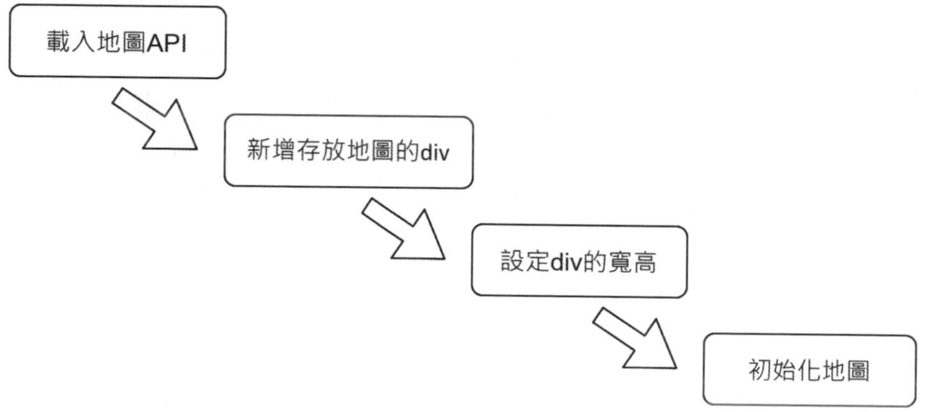

圖 1-1　初始化地圖的四步驟

告訴你一個小祕密！

設定 css 樣式（div 標籤的寬高）是一個必要，且初學者很容易忘記的步驟。在地圖初始化時，並沒有一個預設的寬高，它會根據欲生成的 HTML 標籤的寬高，以此作為容器，將地圖生成。如果沒有設定寬高，div 標籤在沒有內容的情況下寬高都是 0，地圖即便產生也無法看見。

1.1.3 常見的地圖屬性設置

地圖屬性設置三步驟：坐標系統、中心點、縮放層級

地圖初始化時有許多地圖屬性提供設置，一般而言許多屬性都有預設值，也就是說，我們不需要額外設定屬性就能夠初始化地圖。然而，我們在瀏覽一個 WebGIS 的網站時，通常都會有目的性，可能是搜尋台北市的美食餐廳，因此地圖初始化的時候就應該把範圍設置在台北市的區域，才能快速滿足使用者的需求。其中，地圖初始化最重要的屬性設置為坐標系統、中心點、縮放層級。

➲ 坐標系統（coordinate system，常被簡寫為 coordSys 、crs、srs）

地球是球狀的，要把球狀的地球壓縮成平面，顯示在地圖上，稱為「投影」。然而，壓縮成平面一定會造成原有的球體稍微變形，不同的投影方法形變的程度也不盡相同，適用在不同種類的地圖上，而不同投影方法的 XY 坐標系的表示方法也不一樣，稱為「坐標系統」。也衍生出不同的代號對應到不同種類的坐標系統，例如：EPSG:3826、EPSG:3857、EPSG:4326。

設定好地圖的坐標系統，才能了解地圖的 XY 坐標系的表示方法。因此「坐標系統」是筆者建議要在初始化階段注意並且設定的屬性之一。常見的設定有經緯度表示方式及二度分帶表示方式，在後續的章節 5.2 中會詳細介紹坐標系統的原理及坐標系統轉換的方式。

➲ 中心點（center）

中心點坐標設置，關係到初始載入地圖時，使用者看到地圖的第一印象及關注的項目，建議將地圖中心點坐標設置在該圖台系統中最關注的區域及範圍。例如：桃園機場噪音管制平台，就會將中心點坐標設置在桃園機場，並且關注飛機起降形成的噪音是否會影響附近的居民及商家。

縮放層級（zoom）

地圖可以自由放大縮小，如果我們要看地圖上比較細節的項目時會把地圖放大，要看全貌時又會把地圖縮小，放大及縮小的程度我們稱它為「縮放層級」。縮放層級通常代表著關注的尺度（scale），也就是說在地圖上關注的範圍的層級是屬於小範圍的或是大範圍的。例如：今天要關注的是亞洲區國際航班的路線及流向，這時候關注的範圍就會是整個亞洲區包括東北亞、東南亞、中亞、南亞等等都在可視範圍中，因此會把地圖縮小到可以看到這些區域的程度；如果關注的是台北市美食外送員的路線調查，那地圖就會放大到整個台北市，並且可以看到街道巷弄的程度。

最大縮放層級（maxZoom）、最小縮放層級（minZoom）

WebGIS 系統有關注的主題及事件，也有關注的縮放層級。然而，關注的縮放層級可能不是其中某一個尺度，而是某一個範圍，因此可以設置最大及最小的縮放層級。另一方面，為了預防使用者不當操作，縮放至系統關注的範圍之外，因此可以設定地圖 API 提供的 maxZoom 及 minZoom 屬性，限制使用者縮放的操作。

縮放層級控制項（zoomControl）

WebGIS 系統上有預設的縮放層級的按鈕，提供放大及縮小的功能，稱之為「縮放層級控制項」，可以藉由 zoomControl 這個屬性選擇預設開啟或關閉這個控制項。

比例尺控制項（scaleControl）

地圖學中，地圖四要素為圖名、圖例、比例尺、指北針。其中，比例尺可以讓使用者知道地圖上的 1 公分（cm）在實際上代表多少公尺（m），因此也是地圖不可或缺的項目之一，可以藉由 scaleControl 這個屬性選擇預設開啟或關閉比例尺的顯示。

地圖類型控制項（mapTypeControl ）

在不同的地圖 API 中，會有不同的預設底圖，而有一些 API 提供多種底圖可供切換，可透過 mapTypeControl 這個屬性去指定預設的底圖。

拖移（draggable）

地圖除了放大縮小外，還有拖移功能，draggable 可以設定相關的拖移選項，但一般情況下不會特別去設定。

告訴你一個小祕密！

WebGIS 的地圖渲染方式目前有 svg 及 canvas 兩種。svg 模式在縮放時會即時運算在網頁上放大縮小的比例，初始化時速度較快，但觸發地圖事件時由於需要即時運算，速度較慢；canvas 則是會在渲染前繪製成圖片，縮放時直接套用圖片，在初始化時因繪製圖片等待較久，但在使用者進行圖台操作時效能更好。預設的地圖呈現模式通常為 svg，但部分地圖 API 支援以 canvas 的模式去渲染，例如：Leaflet API 可以透過 preferCanvas 這個屬性去設置地圖的渲染方式。

根據不同的地圖 API，會有不一樣的參數設定，而且也不是所有的設定都會使用到，很多時候也是根據專案需求，再去 API 文件詳查其它需要的設定。設定的名稱也不盡然跟上述筆者所寫的一樣，這裡要提供讀者們一個思路，一個初始化地圖時的注意事項，而不是給大家抄的屬性列表及程式碼。有了上述這些重點觀念，相信翻閱 API 文件時能更快速的找到想要的地圖屬性。

1.2 大眾化的 Google Map API

學習難度 ★★☆☆☆

首先，先為大家介紹最耳熟能詳的 Google Map API，相信 Google 地圖一直以來都是人人經常使用的地圖。功能齊全、效能好，介面也是大家最為熟悉的，但其收費對於開發團隊而言卻是一場夢魘。從 2018 年開始，嚴格的 API 收費制度的啟用，規定每位開發帳號都要綁定信用卡，沒有綁定信用卡會直接顯示「這個網頁無法正確載入 Google 地圖」，綁了信用卡每月僅有 28500 次的流量，還是會整天擔心用量超額收到帳單。

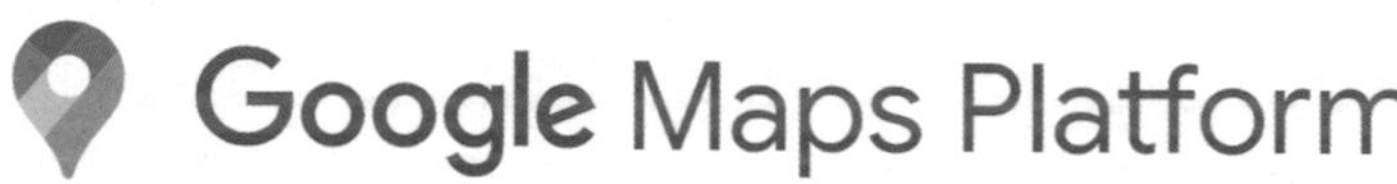

圖 1-2　Google Maps Platform logo

Google Map API 在早期是工程師界最多人自學的地圖 API，網路上也不乏有許多資源，在它嚴格收費制度的出現後，工程師們也逐漸轉戰使用其它開源 API。也就是說，在業界早期的程式，多數使用 Google Map API，但新開發的資訊系統，如果沒有特別要求，老闆都是能省則省，用免費或是費用低的為主。

1.2.1 申請 Google Map API Key

使用 Google Map API 前要先申請 API Key，申請 API Key 則需要 gmail 帳號，並且綁定信用卡，跟著以下步驟填寫資料，申請一個 API Key 吧！

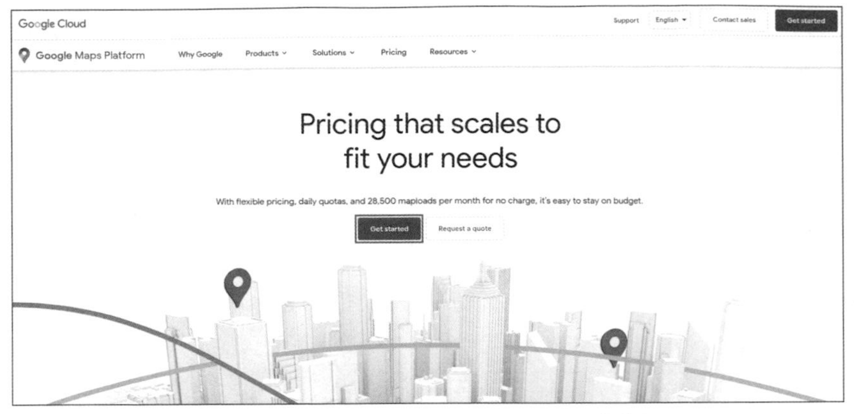

圖 1-3　Google Maps Platform 官網

▲　首先先進入官網 Google Maps Platform（ https://mapsplatform.google.com/ ）

→　Get started ，這是管理帳戶的後台系統，可以從後台系統中得知申請的 API Key 在不同服務項目的使用量及應付的金額

圖 1-4　申請 Google Map API Key 步驟 1

▲　選擇「台灣」、「個人專案」，詳讀服務條款並選擇同意

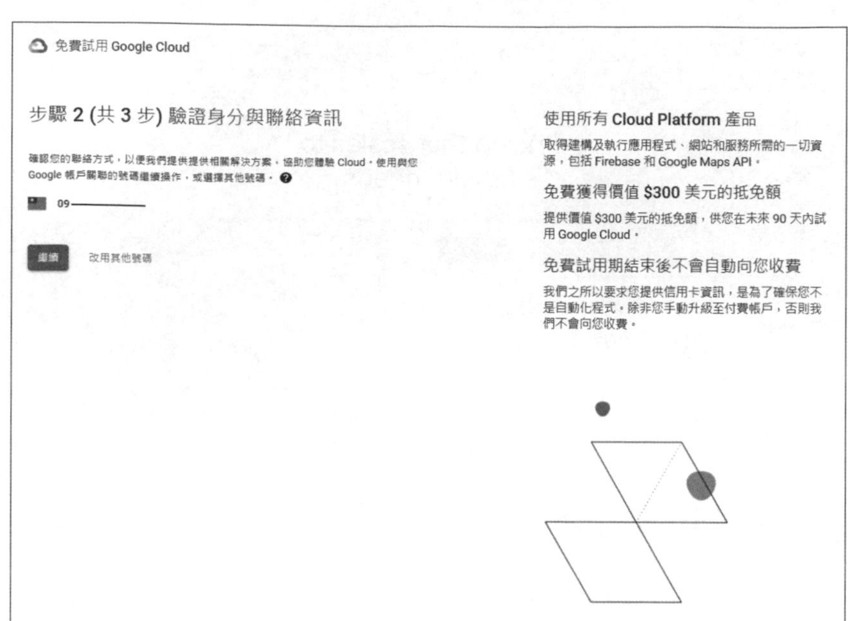

圖 1-5　申請 Google Map API Key 步驟 2

▲ 填選手機號碼並驗證

免費試用 Google Cloud

步驟 3 (共 3 步) 驗證付款資訊

您的付款資訊可協助我們減少欺詐活動和濫用行為。除非開啟自動計費功能，否則系統不會向您收取任何費用。

客戶資訊

帳戶類型

個人

選擇「個人」及「未登記稅籍的個人」

稅務資訊

稅籍

未登記稅籍的個人

名稱和地址

台灣

+886

填選「地址」及「信用卡卡號」

付款方式

每月自動付款

您採用的付費方式是每月結帳日定期自動扣款。

付款方式

卡號　月份　年份　信用卡驗證碼

使用所有 Cloud Platform 產品

取得建構及執行應用程式、網站和服務所需的一切資源，包括 Firebase 和 Google Maps API。

免費獲得價值 $300 美元的抵免額

提供價值 $300 美元的抵免額，供您在未來 90 天內試用 Google Cloud。

免費試用期結束後不會自動向您收費

我們之所以要求您提供信用卡資訊，是為了確保您不是自動化程式。除非您手動升級至付費帳戶，否則我們不會向您收費。

圖 1-6　申請 Google Map API Key 步驟 3

▲ 填選帳戶類型、稅務資訊、地址及信用卡卡號

申請完成，即可取得個人專屬的 API Key。

1.2.2 初始化地圖（Google Map API）

初始化地圖四步驟：

Step 01 載入地圖 API

```
    <script src="https://maps.googleapis.com/maps/api/js?key=yourAPIKey">
</script>
```

載入 Google Map API 的連結，網址後方「？」的地方稱為 queryString，要填名稱為 key 的參數，並且填入剛剛申請好的 API Key。

何謂 QueryString ？

QueryString 為網站 url 的查詢字串，通常在 HTTP 請求的 get 方法經常使用。後方查詢的參數名稱可以自定義，數量也沒有限制。使用方式為在網址後方加入「?」填入第一個參數，「=」則填入參數的值，多個參數時使用「&」來分隔。

Step 02 新增存放地圖的 div

```
<div id="gmap"></div>
```

新增之後用來存放地圖的 div 標籤，id 為 gmap。這裡的 id 可以任意取名，但網頁上不能有其它同名的 id。

Step 03 設定 div 的寬高

```
<style>
    html,
    body {
        height: 100%;
        margin: 0;
        padding: 0;
    }

    #gmap {
        width: 100%;
        height: 100vh;
    }
</style>
```

通常我們會把樣式寫在 style 標籤中，margin 跟 padding 屬性設為 0 是為了讓地圖滿版，讓邊界沒有留下空白；width 寬度及高度通常設定為 100%，也就是滿版的意思，也可以使用特殊的單位 vw（可視寬度）及 vh（可視高度）來設定滿版。

Step 04 初始化地圖

程式演練 1.1 初始化地圖（Google Map API）

```
const gMap = new google.maps.Map(document.getElementById('gmap'), {
    center: { lat: 23.5, lng: 121 },
    zoom: 7,
    maxZoom: 18,
    minZoom: 0
});
```

程式演練下載網址：

https://github.com/PapaPerryLiao/WebGIS-and-JavaScript/tree/master/1/1.1

google.maps.Map 是初始化地圖的函式，使用 new 可以藉由這個函式建立一個新的地圖物件；參數一為欲存放地圖的容器，這裡放入剛剛建立好帶有 id 為 gmap 的 div 標籤，透過 id 選擇器 document.getElementById 可以選取到頁面中帶有該 id 的標籤；參數二為地圖的設定，這裡設定了 center（中心點坐標）、zoom（縮放層級）、minZoom（最小縮放層級）、maxZoom（最大縮放層級）。

告訴你一個小祕密！

網頁最常使用的單位為 px（pixel，像素），為絕對單位，代表螢幕中每個小亮點，一般用在固定寬高的版型；%（percent，百分比），為相對單位，依照父元素的大小去乘以百分比縮放；vw（可視寬度）及 vh（可視高度），為特殊單位，會依照整個畫面的可視寬高乘以百分比去縮放。

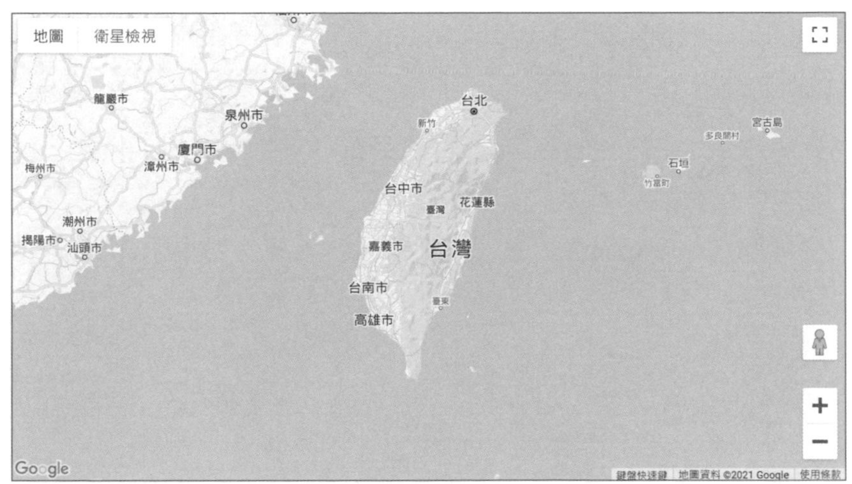

圖 1-7　初始化地圖 (Google Map API)

使用地圖物件取得中心點、邊界及縮放層級

```
const getMapInformation = () => {
    const center = gMap.getCenter();
    const latitude = center.lat();
```

```
    const longitude = center.lng();
    const bounds = gMap.getBounds();
    const zoom = gMap.getZoom();

    console.log('緯度', latitude);
    console.log('經度', longitude);
    console.log('邊界', bounds);
    console.log('縮放層級', zoom);
}
```


在 Step 04 建立好的地圖物件 gMap，我們可以透過它呼叫其它方法，取得現有的地圖資訊。利用 **gMap.getCenter()** 可以取得目前的中心點坐標，再透過 **center.lat()** 及 **center.lng()** 可以分別拿到緯度及經度資訊；透過 **gMap.getBounds()** 可以取得地圖畫面的邊界坐標，也就是右上、右下、左上、左下共四個點，也可以想像成長方形邊界的四條線。

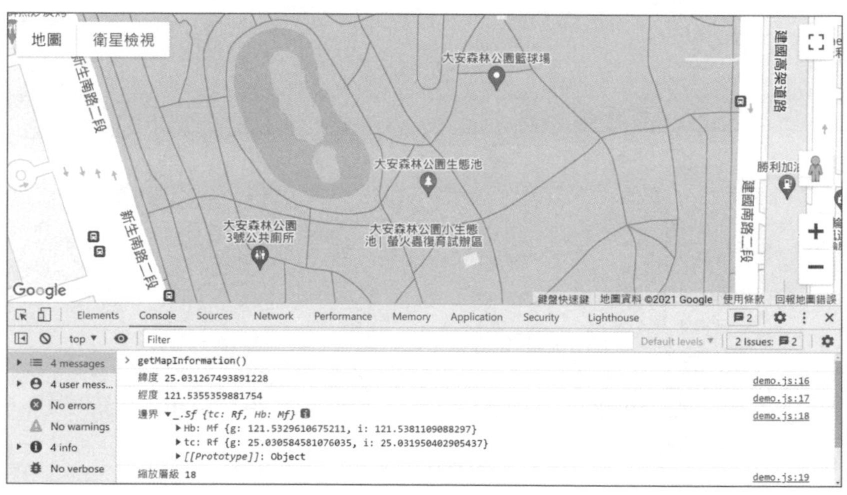

圖 1-8　取得中心點、邊界及縮放層級並展示

我要成為高手

Google Map API 文件

https://developers.google.com/maps/documentation/javascript/overview

1.3 導航豐富的 Here Maps API

學習難度 ★★★☆☆

相較於高額收費的 Google，Here 地圖則是擴大開放使用者的流量次數 (每月 25 萬次)，並且也有 android 及 ios 開發用的 SDK 可供使用，算是算準了 Google 地圖昂貴費用帶來的開發人潮流失，搶佔開發人員的使用率。

圖 1-9　Here logo

1.3.1 申請 Here Maps API Key

Here Maps API 使用上也需要申請 Key，但不須綁定信用卡，對於一般的開發者比較友善，費用上也比較親民。

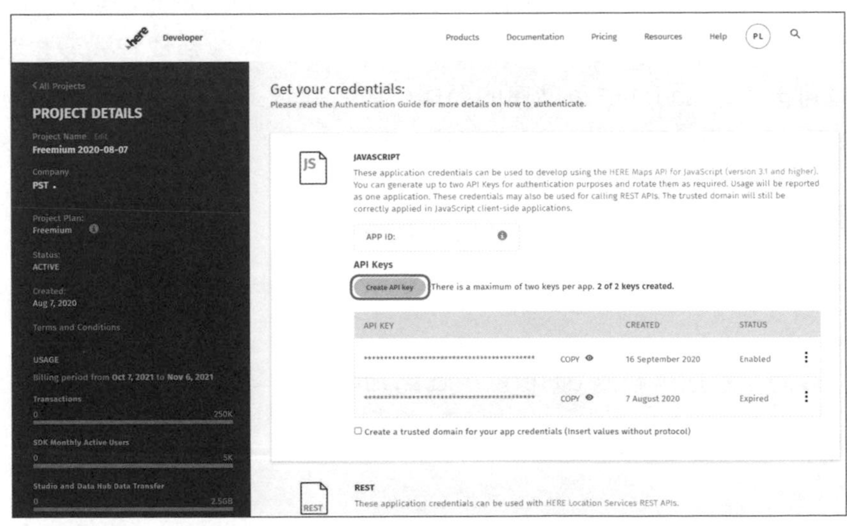

圖 1-10　Here Maps API Key 申請畫面

1.3.2 初始化地圖（Here Maps API）

初始化地圖四步驟：

Step 01 載入地圖 API

```
<script src="https://js.api.here.com/v3/3.1/mapsjs-core.js" type=
"text/javascript" charset="utf-8"></script>
<script src="https://js.api.here.com/v3/3.1/mapsjs-service.js" type=
"text/javascript" charset="utf-8"></script>
<script type="text/javascript" src="https://js.api.here.com/v3/3.1/
mapsjs-ui.js"></script>
<script type="text/javascript" src="https://js.api.here.com/v3/3.1/
mapsjs-mapevents.js"></script>
```

可以從 script 中發現，Here Maps API 在 JavaScript 程式有分門別類：

- core.js 核心的地圖 API 程式
- service.js 提供額外的地圖加值服務
- ui.js 地圖介面相關的程式
- mapevents.js 地圖事件相關的程式

分類的好處是在開發階段可以清楚的知道不同的 JavaScript 程式提供的功能是什麼，假如漏掉一部分的 JavaScript 程式，可能會造成程式發生錯誤，而且還可能存在 script 先後順序的問題。筆者建議，就照著官方文件的做法把全部 Here 相關的 JavaScript 程式都引用進來吧！

Step 02 新增存放地圖的 div

```
<div id="hmap"></div>
```

新增之後用來存放地圖的 div 標籤，id 為 hmap。

Step 03 設定 div 的寬高

```
<style>
    html,
    body {
        height: 100%;
        margin: 0;
        padding: 0;
    }

    #hmap {
        width: 100%;
        height: 100vh;
    }
</style>
```

初始化地圖必須設定地圖容器的寬高！

Step 04 初始化地圖

程式演練 1.2 初始化地圖（Here Maps API）

```
const platform = new H.service.Platform({
    'apikey': yourAPIkey
});

const defaultLayers = platform.createDefaultLayers();
```

程式演練下載網址：

https://github.com/PapaPerryLiao/WebGIS-and-JavaScript/tree/master/1/1.2

Here Maps API 起手式，透過 H.service.Platform 建立一個地圖平台，並且必須輸入 apikey 這個屬性，方能使用地圖服務。地圖平台建立以後，可以使用 Here Maps API 提供的底圖圖層，透過地圖平台的 createDefaultLayers 這個方法，可以取得官方提供的預設圖層清單。

```
console.log("defaultLayers", defaultLayers);
```

讓我們透過 console.log 觀察 defaultLayers 這個變數。

```
defaultLayers                                              index.js:9
▼{vector: {…}, raster: {…}}
  ▼raster:
    ▶normal: {xbase: tl, xbasenight: tl, base: tl, bas
    ▶satellite: {xbase: tl, base: tl, map: tl, labels:
    ▶terrain: {xbase: tl, base: tl, map: tl, labels: t
    ▶[[Prototype]]: Object
  ▼vector:
    ▼normal:
      ▶map: tl {tileSize: 512, a: {…}, Id: false, bb:
      ▶traffic: tl {tileSize: 256, a: {…}, Id: false,
      ▶trafficincidents: Jn {tileSize: 256, a: {…}, Ic
      ▶truck: tl {tileSize: 512, a: {…}, Id: false, bb
      ▶[[Prototype]]: Object
    ▶[[Prototype]]: Object
  ▶[[Prototype]]: Object
```

圖 1-11　Here Maps API 預設圖層清單

根據圖 1-11 所示，可以看到基本的圖層有提供網格模式（raster）及向量模式（vector）兩種，另外還有提供衛星影像圖（satellite）、地形圖（terrain）、交通路網圖（traffic）等等……。

```
const hMap = new H.Map(
   document.getElementById('hmap'),
   defaultLayers.vector.normal.map,
   {
       zoom: 7,
       center: { lat: 23.5, lng: 121 },
       pixelRatio: 1
   });
```

```
const behavior = new H.mapevents.Behavior(new H.mapevents.MapEvents(hMap));

const ui = H.ui.UI.createDefault(hMap, defaultLayers);
```

接著透過 H.Map 這個方法，可以建立地圖物件。參數一為指定存放地圖的容器，參數二為指定預設底圖，參數三則是初始化地圖的設定。此外，Here Maps API 實作圖層套疊及地圖互動的程式分離，因此初始化地圖後並不能直接做地圖的拖移、放大、縮小等操作，必須透過 H.mapevents.Behavior 這個方法去初始化地圖互動，並且將相關的事件綁到地圖物件 hMap 上。

另外，地圖 UI 工具列也需要額外叫用，包括右下角的比例尺、地圖放大縮小按鈕、圖層套疊清單等等……，需要透過 H.ui.UI.createDefault 這個方法去初始化地圖 UI 相關的工具列，並且把它們指定到地圖物件 hMap 上，還可以設定圖層套疊的清單，這邊以 defaultLayers 為預設的圖層清單。

結果如下：

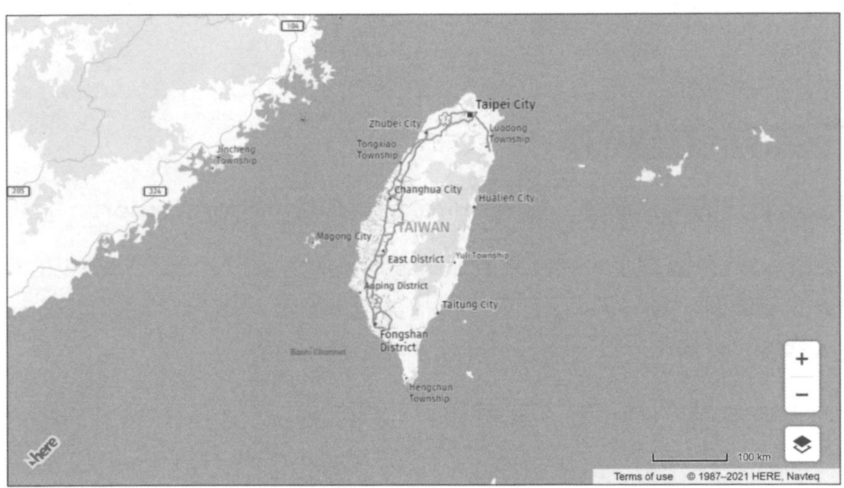

圖 1-12　初始化地圖（Here Maps API）

1.4　GIS 界老字號 ArcGIS API for JavaScript

學習難度　★★★★☆

ArcGIS API 是由 GIS 界老字號 ESRI 公司所開發，在早期 WebGIS 尚未興起前，GIS 的相關工作都在應用程式上實現，包括 ArcMap、ArcCatalog、ArcToolbox 等工具，讓沒有程式開發基礎的人也能做 GIS 空間分析及視覺化的展現。

在地理資訊 Web 化的現代，ArcGIS API 依舊是功能最完善的地圖 API 之一，不但支援眾多平台的 SDK，在 3D 地圖上也有所發展。然而，ArcGIS API 在很早期就出現，曾經使用 dojo 框架，並用 require.js 達到模組化的管理，也成為初學者上容易上手的原因之一。

圖 1-13　ArcGIS logo

不可不知的ES6小知識

模組化管理的時代演進，從 require.js 到 ES6 Import/Export

在 ES6 時代來臨之前，網頁載入 JavaScript 的方法以 script 標籤引入，但是有兩個問題。其一，同步載入造成網頁載入卡頓；其二，多支 JavaScript 載入時難以管理，並且 JavaScript 程式順序性不得錯置。

因此，網頁開發人員定義了 AMD 規範（Asynchronous module definition）與 CommonJS 規範。AMD 規範在前端領域廣泛使用，CommonJS 則是於 node.js 中發光發熱。AMD 規範以 require.js 來實現，將 JavaScript 模組化管理，並實現了非同步載入。

ES6 出了新的語法達到了模組化的效果，也就是 Import 及 Export，並且結合了 AMD 與 CommonJS 的優點。類似 CommonJS 有相對簡單的語法，並且每個模組以檔案為基礎；也類似 AMD 規範，支援非同步載入。

1.4.1 初始化地圖（ArcGIS API for JavaScript）

初始化地圖四步驟：

Step 01 載入地圖 API

```
<link rel="stylesheet" href="https://js.arcgis.com/4.16/esri/themes/light/main.css" />
<script src="https://js.arcgis.com/4.16/"></script>
```

載入 ArcGIS API 的 css 與 JavaScript 程式。

Step 02 新增存放地圖的 div

```
<div id="amap"></div>
```

新增之後用來存放地圖的 div 標籤，id 為 amap。

Step 03 設定 div 的寬高

```
<style>
    html,
    body {
        height: 100%;
        margin: 0;
        padding: 0;
    }

    #amap {
        width: 100%;
        height: 100vh;
    }
</style>
```

初始化地圖必須設定地圖容器的寬高！

Step 04 初始化地圖

程式演練 1.3　初始化地圖（ArcGIS API for JavaScript）

```
require(["esri/Map", "esri/views/MapView"], (Map, MapView) => {
    const myMap = new Map({
        basemap: "streets-vector",
    });
    const view = new MapView({
        container: "amap",
        map: myMap,
        zoom: 6,
        center: [121, 23.5],
    });
});
```

程式演練下載網址：

https://github.com/PapaPerryLiao/WebGIS-and-JavaScript/tree/master/1/1.3

程式演練線上 Demo：

https://papaperryliao.github.io/WebGIS-and-JavaScript/1/1.3/index.html

ArcGIS API 透過 require.js 來做 JavaScript 的模組化管理，透過 require 這個函式來載入模組，參數一為一個陣列，陣列內存放欲載入模組的名稱；參數二為模組載入後的 callback 函式，也就是說，模組載入之後才會觸發這個函式。如果有使用到模組提供的物件、函式或方法，必須在 callback 函式中使用。由於模組載入需要時間，如果在其它地方呼叫模組提供的項目，會發生模組尚未載入而找不到的錯誤。

透過 "esri/Map" 模組中提供的 Map 函式，可以建立一個地圖物件，參數一可以做地圖物件的相關設定，這邊設定 basemap 屬性指定預設的底圖。然而，ArcGIS API 將地圖物件及視覺化呈現做程式分離，因此除了建立地圖物件外，還需要透過 "esri/views/MapView" 模組中提供的 MapView 函式來建立地圖的檢視（ View ），參數一可以做初始化地圖的設定，包括存放地圖的容器（container）、剛剛建立的地圖物件（map）、縮放層級（zoom）及中心點坐標（center）。

結果如下：

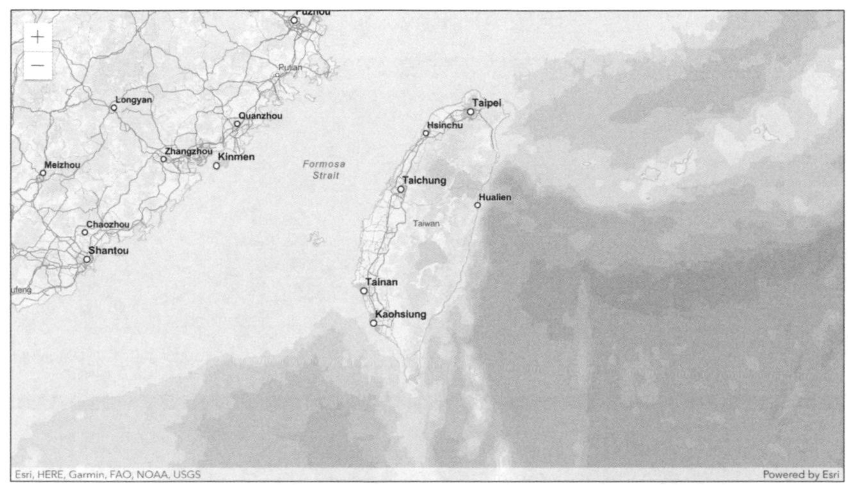

圖 1-14　初始化地圖（ArcGIS API for JavaScript）

1.5　台灣ㄟ雄厚 TGOS Map API

學習難度　★★☆☆☆

TGOS，全名為 Taiwan Geospatial One Stop，為建立全國空間資料流通供應的單一窗口，為行政院內政部 2010 年計畫與推廣，並在 2012 年發布穩定版本。TGOS Map API 提供 WebGIS 的地圖建置，包含了 2D、3D 地圖、全國門牌地址定位服務、行政區定位服務等等……，為台灣本土專用的地圖平台。除了 Web API 外，也有提供 android 及 ios 的 SDK 可供使用。

圖 1-15　TGOS Map logo

1.5.1　申請 TGOS Map API Key

使用 TGOS Map API 前要先申請 API Key，申請 API Key 則需要先註冊地理資訊圖資雲服務平台的帳號，跟著以下步驟填寫資料，申請一個 API Key 吧！

我要成為高手

TGOS 地理資訊圖資雲服務平台入口

https://api.tgos.tw/TGOS_MAP_API/

圖 1-16　TGOS 地理資訊圖資雲服務平台入口（範例及說明網站入口）

本書範例使用的是平面地圖並進行網站（Web）的開發，因此選取 Web 的選項。另外，TGOS Map API 還提供 3D 地圖、統計地圖 API 的服務，並且也支援 android 及 ios 的 SDK 服務。

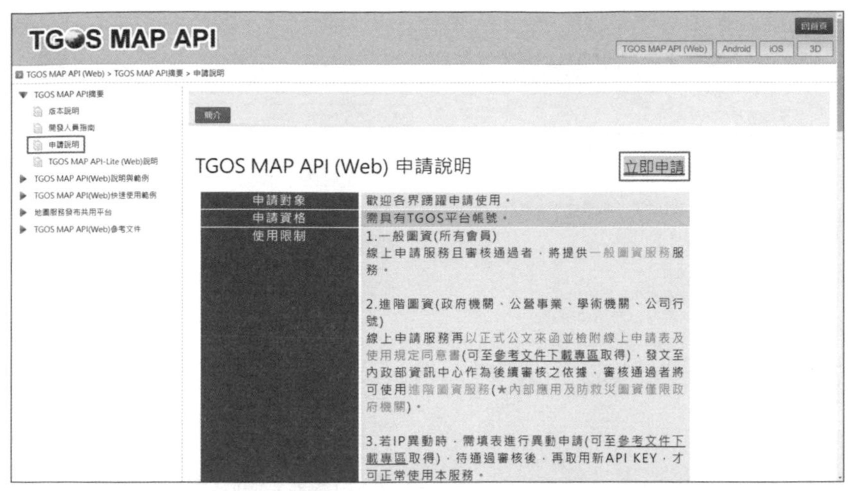

圖 1-17　TGOS Map API Key 申請說明

進入到 TGOS Map API 文件後，左側選單欄中有許多基礎的說明範例可供參考。點選「申請說明」，可以看到 TGOS Map API 的使用限制，分為一般圖資會員及進階圖資會員。一般圖資會員即可滿足大多的 WebGIS 程式開發，包括基本控制項、量測、定位、坐標系統轉換等等皆有支援；進階圖資則是額外提供部分具備機敏資訊的圖層，例如：順向坡分布圖、坡地災害潛勢圖等等……，並且需要與政府機關或學術單位有合作計畫時，方能提出申請。

接著，我們點選「立即申請」。

圖 1-18　TGOS Map API 服務申請查詢

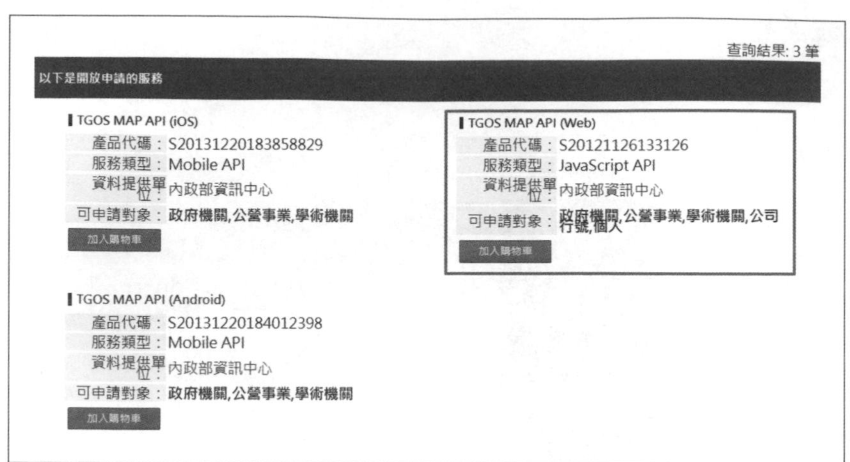

圖 1-18　TGOS Map API 服務申請查詢（續）

可以由下拉選單篩選並查詢我們感興趣的服務，如同電商購物網站雷同，把感興趣的服務加入購物車。

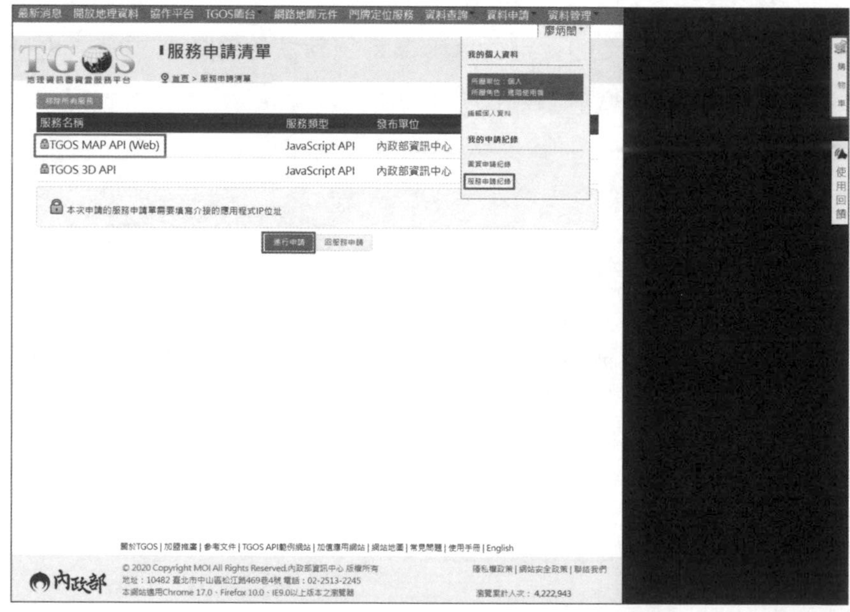

圖 1-19　TGOS Map API 服務申請紀錄

註冊帳號並登入後，可以從右上角「資料管理」中的服務申請紀錄，查詢所有欲申請的服務清單，並且點選「進行申請」。

本次申請的服務需填寫介接的應用程式IP位址

申請單資料填寫

訂單資訊

申請單編號 OC2021
申請時間 2021/10/03 23:17:21

申請者資料 修改我的聯絡資料

姓名
Email
服務單位 個人
連絡電話(一)
連絡電話(二)
聯絡地址

申請用途

學術研究用 (請填寫申請用途說明!!)

介接應用程式名稱與IP(或Domain)清單 (名稱必填，IP(或Domain)至少填寫一組)

名稱
IP(或Domain) 1
IP(或Domain) 2
IP(或Domain) 3
IP(或Domain) 4
IP(或Domain) 5

介接應用程式資訊

預估尖峰流量使用者數 1 人次/時 (必填)

圖 1-20　TGOS Map API Key 申請單資料填寫

申請過程中須填寫表單，包括申請用途、申請用途說明等等……。其中，API Key 需要綁定應用程式的 Domain Name 或者是 IP，如果是必須架設網站服務的讀者們，需要先想好網站的網址名稱，再進行申請。另外，也可以綁定開發環境的 IP 位置，有利於開發。申請完成後，須等待一至兩周審核及處理的時間，可以透過 e-mail 或者是申請清單中查詢審核結果。

告訴你一個小祕密！

如何知道自己的 IP 位置？

想要查詢自己所在的 IP 位置，很多人會透過 cmd 指令「ipconfig/all」，去取得 IP 位置。然而，在 ipconfig 中的 ipv4 位址，舉凡 192.168 開頭的，皆為區域網域中的位址，並非對外的 IP ，即便從 DNS 伺服器欄位中取得的 IP，也很可能是所在位置與網路供應商連線的 IP，也非網路供應商提供的對外 IP。最快速且正確的做法是，直接透過 Google 搜尋「What is my IP」，網站會偵測客戶端的對外 IP，那個也是我們申請 API Key 所使用的對外 IP。

我要成為高手

Google 搜尋「What is my IP」

https://www.google.com/search?q=What+is+my+IP

```
無線區域網路介面卡 Wi-Fi:

   連線特定 DNS 尾碼 . . . . . . . . :
   描述 . . . . . . . . . . . . . . .: Intel(R) Wireless-AC 9560 160MHz
   實體位址 . . . . . . . . . . . . .:
   DHCP 已啟用 . . . . . . . . . . . : 是
   自動設定啟用 . . . . . . . . . . .: 是
   連結-本機 IPv6 位址 . . . . . . . :
   IPv4 位址 . . . . . . . . . . . . : 192.168
   子網路遮罩 . . . . . . . . . . . .: 255.255.255.0
   租用取得 . . . . . . . . . . . . .: 2022年2月12日 下午 03:14:53
   租用到期 . . . . . . . . . . . . .: 2022年2月13日 下午 04:03:22
   預設閘道 . . . . . . . . . . . . .: 192.168
   DHCP 伺服器 . . . . . . . . . . . : 192.168
   DHCPv6 IAID . . . . . . . . . . . :
   DHCPv6 用戶端 DUID. . . . . . . . :
   DNS 伺服器 . . . . . . . . . . . .:

   NetBIOS over Tcpip . . . . . . . .: 啟用
```

圖 1-21　透過 cmd 指令 ipconfig/all 查詢

1.5.2 初始化地圖（TGOS Map API）

初始化地圖四步驟：

Step 01 載入地圖 API

```
<script type="text/javascript"
    src="https://api.tgos.tw/TGOS_API/tgos?ver=2&amp;AppID=yourAPIId
    &amp;APIKey=yourAPIKey"></script>
```

載入 TGOS Map API 的 JavaScript 程式，網址後方 queryString 中須填入「APPID」及「APIKey」，在申請 API Key 成功後可以取得。

Step 02 新增存放地圖的 div

```
<div id="tmap"></div>
```

新增之後用來存放地圖的 div 標籤，id 為 tmap。

Step 03 設定 div 的寬高

```
<style>
    html,
    body {
        height: 100%;
        margin: 0;
        padding: 0;
    }

    #tmap {
        width: 100%;
        height: 100vh;
    }
</style>
```

初始化地圖必須設定地圖容器的寬高！

Step 04 初始化地圖

程式演練 1.4　初始化地圖（TGOS Map API）

```
const tMap = new TGOS.TGOnlineMap(document.getElementById("tmap"),
"EPSG3857");
```

程式演練下載網址：

https://github.com/PapaPerryLiao/WebGIS-and-JavaScript/tree/master/1/1.4

TGOS Map API 初始化地圖的方式非常清晰且簡單，只需透過 TGOS.TGOnlineMap 來建立地圖物件，參數一為存放地圖的容器；參數二則是放入坐標系統的代碼，這邊使用的是 EPSG3857 為 Web 麥卡托投影（Google 地圖投影）；參數三則可放入地圖初始化的設定。如下所示。

```
const tMap = new TGOS.TGOnlineMap(document.getElementById("tmap"), TGOS.
TGCoordSys.EPSG3857, {
    center: new TGOS.TGPoint(121, 23.5),
});
```

坐標系統除了以 "EPSG3857" 字串的方式外，也可以以 TGOS.TGCoordSys.EPSG3857 物件的方式來表達。參數三則是地圖初始化設定，這邊設定中心點坐標（center）。

告訴你一個小祕密！

每個地圖 API 都有不同的地圖物件介面，以及點、線、面等資料格式也有所不同，這裡初始化地圖設定中心點坐標以 TGOS.TGPoint 來建立 TGOS Map API 的點資料物件。讀者們可以思考看看，不同的 API 的介面均不相同，在程式架構設計上，要如何相容不同的 API 介面？

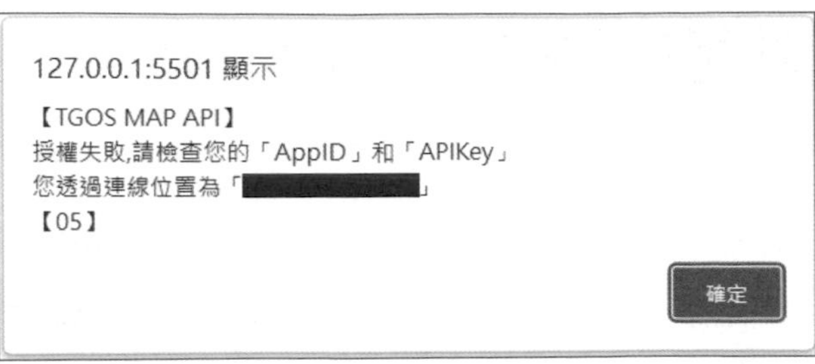

圖 1-22　TGOS Map API 授權失敗訊息視窗

▲　如果 API Key 有誤，或是連線 IP 並不在允許的 IP 之中（白名單），則會出現授權失敗的錯誤訊息。

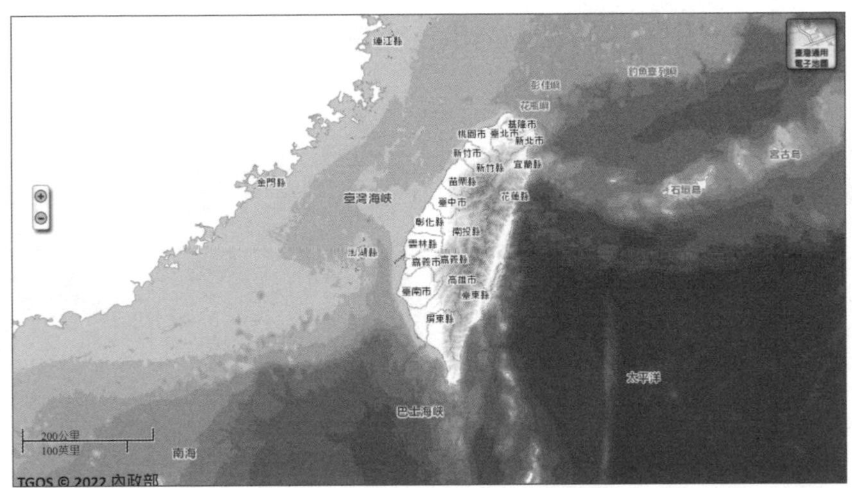

圖 1-23　初始化地圖（TGOS Map API）

告訴你一個小祕密！

黑名單與白名單驗證

應用程式在權限驗證上，基本分為黑名單驗證與白名單驗證兩種。黑名單驗證為所有人都可以訪問應用程式，唯獨被列入黑名單的用戶不得訪問；白名單驗證則反之，所有用戶不得訪問應用程式，唯獨列入白名單的用戶可以訪問。一般而言，白名單驗證安全性較高，但因為每個新用戶都要額外做列入白名單的動作，在使用上及權限控管上，較為麻煩。

1.6 輕量化的世代 Leaflet API

學習難度 ★★☆☆☆

Leaflet API 為發佈於 2011 年的開源函式庫（Open Source），操作便利易上手，效能佳，目標是讓沒有 GIS 相關背景的開發人員，也能輕鬆上手地圖開發。相較於其它 API 整包打包後厚重的 JavaScript 程式，十分輕量化，主程式不到 40KB。並且有許多實用的功能及函式庫，實現關注點分離，需要使用相關功能時再引入所需函式的 JavaScript 程式，非常適合中小型的專案及產品開發，逐漸成為目前主流的 WebGIS API。

1.6.1 初始化地圖（Leaflet API）

初始化地圖四步驟：

Step 01 載入地圖 API

```
    <link rel="stylesheet" href="https://unpkg.com/leaflet.7.1/dist/
leaflet.css" />
    <script src="https://unpkg.com/leaflet.7.1/dist/leaflet.js"></script>
```

載入 Leaflet API 的 css 及 JavaScript 程式。

Step 02 新增存放地圖的 div

```
    <div id="lmap"></div>
```

新增之後用來存放地圖的 div 標籤，id 為 lmap。

Step 03 設定 div 的寬高

```
    <style>
        html,
        body {
            height: 100%;
```

```
            margin: 0;
            padding: 0;
        }

        #lmap {
            width: 100%;
            height: 100vh;
        }
    </style>
```

初始化地圖必須設定地圖容器的寬高！

Step 04 初始化地圖

程式演練 1.5 初始化地圖（Leaflet API）

```
const lMap = L.map(document.getElementById("lmap"), {
    center: [23.5, 121],
    zoom: 7,
    crs: L.CRS.EPSG3857,
});

L.tileLayer(
    "https://api.mapbox.com/styles/v1/mapbox/streets-v11/tiles/{z}/{x}/{y}?
access_token=pk.eyJ1IjoicGVycnlsaWFvIiwiYSI6ImNrdGVkYWJueTJveWEycm84NzZrM
XJyZjAifQ.s8EyAc5U3E1c7wcN1qlE9w",
    {
        maxZoom: 18,
        attribution: '© <a href="https://www.mapbox.com/feedback/">Mapbox
</a> © <a href="http://www.openstreetmap.org/copyright">OpenStreetMap</a>',
        id: "mapbox.streets",
    }
).addTo(lMap);
```

程式演練下載網址：

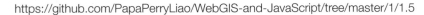

https://github.com/PapaPerryLiao/WebGIS-and-JavaScript/tree/master/1/1.5

程式演練線上 Demo：

https://papaperryliao.github.io/WebGIS-and-JavaScript/1/1.5/index.html

透過 L.map 函式可以建立地圖物件，參數一為存放地圖的容器；參數二為初始化地圖的設定，這邊設定了中心點坐標（center）、縮放層級（zoom）、坐標系統（crs）。然而，當建立地圖物件時，在網頁上依舊沒有地圖產生，Leaflet API 將地圖物件的計算及圖層套疊做分離，連底圖的呈現都必須額外建立。透過 L.tileLayer 可以建立圖層，這邊使用的是 mapbox 的地圖，Leaflet API 的初始開發者 Vladimir Agafonkin 也是 Mapbox 的員工之一。最後再透過 addTo 的方法，將建立的圖層加入地圖物件（lMap）之中。

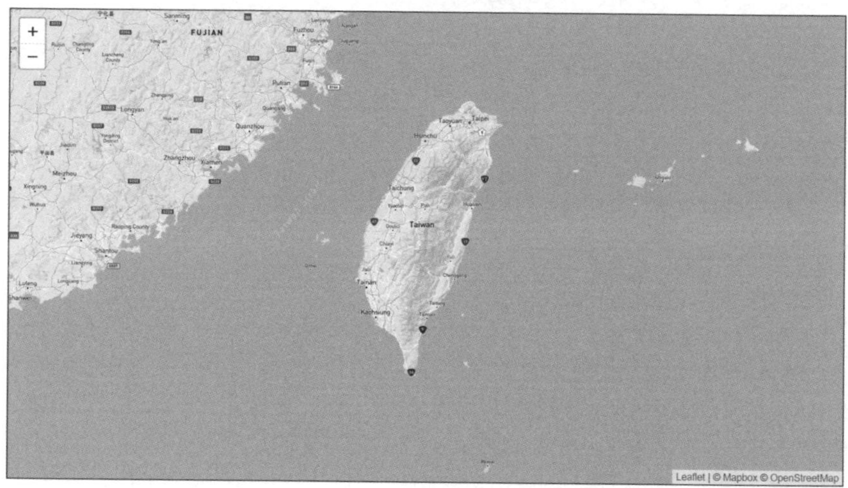

圖 1-24　初始化地圖（Leaflet API）

本章節介紹了各家地圖的 API，即便各家地圖 API 的核心概念基本相同，但在寫法上仍然有很大的差異，如果今天開發階段中，可能因為進階功能的支援度問題，抑或是圖台效能問題等等……，如果開發中想要切換地圖 API 底層，將會是一個非常困難的工作。

物件導向程式設計上講求的關注點分離，在 JavaScript 程式中，每個函式（function）中所做的事情單一，並且以低耦合的方式來做程式開發。也就是說，開發階段必須思考，假如今天需求異動，或是程式異動，程式好不好去修改？要怎麼設計才能滿足好維護、好閱讀、效能佳的程式？

地圖 API 層如果要進行程式分離，筆者建議可以導入工廠模式來進行地圖開發，將地圖程式封裝進連接地圖 API 那層，並且建立中介層來做資料處理及功能，如此以來底層函式與 UI 層耦合度就會大幅降低，避免抽換底層地圖 API 時還要去動到 UI 介面的窘境。這個部分屬於較為進階的架構設計，詳細可以參考筆者的文章。

我要成為高手

[1-2] 地圖的工廠 - 以 簡單工廠模式 Simple Factory Design Pattern 產出地圖

https://ithelp.ithome.com.tw/articles/10239011

PART II

GIS 資料格式

02 Chapter

向量資料格式

本章學習重點：

- 了解 GIS 資料格式分為網格模式與向量模式兩種
- 學習在地圖上繪製點、線、面等向量資料
- 比較不同地圖 API 向量資料格式的異同

在上個章節中，我們學會了透過 WebGIS API，從零開始初始化地圖，地圖可以放大、縮小、拖移等等。然而，如果我們想要放置一個標記點（Marker）在地圖上，或是繪製一條行車路線，要用什麼方法可以在地圖上加入這些其它的地圖元素呢？工欲善其事，必先利其器。本章節會從 GIS 資料格式中的網格與向量說起，並且詳細介紹向量資料格式，未來欲實現的所有 GIS 功能，都要以它們為基礎去思考。

2.1 網格與向量

學習難度 ★☆☆☆☆

在 GIS 中的資料呈現模式分為網格模式與向量模式兩種。

- 網格模式可以想像成地圖是用一個一個正方形的格子所組成，網格越小，解析度也就越高，適用於對資料的精確度要求較低，如衛星影像、航照圖等。
- 向量模式則直接紀錄精確的坐標，點資料為單一的點坐標；線及面的資料則由一堆點坐標所組成，精確度較高，適用於地理空間分析。

接下來我們會展示 5 家地圖 API 的向量資料格式，來演示 GIS 資料格式的核心思想以及不同 API 的相同與相異之處。

2.2 點資料圖徵

學習難度 ★★☆☆☆

在地圖上最常見的資料格式，即為點資料圖徵，常被命名為 Point 或 Marker，屬於向量資料格式的一種。點資料圖徵通常是透過呼叫地圖 API 提供的標記點的方法去建構出新的點資料物件。

建立點資料圖徵的必要資訊：

- X 坐標
- Y 坐標
- 地圖物件

提供 X 坐標及 Y 坐標，這不難理解，有坐標才能在地圖上找出正確的位置；需要注意的是，不同的坐標系統的坐標格式也不盡相同，坐標系統的部分會在後續章節 5.2.1 中詳細說明。一般較常使用的坐標表示方法為經緯度。

提供地圖物件則是要告訴地圖 API 要在哪邊生成這個點資料圖徵。

2.2.1　點資料圖徵（Google Map API）

口訣

給我 X 坐標、Y 坐標及地圖物件，我給你一個點。

不囉嗦直接看範例。

程式演練 2.1　點資料圖徵（Google Map API）

```
const marker = new google.maps.Marker({
    position: { lat: 23.5, lng: 121 },
    map: gMap,
    title: '你好！我是點資料圖徵！'
});
```

程式演練下載網址：

https://github.com/PapaPerryLiao/WebGIS-and-JavaScript/tree/master/2/2.1

透過 google.maps.Marker 這個 Google Map API 的方法，作為類別（class）使用，可以建立一個點資料的物件，而建立物件時要使用 new 指示詞；必要的參數 X 坐標及 Y 坐標，要放在 position 這個屬性中。由於 Google Map API 必須使用經緯度，因此 X 坐標為經度，被規定需寫為 lng；Y 坐標為緯度，被規定需寫為 lat；地圖物件則放在 map 屬性之中。（gMap 為初始化地圖時建立的地圖物件，詳見章節 1.2.2。）

```
const infowindow = new google.maps.InfoWindow({
    content: `lat: 23.5, lng: 121`
});
```

建立點資料物件後，我們可能要用它來表示地標，或是提供該地理位置的相關資訊，通常我們會使用資訊視窗（InfoWindow）。在 Google Map API 中，InfoWindow 也是一個物件，可以用 google.maps.InfoWindow 方法來建立資訊視窗物件，並在其中的 content 屬性中寫入想要在資訊視窗中顯示的內容。

```
marker.addListener('click', () => {
    infowindow.open(gMap, marker);
});
```


有了點資料物件及資訊視窗之後，接著就要把它們關聯起來。透過 marker.addListener 在點資料物件上新增點擊（click）事件，事件的 callback 函式會在點擊該點資料物件時被觸發；當事件被觸發時，呼叫 infowindow.open 方法，參數一填入地圖物件（gMap），參數二則為點資料物件（marker），即可在該地圖的該點資料上，開啟資訊視窗。

圖 2-1　點資料圖徵結果（Google Map API）

告訴你一個小祕密！

Class based 與 Prototype based

在物件導向程式設計（Object-oriented programming，簡稱：OOP）中，基於類別（Class）與物件實例（Instance）的概念。類別可以定義這一類物件的屬性，物件實例則是由類別所產生出來的。可以把類別比喻為工廠製造金屬湯匙的模具，物件實例比喻為生產製造出來的湯匙。

然而，JavaScript 並非是以 class 為基礎的程式語言，而是以原型為基礎（prototype based）。在 JavaScript 中並沒有所謂真正的類別（class），它只有物件。雖然特性有所不同，依舊可以以原型鏈（prototype chain）來模擬 OOP 的程式設計，後來 ES6 也有名為 class 的語法糖，但其背後的原理仍然是原型。

2.2.2 點資料圖徵（Here Maps API）

口訣

給我 X 坐標、Y 坐標及地圖物件，我給你一個點。

```
    <script type="text/javascript" src="https://js.api.here.com/v3/3.1/
mapsjs-ui.js"></script>
    <script type="text/javascript" src="https://js.api.here.com/v3/3.1/
mapsjs-mapevents.js"></script>
```

Here Maps API 提供的 ui 相關及事件相關的函式，源自於 mapsjs-ui.js 及 mapsjs-mapevents.js 這兩支程式，因此記得要把這兩支程式引入。

程式演練 2.2　點資料圖徵（Here Maps API）

```
const svgMarkup = `<svg width="24" height="24"
    xmlns="http://www.w3.org/2000/svg">
    <rect stroke="white" fill="#1b468d" x="1" y="1" width="22"
    height="22" /><text x="12" y="18" font-size="12pt"
    font-family="Arial" font-weight="bold" text-anchor="middle"
    fill="white">H</text></svg>`;

const icon = new H.map.Icon(svgMarkup);
```

程式演練下載網址：

https://github.com/PapaPerryLiao/WebGIS-and-JavaScript/tree/master/2/2.2

透過 H.map.Icon 方法可以客製化想要放入的 icon（圖標），作為表示點資料的圖標，而 icon 的資料格式可以透過 html 的 img 標籤放入 png 或 jpeg 圖片；抑或是向量圖檔表示方式的 svg 標籤。這裡放入一個 Here 官方提供帶有 H 字的 svg 圖標。

```
const coords = { lat: 23.5, lng: 121 };
const marker = new H.map.Marker(coords, { icon: icon });
marker.setData(`<div style="width: 120px; text-align: center;">lat: 23.5,
lng: 121</div>`);
hMap.addObject(marker);
hMap.setCenter(coords);
```

給我 X 坐標、Y 坐標及地圖物件，我給你一個點。

跟前一小節 Google Map API 大同小異的是，都是透過標記點函式建立物件，這邊透過 H.map.Marker 方法可以建立一個點資料物件，參數一填入坐標；參數二則可以設定標記點相關的屬性，這邊設定了圖標（ icon ），並使用剛剛建立的 svg 物件。

比較特別的是，這個點資料物件被設計成可以儲存資料，顯示細項資訊時，可以再把已儲存的資料取出，與其它 API 的設計方式有所不同，其它 API 大多是把資料儲存在資訊視窗的物件之中。筆者認為這個設計是很不錯的，當多個點資料物件要共用同一個資訊視窗時，把資料存在點資料物件中，而不是資訊視窗物件中，這樣就只需要一個資訊視窗物件；反之，將資料儲存在資訊視窗物件中，則一個點就必須對應一個資訊視窗物件。

透過呼叫 marker.setData 方法可以將資料儲存在點資料物件中，最後再透過 addObject 方法，把該點資料物件（marker）加到地圖物件（hMap）之中。

```
marker.addEventListener(
    "tap",
    (e) => {
        const geometry = e.target.getGeometry();
        const { x, y } = hMap.geoToScreen(geometry);
```

```
        const bubble = new H.ui.InfoBubble(hMap.screenToGeo(x, y - 30), {
            content: e.target.getData(),
        });

        ui.addBubble(bubble);
    },
    false
);
```


接下來我們要為標記點建立點擊事件。透過 marker.addEventListener 可以在點資料物件上新增監聽事件，很特別的是 Here Maps API 的點擊事件名為 "tap" 而不是 "click"，事件的 callback 函式會回傳第一個參數 e（可任意命名），透過 e.target.getGeometry 方法可以取得點物件的坐標，我們可以利用這個坐標新建立一個資訊視窗。

Here Maps API 的資訊視窗名稱為 InfoBubble，也與其它 API 有所不同。參數一要傳入坐標，參數二則是資訊視窗的設定，這裡設定了資訊視窗的內容（content）。

由於資訊視窗開啟時，會遮擋住原本的 icon，我們想讓資訊視窗向上平移 30px，可是在地圖上表示坐標的單位是經緯度，因此我們要把向上平移 30px 轉換為經緯度的平移量。透過 hMap.geoToScreen 方法可以取得經緯度坐標在 hMap 這個地圖上的螢幕寬度坐標，螢幕寬度坐標向上平移 30px 就可以直接減去 30 了，再利用 hMap.screenToGeo 方法，將螢幕坐標轉為經緯度，就可以得到向上平移 30px 的經緯度了。

資料的部分，透過 e.target.getData 方法可以取出剛剛存放在點資料物件中的資料，再把它設定在資訊視窗的 content 屬性中。最後，利用 ui.addBubble 方法，把資訊視窗（bubble）顯示出來。

圖 2-2　點資料圖徵結果（Here Maps API）

2.2.3　點資料圖徵（ArcGIS API for JavaScript）

ArcGIS API 要預先載入需要的模組，點、線、面資料要使用 "esri/Graphic" 這個模組，在初始化地圖時順便載入模組。

程式演練 2.3　點資料圖徵（ArcGIS API for JavaScript）

```
require(["esri/Map", "esri/views/MapView", "esri/Graphic"], (Map, MapView,
Graphic) => {
    const aMap = new Map({
        basemap: "streets-vector",
    });
    const view = new MapView({
        container: "amap",
        map: aMap,
        zoom: 6,
        center: [121, 23.5],
    });
    // ……程式撰寫處
});
```

程式演練下載網址：

https://github.com/PapaPerryLiao/WebGIS-and-JavaScript/tree/master/2/2.3

程式演練線上 **Demo**：

https://papaperryliao.github.io/WebGIS-and-JavaScript/2/2.3/index.html

初始化地圖以後，接著來做點資料的建立，ArcGIS API 有別於其它 API，在點、線、面資料都是使用 "esri/Graphic" 這個模組提供的 Graphic 函式來建立物件。然而，需要給它其它的參數來辨別其為點、線、面哪種資料格式，以及資料、樣式、資訊視窗等設定。

```
const point = {
    type: "point",
    longitude: 121,
    latitude: 23.5,
};
```

point 點資料物件的必要屬性有 type，告訴它你的資料型態是 point（點），以及 longitude（經度）、latitude（緯度）。

```
const markerSymbol = {
    type: "simple-marker",
    color: "red",
    outline: {
        color: [255, 255, 255],
        width: 2,
    },
};

const content = {
    title: "點資料圖徵",
    lng: "121",
```

```
        lat: "23.5",
    };
```

markerSymbol 是用來設定樣式的物件，必要屬性 type，告訴它你的樣式是一個 simple marker（簡單標記點），額外還可以設定顏色、邊框等等……。

content 則是放入這個點資料的細項資訊，可以存入後並在顯示資訊視窗時把它取出。

```
const pointGraphic = new Graphic({
        geometry: point,
        symbol: markerSymbol,
        attributes: content,
        popupTemplate: {
            title: "{title}",
            content: [
                {
                    type: "fields",
                    fieldInfos: [
                        {
                            fieldName: "lng",
                        },
                        {
                            fieldName: "lat",
                        },
                    ],
                },
            ],
        },
    });

    view.graphics.add(pointGraphic);
```

透過 Graphic 函式初始化點資料物件，設定的物件屬性如下：

- geometry　地理資料型態，例如：點、線、面等……。
- symbol　想要展示的樣式

- attributes　資料屬性，這邊可以存放任意的資料
- popupTemplate　資訊視窗，可以透過 attributes 存入的資料屬性，取出需要的欄位去顯示

最後透過 view.graphics.add 方法將點資料物件加入地圖中。

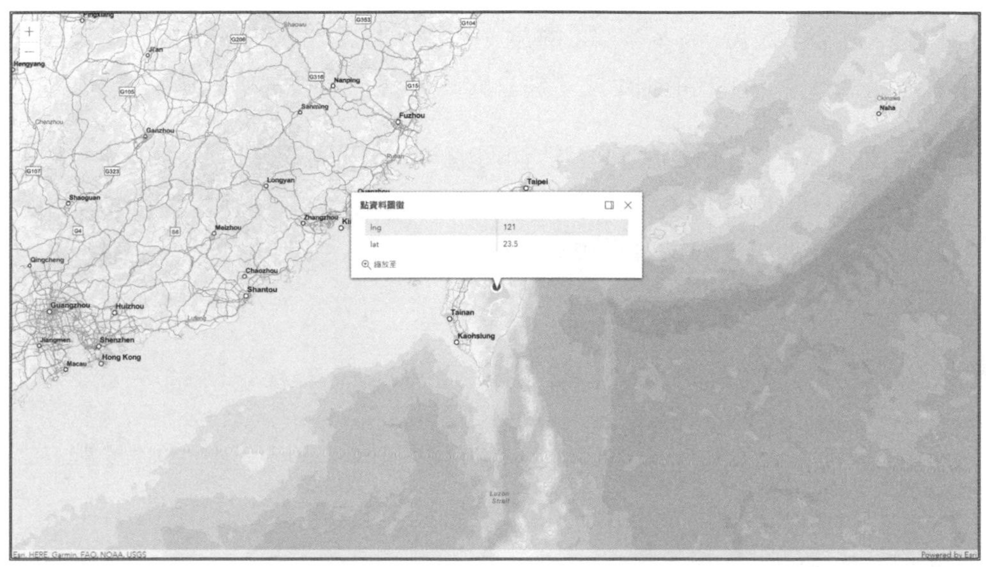

圖 2-3　點資料圖徵結果（ArcGIS API for JavaScript）

2.2.4　點資料圖徵（TGOS Map API）

TGOS Map API，在設計上，Point（點）、Marker（標記點）、InfoWindow（資訊視窗）分別為獨立的物件，這些獨立的物件彼此又有一些關聯性。例如使用 TGOS.TGPoint 方法建立 TGOS Map API 專屬的點資料格式，如果有關連到點資料的操作，都要以這個格式為基礎。

程式演練 2.4　點資料圖徵（TGOS Map API）

```
const point = new TGOS.TGPoint(121, 23.5);
const marker = new TGOS.TGMarker(tMap, point, "點資料圖徵");
```

程式演練下載網址：

https://github.com/PapaPerryLiao/WebGIS-and-JavaScript/tree/master/2/2.4

給我 X 坐標、Y 坐標及地圖物件，我給你一個點。

這裡將 X 坐標（經度）、Y 坐標（緯度），透過 TGOS.TGPoint 方法，來建立點資料格式，注意！TGPoint 只是建立點資料而已，並非把點資料秀出來。

必須再透過 TGOS.TGMarker 方法才可以建立標記點顯示在地圖上，參數一為地圖物件，也就是要告訴地圖 API，我們想要把標記點建立在哪裡；參數二為剛剛建立的點資料物件，也就是提供坐標，告訴它標記點在地圖的什麼位置。

```
const infoWindow = new TGOS.TGInfoWindow(`lat: 23.5, lng: 121`, point, {
    maxWidth: 1000,
    pixelOffset: new TGOS.TGSize(5, -30), // InfoWindow 起始位置的偏移量，向右 X 為正，向上 Y 為負
    zIndex: 0,
});
```

接著，透過 TGOS.TGInfoWindow 方法可以建立資訊視窗，它也是一個獨立的物件，除了資訊視窗的內容外，也需要給它坐標，告訴它在地圖上的什麼位置，坐標傳遞的方式也是透過剛剛建立的點資料物件（point）。

```
TGOS.TGEvent.addListener(marker, "click", () => {
    infoWindow.open(tMap);
});
```

透過 TGOS.TGEvent.addListener 方法可以綁定事件，這邊針對剛剛建立的標記點（marker）綁定點擊（click）事件，並在點擊時開啟資訊視窗。

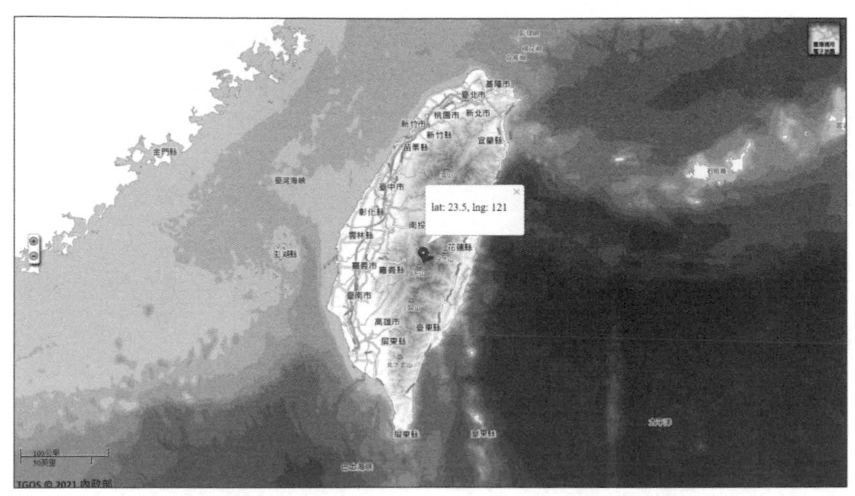

圖 2-4　點資料圖徵結果（TGOS Map API）

2.2.5　點資料圖徵（Leaflet API）

Leaflet API 點資料圖徵的呼叫方式，真的是輕鬆愉快，乾淨俐落，只需要一個 marker 物件，一行就可以建立坐標、綁定資訊視窗，沒有多餘複雜的程式外，該提供的坐標跟地圖物件也都有。

程式演練 2.5　點資料圖徵（Leaflet API）

```
const marker = L.marker([23.5, 121]).bindPopup(`lat: 23.5, lng: 121`);
marker.addTo(lMap);
```

程式演練下載網址：

https://github.com/PapaPerryLiao/WebGIS-and-JavaScript/tree/master/2/2.5

程式演練線上 Demo：

https://papaperryliao.github.io/WebGIS-and-JavaScript/2/2.5/index.html

透過 L.marker 方法建立標記點物件（ marker ），這個標記點物件可以透過 bindPopup 方法綁定資訊視窗，而且不用去寫繁雜的點擊監聽事件，再透過 addTo 方法即可把標記點加入地圖物件（lMap）中。

```
lMap.removeLayer(marker);
```

移除標記點的方法也是透過地圖物件呼叫 removeLayer 方法，並且傳入點資料物件（marker）即可完成。

圖 2-5　點資料圖徵結果（Leaflet API）

2.3　線資料圖徵

學習難度　★★★☆☆

線資料圖徵是由一連串點坐標所組成，並且有方向性。在 JavaScript 程式中，通常會用陣列（ Array ）去儲存資料。然而，每個地圖 API 要求的資料格式都有所不同，因此會藉由陣列的操作，以符合 API 需要的格式，再透過 API 方法傳入點資料組跟地圖物件，將這些點資料組連成一條線。

口訣

給我點資料組及地圖物件，我給你一條有方向性的線

2.3.1 線資料圖徵（Google Map API）

先準備一串測試用的點資料組，實務上可能會是介接 API 回來的資料，資料的格式多少有點差異，我們假設資料格式如下，它是一個陣列，而陣列的每個位置都是一個物件，物件裡面有 x 及 y 屬性，代表著點坐標。

程式演練 2.6　線資料圖徵（Google Map API）

```
const pointList = [
    { x: 121.5, y: 24 },
    { x: 121.2, y: 23.8 },
    { x: 121, y: 23.5 },
];
```

程式演練下載網址：

https://github.com/PapaPerryLiao/WebGIS-and-JavaScript/tree/master/2/2.6

接著我們要把資料重組成 Google Map API 的格式，一樣為陣列，陣列的每個位置是物件，物件的 lat 屬性為緯度，lng 屬性為經度。

```
pointList = pointList.map((item) => {
        return { lat: item.y, lng: item.x };
    }),
```

透過陣列的 map 方法可以將陣列的每個資料重組成自己想要的格式。

```
const line = new google.maps.Polyline({
    path: pointList,
    strokeColor: "#FF0000",
    strokeOpacity: 1.0,
```

```
    strokeWeight: 2,
});

line.setMap(gMap);
```

透過 Google Map API 提供的方法 google.maps.Polyline，可以在地圖上建立線資料圖徵，path 填入剛剛重組過後的點資料組，並且可以設定線圖徵的樣式，包括顏色（strokeColor）、透明度（strokeOpacity）、粗細（strokeWeight）等等⋯⋯。最後透過 line.setMap 方法，將線資料圖徵加入地圖物件（gMap）中，並顯示在地圖上。

```
line.setMap(null);
```

移除的方式也是透過 line.setMap 方法，只要將地圖物件參數設為 null，即可將線資料圖徵從地圖上移除。

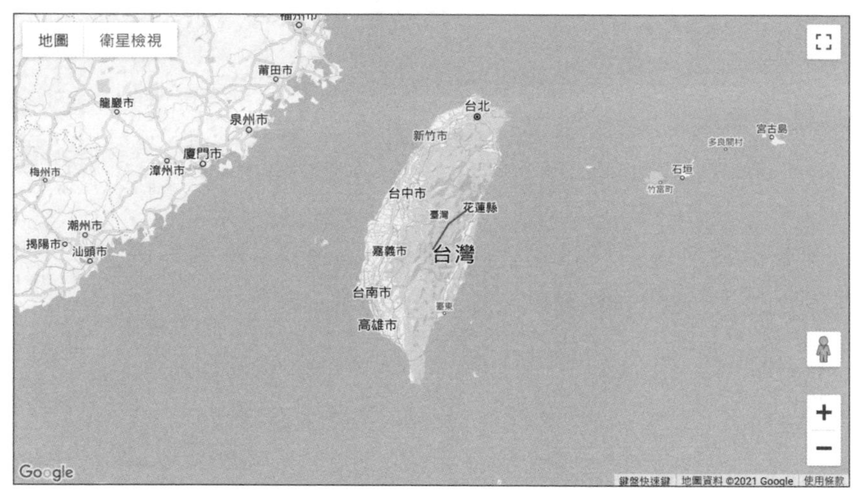

圖 2-6　線資料圖徵結果（Google Map API）

2.3.2　線資料圖徵（Here Maps API）

這次我們準備的點資料組，資料格式如下，它是一個陣列，而陣列的每個位置都是一個物件，物件裡面有 lat（緯度）及 lng（經度）屬性，代表著點坐標，這也是 Here Maps API 要求的格式，如果非此格式，可參考 2.3.1 對陣列的操作，一樣透過陣列的 map 方法可以重組資料。

程式演練 2.7　線資料圖徵（Here Maps API）

```
const pointList = [
    { lat: 23, lng: 120 },
    { lat: 23.2, lng: 120.5 },
    { lat: 23.4, lng: 120.7 },
    { lat: 24, lng: 121 },
    { lat: 24.5, lng: 121.8 },
];
```


程式演練下載網址：

https://github.com/PapaPerryLiao/WebGIS-and-JavaScript/tree/master/2/2.7

比較特別的是，由於 Here Maps API 的線資料，只接受它特有的儲存資料的物件，我們稱它為線段，所以必須透過 H.geo.LineString 方法新建一個線段（lineString），用來儲存點資料組。

```
const lineString = new H.geo.LineString();
pointList.forEach((item) => {
    lineString.pushPoint(item);
});
```

接著對原始資料跑 forEach 遞迴，再把資料分別透過線段的 pushPoint 方法，加入線段之中，線段會為接下來建立線資料圖徵做準備。

```
const polyline = new H.map.Polyline(lineString, {
    style: {
        lineWidth: 4,
    },
});

hMap.addObject(polyline);
```

透過 H.map.Polyline 方法可以建立新的線資料圖徵，參數一放入剛剛準備好的線段（ lineString ），參數二則是線圖徵的相關設定，這邊設定了線寬度（ lineWidth ）。再由 hMap.addObject 方法，把線圖徵（ polyline ）加入地圖物件（hMap）中。

```
hMap.removeObject(polyline);
```

透過 removeObject 方法，則可以把線圖徵從地圖上移除。

圖 2-7　線資料圖徵結果（Here Maps API）

2.3.3　線資料圖徵（ArcGIS API for JavaScript）

在點資料圖徵時有提到，ArcGIS API 在點、線、面資料都是使用 "esri/Graphic" 這個模組提供的 Graphic 函式來建立物件。首先先建立線資料需要用到測試用的點資料組。

程式演練 2.8　線資料圖徵（ArcGIS API for JavaScript）

```
const pointList = [
    { x: 121.5, y: 24 },
    { x: 121.2, y: 23.8 },
```

```
    { x: 121, y: 23.5 },
];
```

程式演練下載網址：

https://github.com/PapaPerryLiao/WebGIS-and-JavaScript/tree/master/2/2.8

程式演練線上 **Demo**：

https://papaperryliao.github.io/WebGIS-and-JavaScript/2/2.8/index.html

線資料為許多點組成的資料，建立 ponitList 這個點資料組，等等會利用它建立線資料圖徵。

```
require(["esri/Map", "esri/views/MapView", "esri/Graphic"], (Map, MapView,
Graphic) => {
    const myMap = new Map({
        basemap: "streets-vector",
    });
    const view = new MapView({
        container: "amap",
        map: myMap,
        zoom: 6,
        center: [121, 23.5],
    });
     // ……程式碼撰寫處
});
```

ArcGIS API 要預先載入需要的模組，點、線、面資料要載入 "esri/Graphic" 這個模組，並且初始化地圖。

```
    const content = {
        title: "線資料圖徵",
    };
```

```
const polyline = {
    type: "polyline",
    paths: pointList.map((item) => [item.x, item.y]),
    // 格式：[[121.5, 24], [121.2, 23.8], [121, 23.5]]
};
```

ArcGIS API 存放點資料組的格式為二維陣列，在第二個維度的陣列中，分別放入經度及緯度。

```
const polylineGraphic = new Graphic({
    geometry: polyline,
    symbol: {
        type: "simple-line",
        color: [226, 119, 40],
        width: 4,
    },
    attributes: content,
    popupTemplate: {
        title: "{title}",
        content: [
            {
                type: "fields",
                fieldInfos: [
                    {
                        fieldName: "title",
                    },
                ],
            },
        ],
    },
});

view.graphics.add(polylineGraphic);
```

透過 Graphic 方法可以建立點、線、面資料圖徵，由屬性 symbol 裡面的 type 決定為點、線、面，抑或是其它的向量資料格式，最後透過方法，把線圖徵（polylineGraphic）加入地圖之中。

```
view.graphics.remove(polylineGraphic);
```


也可以透過 view.graphics.remove 方法，移除線資料圖徵。

圖 2-8　線資料圖徵結果（ArcGIS API for JavaScript）

2.3.4　線資料圖徵（TGOS Map API）

接著讓我們來看看，TGOS Map API 在線資料圖徵的使用及表現。

程式演練 2.9　線資料圖徵（TGOS Map API）

```
const pointList = [
    { x: 121.5, y: 24 },
    { x: 121.2, y: 23.8 },
    { x: 121, y: 23.5 },
];
```

程式演練下載網址：

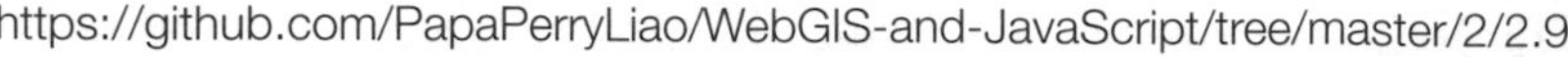

重組點資料組，將陣列每一個位置透過 TGOS.TGPoint 方法建立 TGOS Map API 專屬的點資料物件，參數一放入 X 坐標，參數二則為 Y 坐標。後續也會以這些點物件為基礎傳入 API 提供的方法。

```
const tgosPointList = pointList.map((item) => new TGOS.TGPoint(item.x,
 item.y));
const lineString = new TGOS.TGLineString(tgosPointList);
```

看到 TGLineString 有沒有覺得似曾相似？沒有錯，如果是一路讀下來的讀者應該對 lineString 這個詞不陌生，在 Here Maps API，會透過 H.geo.LineString 方法，來建立專屬儲存點資料組的物件，我們稱它為「線段」，TGOS Map API 也是類似的設計架構，這個「線段」並不會為地圖建立這個線圖徵，而它只是儲存線資料的儲存體。

```
const line = new TGOS.TGLine(tMap, lineString, {
    strokeColor: "#00AA88",
    strokeWeight: 5,
});
```

透過 TGOS.TGLine 方法，才會在地圖上建立線圖徵。參數一為地圖物件（tMap），參數二為線段（lineString），參數三則是線圖徵的樣式設定。

```
line.setMap(null);
```

移除的方式可以透過線圖徵的 setMap 方法，只要將地圖物件參數設為 null，即可將線資料圖徵從地圖上移除。

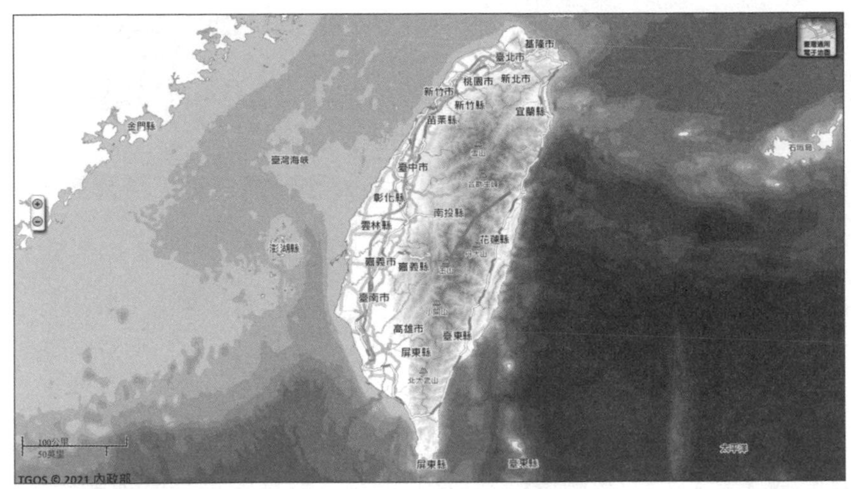

圖 2-9　線資料圖徵結果（TGOS Map API）

2.3.5　線資料圖徵（Leaflet API）

最後讓我們來看看，Leaflet API 在線資料圖徵的使用及表現。

程式演練 2.10　線資料圖徵（Leaflet API）

```
const pointList = [
    { x: 121.5, y: 24 },
    { x: 121.2, y: 23.8 },
    { x: 121, y: 23.5 },
];
```

程式演練下載網址：

https://github.com/PapaPerryLiao/WebGIS-and-JavaScript/tree/master/2/2.10

程式演練線上 Demo：

https://papaperryliao.github.io/WebGIS-and-JavaScript/2/2.10/index.html

建立一個名為 pointList 的陣列，陣列中存放測試用的點資料組。

```
const leafletPointList = pointList.map((item) => [item.y, item.x]);
```

透過陣列的 map 方法進行資料重組。Leaflet 資料格式為二維陣列，在第二個維度的陣列中，先放緯度，再放經度，要注意放置的順序。

```
const polyline = L.polyline(leafletPointList, { color: "red" });
polyline.addTo(lMap);
```

透過 L.polyline 方法建立線資料圖徵，參數一為點資料組，參數二則是線圖徵的樣式設定。再透過線圖徵的 addTo 方法 ，把線圖徵加入地圖中。

```
const layers = L.layerGroup().addLayer(polyline).addTo(lMap);
lMap.fitBounds(polyline.getBounds());
```

Leaflet API 中，提供類似圖層管理群組的方法，可以把圖層加入群組之中，再把該群組透過 addTo 方法，就可以把群組內的所有圖層均加入到地圖之中，之後只要操作群組管理這些圖層，這樣可以很方便的進行圖層分類。

讀者們如果還沒有感覺的話，舉個例子，如果一個美食地圖裡，標記出許多美食餐廳的地理位置，裡面有日本料理、美式早午餐、香港茶餐廳、中餐館等等……，如果我今天只想把全部的日本料理餐廳都秀出來，一般沒有圖層管理群組的作法是跑一個迴圈，然後分別判斷是否為日本料理餐廳，如果是就取出來，不是就篩選掉；然而，如果有做好圖層管理的話，在載入圖層前就已經把這些圖層分門別類，這時候我們只要對日本料理這個圖層管理群組把它加入地圖就好。同樣類似的圖層管理的概念，在 Here Maps API 及 ArcGIS API for JavaScript 也都有類似的設計理念。

```
layers.removeLayer(polyline);
```

圖層管理群組 .removeLayer(線資料圖徵);

透過群組與線資料圖徵的操作，也可以把該線圖徵移出群組中，如果這個群組目前在地圖上，該線圖徵就會自動被移出地圖。

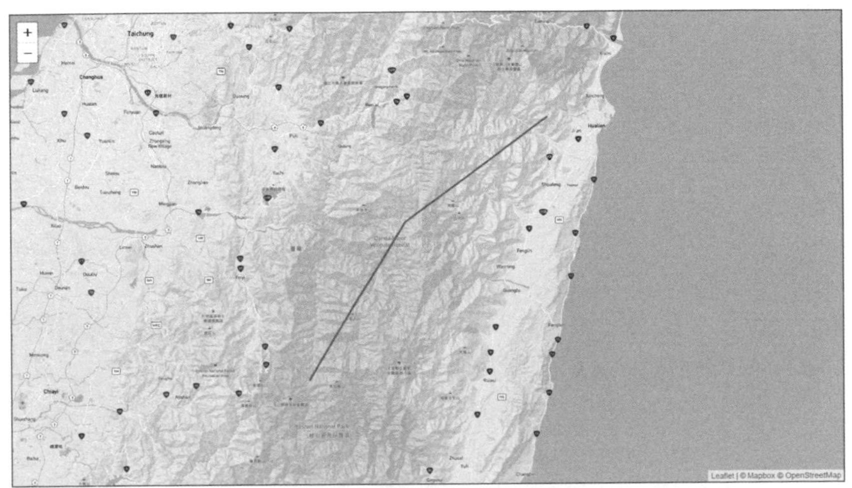

圖 2-10　線資料圖徵結果（Leaflet API）

2.4　面資料圖徵

學習難度 ★★★☆☆

面資料圖徵的資料來源取決於點資料組，是由許多點資料相連而成，點資料組的最後一個點再與第一個點相連，形成封閉區塊，並且將封閉區塊內填滿，形成多邊形，點與點之間連線有一定的順序，如圖 2-11 展示點與點間的順序性。

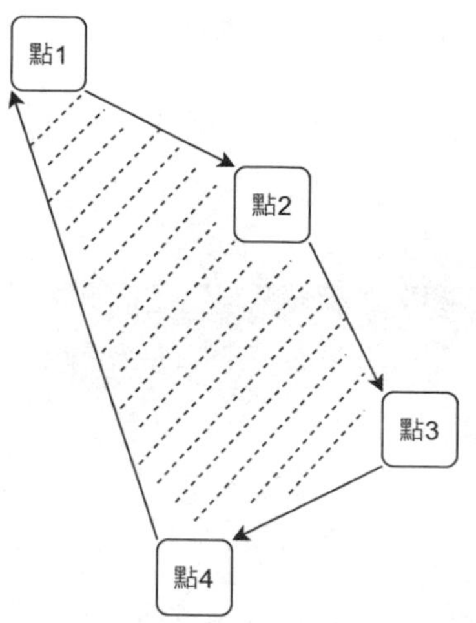

圖 2-11　有順序的點連線

▲　正常情況下點有順序的連線，中間區塊填充為面圖徵

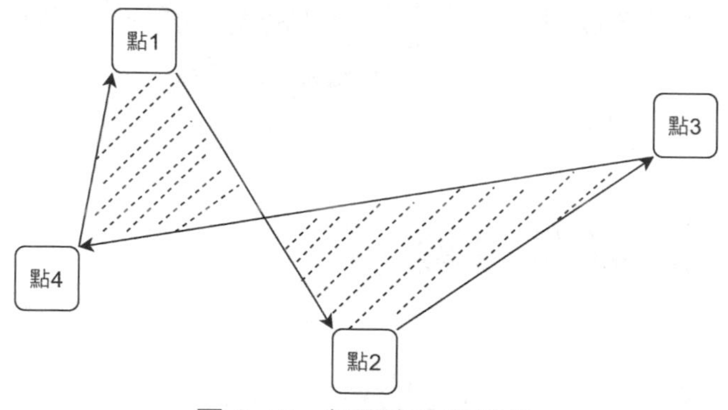

圖 2-12　無順序的點連線

▲　點的順序混亂，有機會形成交叉，變成兩塊以上的面，此情況實務上多半為錯誤的點資料順序

除了順序要注意以外，面資料圖徵實體是由點圍繞成的中間區塊，如果點與點間連線均在同一條直線上，將無法連線形成中間區塊的面圖徵，這樣子的點資料組可以組成線圖徵，但不能組成面圖徵，如圖 2-13、2-14 所示。

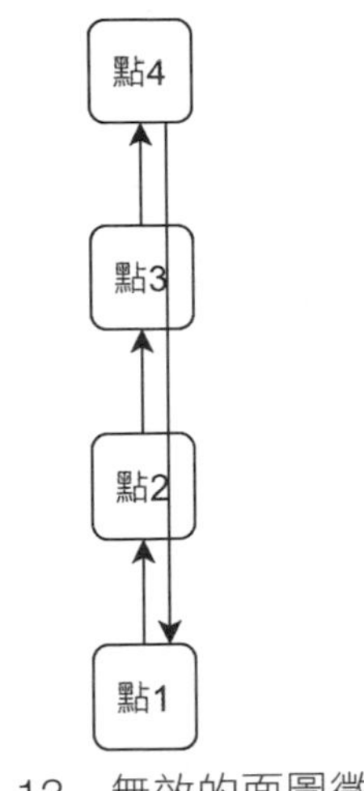

圖 2-13　無效的面圖徵

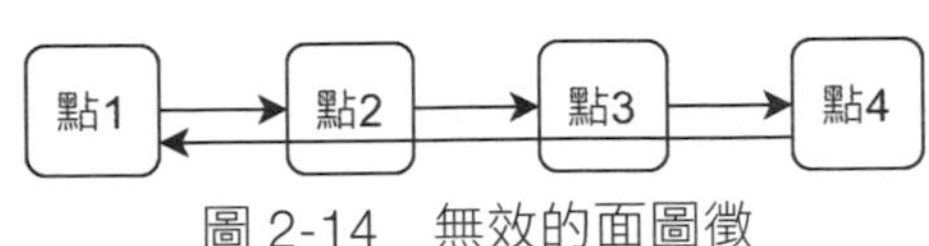

圖 2-14　無效的面圖徵

> **告訴你一個小祕密！**
>
> 線及面資料圖徵其實都是一群點所組成，並且有方向性。差別在於面資料圖徵的頭尾會相連，為填充的封閉區塊，線資料圖徵則頭尾不會相連。

面資料圖徵的思路

Step 01 取得點資料組（透過 API 或既有資料）

Step 02 重組為要求的面資料格式

Step 03 給我一個面資料及地圖物件，我給你一個面資料圖徵

2.4.1　面資料圖徵（Google Map API）

Step 01 取得點資料組

程式演練 2.11　面資料圖徵（Google Map API）

```
const pointList = [
    { x: 121.5, y: 24 },
    { x: 121.2, y: 23.8 },
    { x: 121, y: 23.5 },
];
```

程式演練下載網址：

https://github.com/PapaPerryLiao/WebGIS-and-JavaScript/tree/master/2/2.11

建立一個名為 pointList 的陣列，陣列中存放測試用的點資料組。它沒有特殊意義，僅供測試使用，實務上可能會是透過 API 取得點資料組，或是讀取 json 格式資料取得。

Step 02 重組為要求的面資料格式

```
const googlePolygonData = pointList.map((item) => {
    return {
        lat: item.y,
        lng: item.x,
    };
});
```

透過陣列的 map 方法來重組資料，重組為 Google Map API 要求的格式，陣列的每一個位置為一個物件，有 lat 屬性（代表緯度）、lng 屬性（代表經度）。

Step 03 給我一個面資料及地圖物件，我給你一個面資料圖徵

```
const polygon = new google.maps.Polygon({
    path: googlePolygonData,
    strokeColor: "#FF0000",
    strokeOpacity: 1.0,
```

```
    strokeWeight: 2,
    fillColor: "#FF0000",
    fillOpacity: 0.35,
});

polygon.setMap(gMap);
```


透過 API 方法 google.maps.Polygon 可以建立一個面資料圖徵，其中，path 屬性必須填入剛剛 Step 02 重組完的面資料，其餘屬性可以設定外框的樣式，以及面圖徵填充區域的樣式；最後透過 polygon.setMap 方法，把面圖徵加入地圖物件（gMap）之中。

清除圖層

```
polygon.setMap(null);
```

想要清除圖層只需要透過面圖徵的 setMap 方法，並且設定 null 即可將面圖徵從地圖上清除。

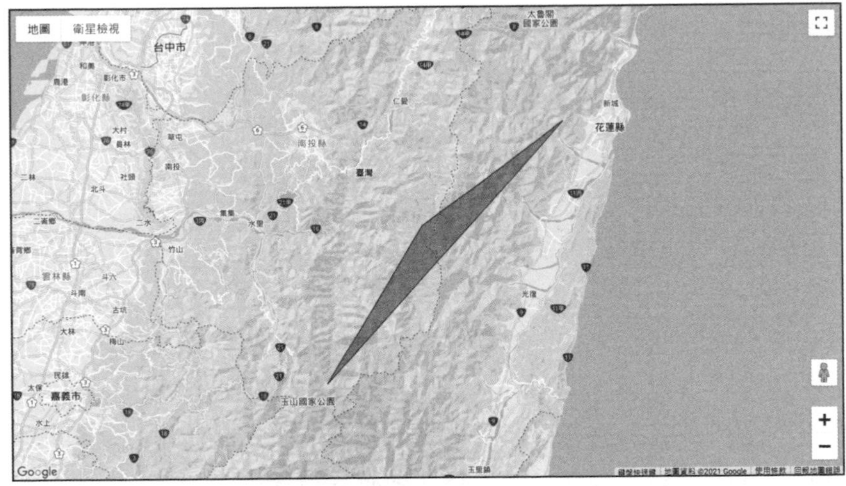

圖 2-15　面資料圖徵結果（Google Map API）

2.4.2 面資料圖徵（Here Maps API）

Step 01 取得點資料組

程式演練 2.12　面資料圖徵（Here Maps API）

```
const pointList = [
    { lat: 23, lng: 120 },
    { lat: 23.2, lng: 120.5 },
    { lat: 23.4, lng: 120.7 },
    { lat: 24, lng: 121 },
    { lat: 24.5, lng: 121.8 },
];
```

程式演練下載網址：

https://github.com/PapaPerryLiao/WebGIS-and-JavaScript/tree/master/2/2.12

建立一個名為 pointList 的陣列，陣列中存放測試用的點資料組。

Step 02 重組為要求的面資料格式

```
const lineString = new H.geo.LineString();

pointList.forEach((item) => {
    lineString.pushPoint(item);
});
```

Here Maps API 的面資料，只接受它特有的儲存資料的物件，我們稱它為線段，所以必須透過 H.geo.LineString 方法新建一個線段（ lineString ），用來儲存點資料組。眼尖的讀者應該會發現，Here Maps API 的線資料圖徵及面資料圖徵儲存的點資料的儲存體都是這個 lineString。

Step 03 給我一個面資料及地圖物件，我給你一個面資料圖徵

```
const polygon = new H.map.Polygon(lineString, {
    style: {
        fillColor: "#FFFFCC",
        strokeColor: "#829",
        lineWidth: 8,
    },
});

hMap.addObject(polygon);
```


透過 H.map.Polygon 方法建立新的面資料圖徵，參數一填入線段（lineString），參數二則可以設定面圖徵的樣式，再由地圖物件（hMap）的 addObject 方法，把面圖徵加到地圖之中。

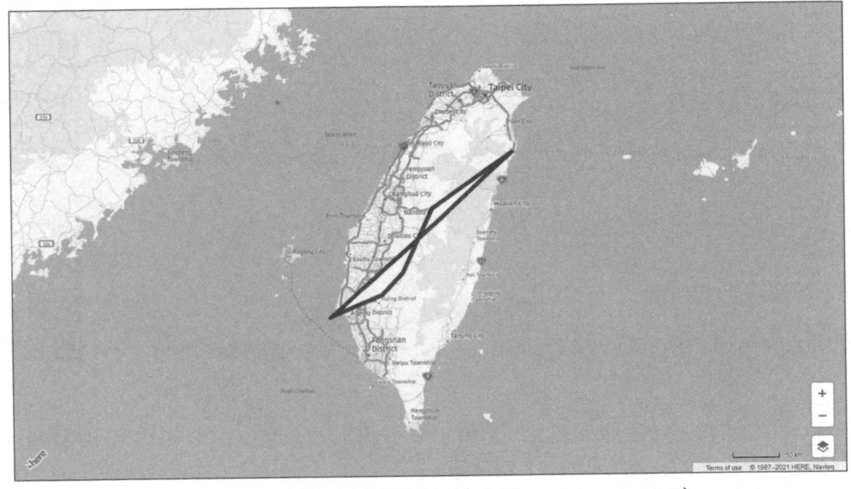

圖 2-16　面資料圖徵結果（Here Maps API）

2.4.3　面資料圖徵（ArcGIS API for JavaScript）

在點、線資料圖徵時有提到，ArcGIS API 在點、線、面資料都是使用 "esri/Graphic" 這個模組提供的 Graphic 函式來建立物件。

程式演練 2.13　面資料圖徵（ArcGIS API for JavaScript）

```
require(["esri/Map", "esri/views/MapView", "esri/Graphic"], (Map, MapView,
Graphic) => {
    const myMap = new Map({
        basemap: "streets-vector",
    });
    const view = new MapView({
        container: "amap",
        map: myMap,
        zoom: 6,
        center: [121, 23.5],
    });
    // 程式碼撰寫處
});
```

程式演練下載網址：

https://github.com/PapaPerryLiao/WebGIS-and-JavaScript/tree/master/2/2.13

程式演練線上 Demo：

https://papaperryliao.github.io/WebGIS-and-JavaScript/2/2.13/index.html

載入 esri/Graphic 模組，並且把 Graphic 這個方法傳入 callback 函式中。

Step 01 取得點資料組

```
const pointList = [
    { x: 121.5, y: 24 },
    { x: 121.2, y: 23.8 },
    { x: 121, y: 23.5 },
];
```

建立一個名為 pointList 的陣列，陣列中存放測試用的點資料組。

Step 02 重組為要求的面資料格式

```
const polygon = {
    type: "polygon",
    rings: pointList.map((item) => [item.x, item.y]),
    // 格式：[[ 121.5, 24], [121.2, 23.8], [ 121,23.5]]
};
```

ArcGIS API 使用 Graphic 模組可以建立向量圖徵，要分辨它是點、線、面則是要用物件來設定，物件的 type 屬性設定為 "polygon" 代表它是面圖徵。rings 屬性，則是透過陣列的 map 方法進行點資料重組，格式為二維陣列，在第二維度的陣列的第一個位置放 X 坐標（經度），第二個位置放 Y 坐標（緯度）。

Step 03 給我一個面資料及地圖物件，我給你一個面資料圖徵

```
const content = {
    title: "面資料圖徵",
    note: "跟著本書範例學習，ArcGIS 好簡單",
};

const fillSymbol = {
    type: "simple-fill",
    color: [227, 139, 79, 0.8],
    outline: {
        color: [255, 255, 255],
        width: 1,
    },
};
```

為了建立面資料圖徵的資訊視窗，因此會先設定資訊視窗可能會用到的資料，存放在 content 這個物件中，content 中的屬性可隨意定義。fillSymbol 則是設定面圖徵的樣式，其中 type 屬性設為 "simple-fill"，代表一般的填充面圖徵。

```
const polygonGraphic = new Graphic({
        geometry: polygon,
        symbol: fillSymbol,
        attributes: content,
        popupTemplate: {
            title: "{title}",
            content: [
                {
                    type: "fields",
                    fieldInfos: [
                        {
                            fieldName: "note",
                        },
                    ],
                },
            ],
        },
    });

    view.graphics.add(polygonGraphic);
```

透過 Graphic 函式可以建立面資料圖徵，由屬性 symbol 裡面的 type 決定為點、線、面，抑或是其它的向量資料格式；屬性 geometry 放入重組完的面資料的物件；attributes 放入自定義儲存的資料，在屬性 popupTemplate 設定資訊視窗時，可以把 attributes 中的內容讀取出來，最後透過 view.graphics.add 方法，把面圖徵（polygonGraphic）加入地圖之中。

清除圖層

```
view.graphics.remove(polygonGraphic);
```

透過 view.graphics.remove 方法可以清除圖層，參數填入面圖徵物件（polygonGraphic），即可將面圖徵從地圖中移除。

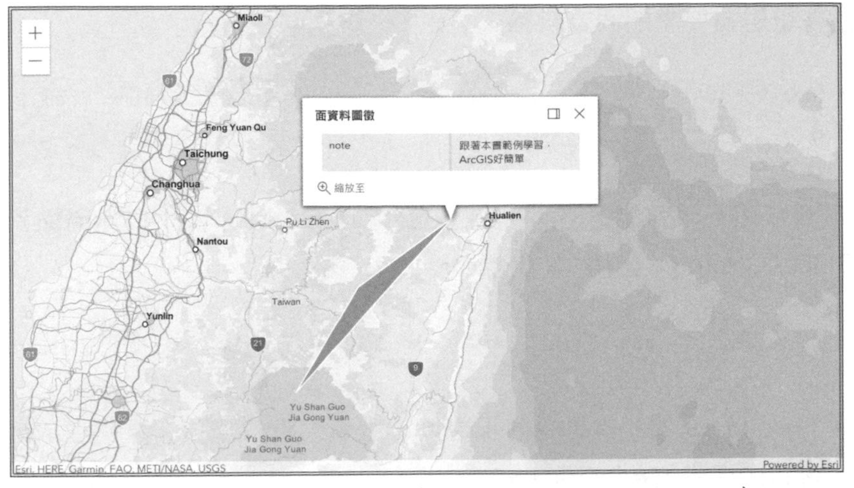

圖 2-17　面資料圖徵結果（ArcGIS API for JavaScript）

2.4.4　面資料圖徵（TGOS Map API）

接著讓我們來看看，TGOS Map API 在面資料圖徵的使用及表現。

Step 01 取得點資料組

程式演練 2.14　面資料圖徵（TGOS Map API）

```
const pointList = [
    { x: 121.5, y: 24 },
    { x: 121.2, y: 23.8 },
    { x: 121, y: 23.5 },
];
```

程式演練下載網址：

https://github.com/PapaPerryLiao/WebGIS-and-JavaScript/tree/master/2/2.14

建立一個名為 pointList 的陣列，陣列中存放測試用的點資料組。

Step 02 重組為要求的面資料格式

```
const tgosPointList = pointList.map((item) => new TGOS.TGPoint(item.x,
item.y));
```

重組點資料組，陣列的每一個位置重組為 TGOS Map API 的專屬點資料格式 **TGOS.TGPoint(X 坐標 , Y 坐標)**。

```
const lineString = new TGOS.TGLineString(tgosPointList);
```

這裡與 Here Maps API 有異曲同工之處，重組點資料組後，還需要放入專屬的 lineString(線段)中。

```
const linearRing = [];
linearRing.push(new TGOS.TGLinearRing(lineString));
```

不同於 Here Maps API，建立完 lineString 後，還需要透過 **TGOS.TGLinearRing (lineString)** 建立 linearRing（環），並且把環放入陣列之中。

```
const polygon = new TGOS.TGPolygon(linearRing);
```

最後再把 linearRing 透過 **TGOS.TGPolygon(linearRing)** 建立面資料物件，這裡的 polygon 就是面圖徵建立了嗎？不！這裡的 polygon 只是面資料物件，還不是面圖徵。讀者們可能會有疑問，為何有的 API 在看到 "polygon" 建立時，代表面圖徵被建立，有的 API 卻不是這麼一回事，筆者教大家一個方法來分辨圖徵是否被建立。

根據筆者的口訣：「給我一個面資料及地圖物件，我給你一個面資料圖徵。」除了面資料以外，關鍵在於地圖物件，如果沒有地圖物件，面圖徵要建立在哪裡呢？所以之後在看新的 API 方法或是其它的 API 時，只要觀察這個方法有沒有要求你輸入地圖物件，如果有，有很高的機率代表它要建立圖徵在這個地圖物件上；如果沒有，那向量圖徵絕對建不起來。

Step 03 給我一個面資料及地圖物件，我給你一個面資料圖徵

```
const fill = new TGOS.TGFill(tMap, polygon, {
    fillColor: "#00FFFF",
    fillOpacity: 0.5,
    strokeColor: "#00FF00",
    strokeWeight: 3,
    strokeOpacity: 0.5,
});
```

透過 TGOS.TGFill 方法建立面資料圖徵，參數一填入地圖物件（ tMap ），參數二為面資料物件（polygon），參數三則是樣式設定。

清除圖層

```
fill.setMap(null);
```

透過面圖徵的 setMap 方法，並且地圖物件參數填入 null，即可從地圖上清除面圖徵。

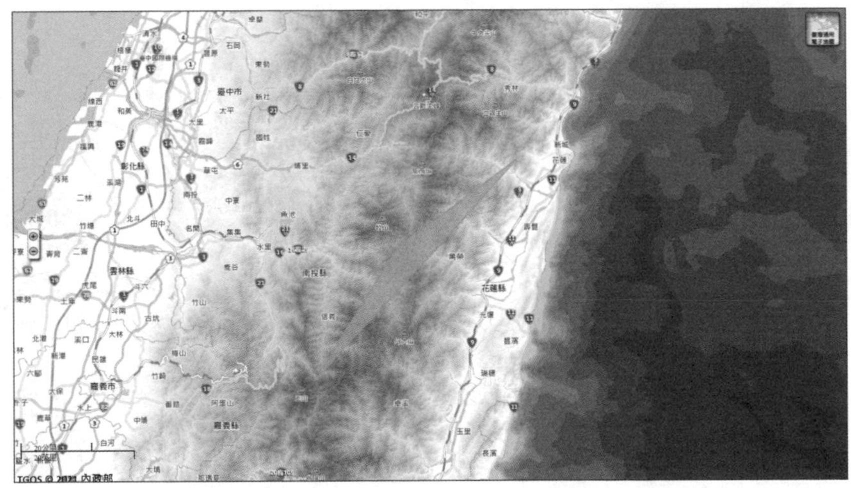

圖 2-18　面資料圖徵結果（TGOS Map API）

lineSring → linearRing → [linearRing] 的設計理念

如程式演練 2.14 中可以發現，我們有一批點資料，想要將這一批點連線建立面資料圖徵，在 TOGS Map API 需要三個步驟。步驟一，建立 lineSring 將點連線；步驟二，建立 linearRing 將連線的線段頭尾相連，並填滿內部的區域，形成環；步驟三則是把 linearRing 放入陣列之中，環已經具備面資料的特徵，為何還要多一步驟把環放入陣列之中呢？原因是一個面資料圖徵可能含有多個面資料（MultiPolygon）。因此，才設計透過陣列來儲存，當只有一個面資料時可能會覺得它多此一舉，但其實大多數程式的設計方式都有它背後的意義。

2.4.5 面資料圖徵（Leaflet API）

Step 01 取得點資料組

程式演練 2.15 面資料圖徵（Leaflet API）

```
const pointList = [
    { x: 121.5, y: 24 },
    { x: 121.2, y: 23.8 },
    { x: 121, y: 23.5 },
];
```

程式演練下載網址：

https://github.com/PapaPerryLiao/WebGIS-and-JavaScript/tree/master/2/2.15

程式演練線上 Demo：

https://papaperryliao.github.io/WebGIS-and-JavaScript/2/2.15/index.html

建立一個名為 pointList 的陣列，陣列中存放測試用的點資料組。

Step 02 重組為要求的面資料格式

```
const leafletPointList = pointList.map((item) => [item.y, item.x]);
```

透過陣列的 map 方法，可以重組資料，並且將資料重組為 Leaflet API 所要求的格式，它是一個二維陣列，並在第二個維度的陣列中依序放入緯度、經度。

Step 03 給我一個面資料及地圖物件，我給你一個面資料圖徵

```
const polygon = L.polygon(leafletPointList, { color: "red" });
const layers = L.layerGroup().addLayer(polygon).addTo(lMap);
lMap.fitBounds(polygon.getBounds());
```

透過 L.polygon 方法可以建立一個面資料圖徵，參數一為重組後的點資料組；參數二為面資料圖徵的樣式設定。L.layerGroup 方法建立圖層管理群組，用以存放面資料圖徵，再呼叫它的 addLayer 方法，把面資料圖徵（polygon）加入圖層管理群組（layers）中。最後再用 addTo 把圖層管理群組加至地圖物件（lMap）中，以及使用 fitBounds 方法，將視角移動至面資料圖徵上。

➲ 清除圖層

```
layers.removeLayer(polygon);
```

透過呼叫圖層管理群組的 removeLayer 方法，可以清除圖層，並把它從地圖上移除。

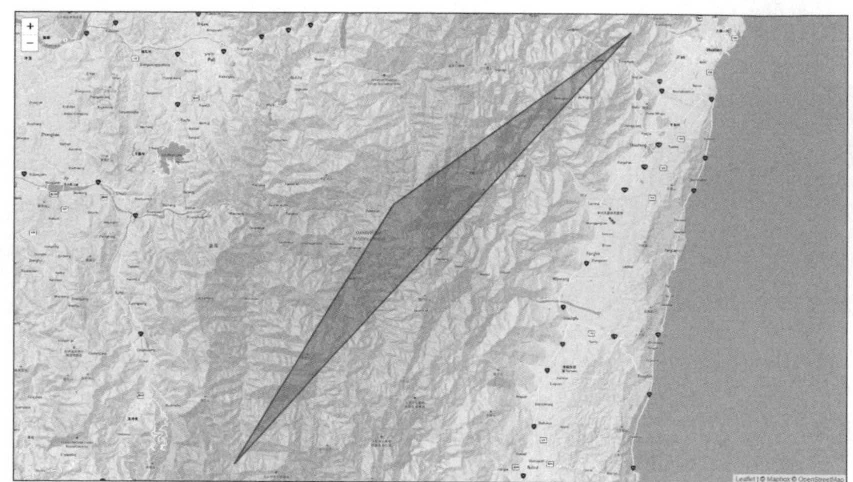

圖 2-19　面資料圖徵結果（Leaflet API）

03 Chapter

網格資料格式

本章學習重點：

- 認識 OGC 標準規範
- 學習取得 WMS 圖層服務連結的四步驟、取得 WMTS 圖層服務連結的兩步驟
- 比較不同地圖 API 網格資料格式的使用方式及異同

3.1 OGC 規範

學習難度 ★☆☆☆☆

上一章節講述了點、線、面資料圖徵，可以用來表示地圖上的特定事物，如果今天要套用大面積的空間資料，例如全台灣的村里界線，我們一般不會用線資料圖徵即時把所有的線一次畫出來，除了這些資料不需要即時變動外，如此一來還會消耗很多前端的資源，效能上也有問題，進而造成使用者體驗不佳。

取而代之的是，使用網格資料格式。我們會先在伺服器端將這些空間資訊轉成網格資料圖層，可以當作是預先畫好這些圖資，等使用者需要的時候再向伺服器取得這些圖資。這樣一來，解放了前端畫大量圖資的效能瓶頸。

然而，後端圖資要提供給前端要透過 API 來取得，各家的 API 格式卻又不盡相同，導致要取得他人 API 提供的圖資還需要仔細研究使用文件，介面無統一，並且開發較為繁瑣。

於是就要說到 OGC 這個組織。OGC 全名為 Open Geospatial Consortium（開放地理空間協會），成立於 1994 年。在那個網路世界興起的時代，地圖也逐漸走向 Web 化。地圖上的資訊，意味著空間資訊，如果有大範圍的資料想要彼此共享復用，卻礙於沒有統一的格式，於是 OGC 定義了 WMS、WMTS、WFS 等空間資料交換的標準格式，從此以後空間資訊就有一個標準的規範。

常見的 OGC 基礎標準規範：

- GML – 基於 XML 語法的標記式語言。常用於表達地理資訊要素。
- KML – 基於 XML 語法的標記式語言。常用於地理空間資訊的三維空間展現。
- WFS – 網路要素服務。提供空間資訊的原始資料轉譯。
- WMS – 網路地圖服務。提供地圖圖像。
- WMTS – 網路切片地圖服務。提供大範圍高品質的切片圖像。

我要成為高手

OGC 官方網站

https://www.ogc.org/

3.2 WMS 圖層套疊

學習難度 ★★★☆☆

WMS 全名 Web Map Service（網路地圖服務），為 OGC 在 1999 年提出的資料格式標準，以 XML 格式做為 http 取得 GIS Server 所提供之地理圖像服務的介面，圖像格式通常為 JPEG 或 PNG，並且有坐標系統、邊界坐標等參數做為 WebGIS 圖層套疊的依據。

接下來，我們透過內政部國土測繪中心的 WMS 圖層開放資料，來進行示範。

通常我們會拿到一串網址，這串網址是服務商提供的 WMS 服務

https://wms.nlsc.gov.tw/wms

接下來，取得 WMS 圖層服務連結的四步驟：

Step 01 打開 xml 檔（網址加 GetCapabilities）

首先網址「?」後面加上參數 **REQUEST=GetCapabilities**，GetCapabilities 可以把 WMS 資料服務一覽，以 xml 格式列出來 ，並且加上服務類型 **SERVICE=WMS**，以及版本號 **VERSION=[版本號]**。

加完參數的網址如下：

https://wms.nlsc.gov.tw/wms?SERVICE=WMS&REQUEST=GetCapabilities&VERSION=1.1.1

即可打開 xml 檔案：

```
- <Layer queryable="0" opaque="0" fixedWidth="0" fixedHeight="0" cascaded="0">
    <Name>CITY</Name>
    <Title>縣市界</Title>
    <Abstract>縣市界</Abstract>
    <SRS>EPSG:3857</SRS>
    <SRS>EPSG:4326</SRS>
    <SRS>EPSG:3826</SRS>
    <SRS>EPSG:3825</SRS>
    <LatLonBoundingBox miny="0.0" minx="0.0" maxy="90.0" maxx="180.0"/>
    <BoundingBox miny="-7.081154551613623E-10" minx="0.0" maxy="2.3810769326496768E8" maxx="2.0037508342789248E7"
      SRS="EPSG:3857"/>
    <BoundingBox miny="2406316.107441" minx="144847.277860" maxy="2807602.054796" maxx="352136.448733" SRS="EPSG:3826"/>
    <BoundingBox miny="2544566.280698" minx="157736.290764" maxy="2992771.078492" maxx="408747.911640" SRS="EPSG:3825"/>
  - <Style>
      <Name>default</Name>
    </Style>
  </Layer>
- <Layer queryable="0" opaque="0" fixedWidth="0" fixedHeight="0" cascaded="0">
    <Name>EMAP01</Name>
    <Title>臺灣通用電子地圖(灰階)</Title>
    <Abstract>臺灣通用電子地圖(灰階)</Abstract>
    <SRS>EPSG:3857</SRS>
    <SRS>EPSG:4326</SRS>
    <SRS>EPSG:3826</SRS>
    <SRS>EPSG:3825</SRS>
    <LatLonBoundingBox miny="0.0" minx="0.0" maxy="90.0" maxx="180.0"/>
    <BoundingBox miny="-7.081154551613623E-10" minx="0.0" maxy="2.3810769326496768E8" maxx="2.0037508342789248E7"
      SRS="EPSG:3857"/>
    <BoundingBox miny="2406316.107441" minx="144847.277860" maxy="2807602.054796" maxx="352136.448733" SRS="EPSG:3826"/>
    <BoundingBox miny="2544566.280698" minx="157736.290764" maxy="2992771.078492" maxx="408747.911640" SRS="EPSG:3825"/>
  - <Style>
      <Name>default</Name>
    </Style>
  </Layer>
```

圖 3-1　WMS 圖層 REQUEST=GetCapabilities（資料來源：內政部國土測繪中心 / 國土測繪圖資服務雲）

Step 02 找到圖層名稱（Name）、坐標系統與邊界（SRS & BoundingBox）

一串 WMS 服務連結，可能含有多個圖層，可以從 GetCapabilities 的 xml 檔案中看到所有提供的圖層，每一個 Layer 標籤都是一個圖層，而圖層套疊的時候，需要提供圖層名稱、坐標系統、邊界、透明度、資料型態等多項參數資訊。

Step 03 網址加參數（GetMap）

在 Step 02 中找到對應想要的圖層後，把它們組織為完整的 WMS 連結（url），並且 **REQUEST=GetMap**，以取得圖層。

加完參數的網址如下：

https://wms.nlsc.gov.tw/wms? SERVICE=WMS&REQUEST=GetMap&SRS=EPSG:4326&HEIGHT=400&WIDTH=600&TRANSPARENT=TRUE&VERSION=1.1.1&LAYERS=LANDSECT&STYLES=default&BBOX=120.190057,25.30-2059,122.200555,23.843379&FORMAT=image/jpeg

可以透過網址直接打開，如果成功看到圖像，那就是成功了。假如沒有出現圖像，很高的機率是參數添加錯誤。

結果如下：

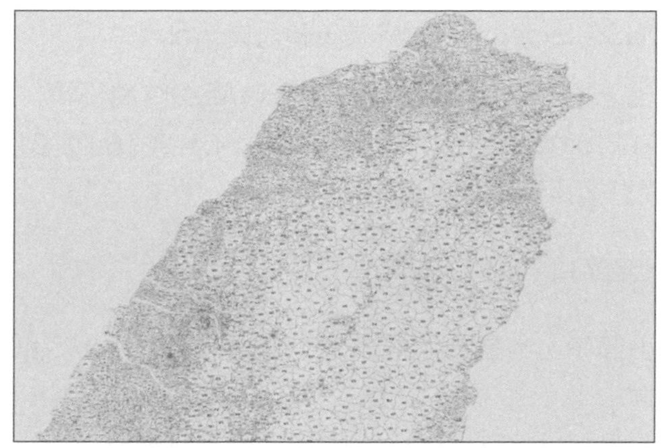

圖 3-2　段籍圖（資料來源：內政部國土測繪中心 / 國土測繪圖資服務雲）

WMS 參數一覽

- SERVICE：(必須) 唯一值 "WMS"
- VERSION：(必須)WMS 版本
- REQUEST：(必須) 地圖服務的請求類型，常見的有 GetMap、GetFeatureInfo、GetCapabilities
- LAYERS：(必須) 圖層名稱
- STYLES：(必須) 黑白或彩色影像
- BBOX：(必須) 圖層邊界範圍（Bounding Box），例如：BBOX=121.294779637179,24.9702518421948,121.331598927168,25.0116923344645
- CRS：(必須) 坐標系統 (用於 1.3.0 版本以上)
- SRS：(必須) 坐標系統 (用於 1.1.1 版本以下)
- FORMAT：(必須) 輸出地圖格式，預設為 "image/png"
- WIDTH：(必須) 輸出地圖寬度

- HEIGHT：(必須) 輸出地圖高度
- BGCOLOR：背景顏色，預設為 "FFFFFF"
- TRANSPARENT： 透明度 (當 FORMAT 為 "image/png"、"image/tiff" 時才會生效)
- EXCEPTIONS：Exception 的格式，預設為 xml
- TIME： 圖層服務時間，可以輸入單一時間或時間區間，例如："TIME=2016-01-01T10:05:23Z", "TIME=2016-01-01/2016-02-01"，會找到單一時間或時間區間內最接近的圖層服務。

Step 04 呼叫地圖 API，WMS 圖層套疊

接下來的幾個小節中，本書會示範各家地圖 API 進行 WMS 圖層套疊的使用方式及不同之處。

3.2.1 WMS 圖層套疊（Google Map API）

講到 Google Map API 網格圖層套疊，Google Map API 有提供 ImageMapType 方法來做圖片類型的圖層套疊。然而，它卻沒有提供專屬於 WMS 的圖層套疊。

WMS 圖層，在地圖進行縮放時，會去動態計算出 Bounding Box（圖層邊界範圍），以此為參考去請求圖層的伺服器取得相對應的圖層，由於 Google Map API 並沒有提供 Bounding Box 動態計算的功能，因此我們要先理解 Bounding Box 的原理，並寫一個函式自行做計算。

由於地球是球狀的，正確來說是橢球狀，可是我們看到的地圖往往是一張紙，或是手機、電腦螢幕，它們往往是平面的，那麼要如何把它變成平面的呢？

透過壓縮，把地球的球皮攤開來壓縮成平面，這個動作我們稱之為「投影」（projection）。地球從球體被壓縮成平面後，往往會產生誤差及變形，根據

不同的投影及壓縮的方法，而有不一樣的變形方式，也造就了不一樣的坐標系統；而接下來我們就要講解 Google Map API 使用的投影及坐標系統。

Web 麥卡托投影（Web Mercator），又可以稱為 Google 投影，EPSG 識別碼為 EPSG:3857 或 EPSG:900913，目前幾乎所有主流的地圖 API 都使用這一標準，包括 Google 地圖、Mapbox、Bing 地圖、OpenStreetMap、MapQuest、Esri 等等……。

程式演練 3.1　WMS 圖層套疊（Google Map API）

```
const EXTENT = [-Math.PI * 6378137, Math.PI * 6378137];

const xyzToBounds = (x, y, z) => {
    const tileSize = (EXTENT[1] * 2) / Math.pow(2, z);
    const minx = EXTENT[0] + x * tileSize;
    const maxx = EXTENT[0] + (x + 1) * tileSize;
    const miny = EXTENT[1] - (y + 1) * tileSize;
    const maxy = EXTENT[1] - y * tileSize;
    return [minx, miny, maxx, maxy];
};
```

程式演練下載網址：

https://github.com/PapaPerryLiao/WebGIS-and-JavaScript/tree/master/3/3.1

這邊計算的細節就不加以說明了，因為那牽涉到 Web 麥卡托投影的公式及原理，太過於繁瑣。簡單來說，就是把目前網頁畫面的 x 坐標及 y 坐標，加上縮放層級，去計算出 EPSG:3857 坐標系統下的邊界坐標。可以直接使用這個函式即可。

```
const getTileUrl = (coordinates, zoom) => {
    return `http://wms.nlsc.gov.tw/wms?SRS=EPSG:3857&HEIGHT=400&WIDTH=600
&REQUEST=GetMap&TRANSPARENT=TRUE&VERSION=1.1.1&LAYERS=LANDSECT&STYLES=def
ault&BBOX=${xyzToBounds(
```

```
        coordinates.x,
        coordinates.y,
        zoom
    ).join(",")}&FORMAT=image%2Fpng`;
};
```

接著，建立一個名為 getTileUrl 的函式，會回傳 wms 的 url，這個 url 必須是根據方才 WMS 圖層服務連結的四步驟，取得已經加好參數的 wms 的 url，而且 REQUEST=GetMap；其中 Bounding Box 的部分會呼叫剛剛寫好的 xyzToBounds 函式來做邊界的處理及計算，以及用陣列的 join 方法把陣列轉成字串並用逗號來連接。

```
const imageLayer = new google.maps.ImageMapType({
    getTileUrl,
    name: "LANDSECT",
    alt: "LANDSECT",
    minZoom: 0,
    maxZoom: 19,
    opacity: 0.8,
});

gMap.overlayMapTypes.push(imageLayer);
```

透過呼叫 google.maps.ImageMapType 方法來建立 WMS 圖層，並且每次地圖縮放時，都會觸發 getTileUrl 這個 callback 函式，如此一來就能在不同縮放層級都動態去 WMS 伺服器取得相對應的圖層，最後再透過 gMap.overlayMapTypes.push 方法，參數填入圖片類型圖層（imageLayer），把圖層秀在地圖上。

圖 3-3　WMS 圖層套疊 一段籍圖（Google Map API）

不可不知的ES6小知識

JavaScript 物件，通常是以大括號來表示，物件的屬性則是以屬性名稱（key）與值（value）來表示。在 ES6 以後，當物件屬性名稱與屬性值的變數相同時，可省略只寫屬性名稱。範例如下：

一般寫法：

```
{
getTileUrl: getTileUrl
}
```

ES6：

```
{
getTileUrl
}
```

3.2.2 WMS 圖層套疊（Here Maps API）

上一小節介紹了 Google Map API 的 WMS 圖層套疊，相信讀者們已經對 WMS 圖層套疊有了基本的認識，在 Here Maps API 的做法跟 Google Map API 極為相似，一樣是只提供靜態圖像套疊的服務，而沒有提供 WMS 圖層套疊的專屬方法，因此一樣要自己去計算每個縮放層級相對應的 Bounding Box。

程式演練 3.2　WMS 圖層套疊（Here Maps API）

```
const EXTENT = [-Math.PI * 6378137, Math.PI * 6378137];

const xyzToBounds = (x, y, z) => {
    const tileSize = (EXTENT[1] * 2) / Math.pow(2, z);
    const minx = EXTENT[0] + x * tileSize;
    const maxx = EXTENT[0] + (x + 1) * tileSize;
    const miny = EXTENT[1] - (y + 1) * tileSize;
    const maxy = EXTENT[1] - y * tileSize;
    return [minx, miny, maxx, maxy];
};
```

程式演練下載網址：

https://github.com/PapaPerryLiao/WebGIS-and-JavaScript/tree/master/3/3.2

準備好 xyzToBounds 這個函式，用來計算 Web 麥卡托投影的 Bounding Box。

```
const getTileUrl = (x, y, zoom) => {
    console.log("xyz", `x: ${x}, y: ${y}, z: ${zoom}`);
    return `http://wms.nlsc.gov.tw/wms?SRS=EPSG:3857&HEIGHT=400&WIDTH=600
&REQUEST=GetMap&TRANSPARENT=TRUE&VERSION=1.1.1&LAYERS=LUIMAP109&STYLES=de
fault&BBOX=${xyzToBounds(
        x,
        y,
        zoom
```

```
    ).join(",")}&FORMAT=image%2Fpng`;
};
```

建立一個名為 getTileUrl 的函式，會回傳 wms 的 url，這個 url 必須是透過方才 WMS 圖層服務連結的四步驟，取得已經加好參數的 wms 的 url，而且 REQUEST=GetMap；其中 Bounding Box 的部分會呼叫剛剛寫好的 xyzToBounds 函式來做邊界的處理及計算，並且再用陣列的 join 方法把陣列組織成字串並用逗號來連結。

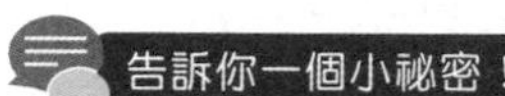

眼尖的讀者們肯定有發現，上一小節 Google Map API 的圖層套疊也有 getTileUrl 這個函式，與上一小節不同的地方在於輸入（input）的參數，如下：

- getTileUrl（Google Map API）所使用的格式：input 為 (coordinates, zoom)，output 為 string。
- getTileUrl（Here Maps API）所使用的格式：input 為 (x, y, zoom)，output 為 string。

原因：這個 function 是作為接下來靜態圖像套疊函式中，地圖縮放時會觸發的 callback 函式，因此 input 參數是由各家 API 提供的方法所定義。

```
const tileProvider = new H.map.provider.ImageTileProvider({
    min: 0,
    max: 19,
    opacity: 0.5,
    getURL: getTileUrl,
});
```

利用 Here Maps API 提供的方法 H.map.provider.ImageTileProvider 去做靜態圖像的套疊，並且在 getURL 這個屬性中，填入剛剛 getTileUrl 這個函式，靜態圖像會在每次地圖縮放時，觸發這個函式去重新取得圖像的 url，由於我們剛剛已完成了 WMS url 的動態計算，因此就能順利在每一個縮放層級取得相對應的 WMS 圖層並套疊。

```
const wmsLayer = new H.map.layer.ObjectLayer(tileProvider, {
    projection: "EPSG:3857",
    opacity: 0.5,
});

hMap.addLayer(wmsLayer);
```

剛才的 ImageTileProvider 並不是地圖上的圖層物件，它只是 Here Maps API 提供的一個圖像管理的介面，要透過呼叫 H.map.layer.ObjectLayer 方法方能建立一個圖層的物件，並且把剛剛建立好的 tileProvider 放進去，最後再透過 addLayer 方法，把圖層（wmsLayer）加入到地圖物件（hMap）中。

圖 3-4　WMS 圖層套疊 － 國土利用現況調查 109 年更新區（Here Maps API）

3.2.3　WMS 圖層套疊（ArcGIS API for JavaScript）

ArcGIS API 圖層套疊，需要透過 require 函式載入模組，除了初始化地圖的模組外，需要額外載入 "esri/layers/WMSLayer" 模組，用來套疊 WMS 圖層，這裡還額外載入了 "esri/widgets/LayerList" 模組，它可以用來管理圖台上的所有圖層，包括：WMSLayer、WMTSLayer、FeatureLayer 等等……，且也有預設的圖層套疊 UI 介面可以使用。

程式演練 3.3　WMS 圖層套疊（ArcGIS API for JavaScript）

```
require(["esri/Map", "esri/views/MapView", "esri/widgets/LayerList",
"esri/layers/WMSLayer"], (Map, MapView, LayerList, WMSLayer) => {
    const aMap = new Map({
        basemap: "streets-vector",
    });
    const view = new MapView({
        container: "amap",
        map: aMap,
        zoom: 6,
        center: [121, 23.5],
    });
    // 程式撰寫處
});
```

程式演練下載網址：

https://github.com/PapaPerryLiao/WebGIS-and-JavaScript/tree/master/3/3.3

程式演練線上 Demo：

https://papaperryliao.github.io/WebGIS-and-JavaScript/3/3.3/index.html

ArcGIS API 的程式需要寫在 require 的 callback 函式中，並在初始化地圖之後，接著以下列程式進行 WMS 圖層套疊。

```
    const wmsLayer = new WMSLayer({
        url: "https://ows.terrestris.de/osm/service",
        sublayers: [
            {
                title: "OpenStreetMap - Default",
```

```
            name: "OSM-WMS",
        },
        {
            title: "OpenStreetMap - Dark",
            name: "Dark",
        },
    ],
    opacity: 0.8,
});

aMap.layers.add(wmsLayer);
```

使用 WMSLayer 函式即可將 WMS 圖層進行套疊，眼尖的讀者們仔細觀察，有沒有發現 WMS 的連結（url）有沒有什麼不一樣？答案就是，竟然不需要加後面一串的參數。原因是 ArcGIS API 的 WMSLayer 會自動尋找 xml 檔案中的標籤，自動加後面的參數，只需要在 sublayers 的物件中，指定需要套疊的名稱（name）。

```
view.when(() => {
    const layerList = new LayerList({
        view: view,
    });
    view.ui.add(layerList, "bottom-left");
});

view.layerViews.add(wmsLayer);
```

有了 WMS 圖層套疊之後，我們還可以添加一個圖層清單列，使用 ArcGIS API 的 LayerList 函式，指定 LayerList 附加在我們地圖的檢視（view）上，透過 **view.ui.add(layerList, "bottom-left")**，可以生成圖層清單列表在左下方的位置，最後透過 view.layerViews.add 方法，將剛剛的 wms 圖層加入到圖層列表之中。

圖 3-5　WMS 圖層套疊 OpenStreetMap – Default

可以從畫面中看到地圖的左下角出現剛剛加入的圖層清單，裡面有我們剛剛加入的圖層 OpenStreetMap 圖層，有 Default（預設）版本跟 Dark（黑色系）版本，可以透過一旁的眼睛按鈕開關圖層。

除了 WMS 圖層外，LayerList 也可以加入其他種類的圖層，形成一整排的圖層清單列，供使用者自由勾選。

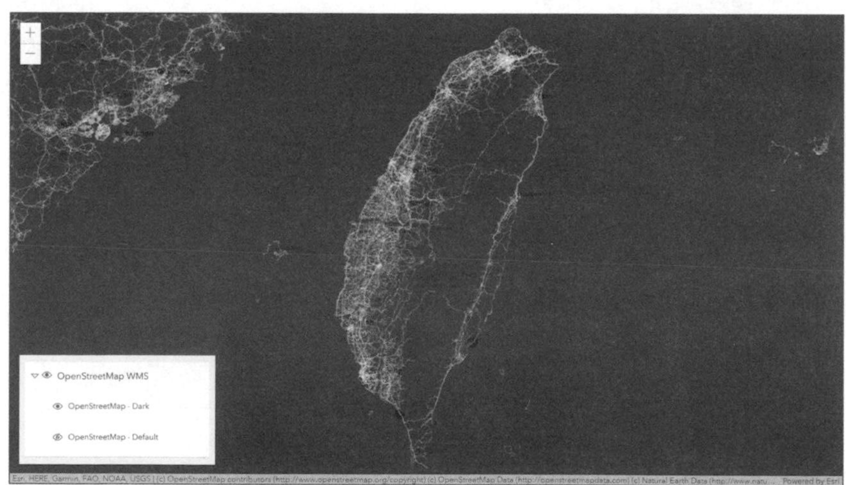

圖 3-6　WMS 圖層套疊 OpenStreetMap - Dark

3.2.4 WMS 圖層套疊（TGOS Map API）

TGOS Map API 圖層套疊，有提供 WMS 圖層專用的函式，有別於 Google 與 Here 需要額外計算邊界範圍（Bounding Box），但卻沒有 ArcGIS API 自動加上 queryString 的便利性，因此，必須透過 WMS 圖層服務連結的四步驟，取得 WMS 連結，再透過 TGOS Map API 來建立 WMS 圖層。

程式演練 3.4　WMS 圖層套疊（TGOS Map API）

```
const wmsLayer = new TGOS.TGWmsLayer(
    "http://wms.nlsc.gov.tw/wms?SRS=EPSG:4326&HEIGHT=400&WIDTH=600&REQUEST=
GetMap&TRANSPARENT=TRUE&VERSION=1.1.1&LAYERS=B5000&STYLES=default&BBOX=120.
190057,25.302059,122.200555,23.843379&FORMAT=image%2Fpng",
    {
        map: tMap,
        wmsVisible: true,
        zIndex: 1,
        opacity: 1,
    }
);
```

程式演練下載網址：

https://github.com/PapaPerryLiao/WebGIS-and-JavaScript/tree/master/3/3.4

透過 TGOS Map API 提供的 TGOS.TGWmsLayer 函式，可以建立 WMS 的圖層物件，參數一為 WMS 圖層的 url；參數二為 WMS 的屬性設置，包括想要產生在哪個地圖物件（map）、堆疊順序（zIndex）、是否顯示（wmsVisible）、透明度（opacity）。

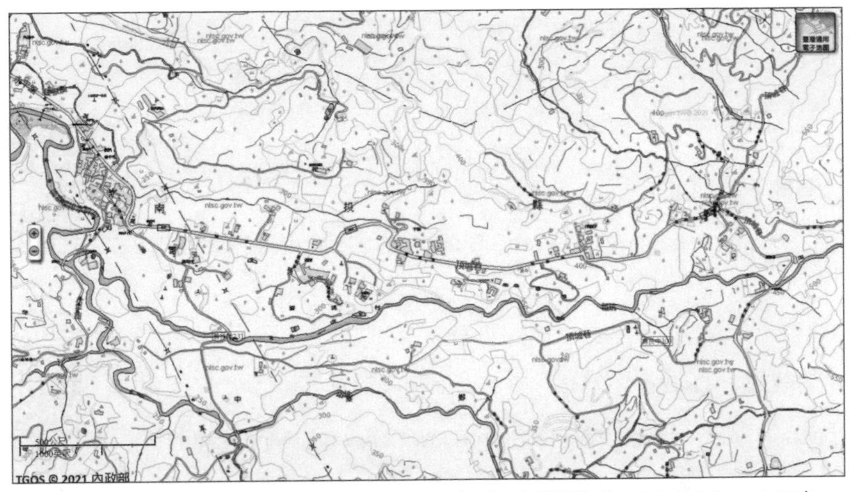

圖 3-7　WMS 圖層套疊 － 1/5000 基本地形圖（TGOS Map API）

```
// 移除圖層
wmsLayer.removeWmsLayer();
```

可以透過 WMS 圖層物件的 removeWmsLayer 方法從地圖上移除 WMS 圖層。

3.2.5　WMS 圖層套疊（Leaflet API）

Leaflet API 也有提供 WMS 圖層套疊專用的函式，且也擁有 ArcGIS API 中，不需要組 queryString 的優點。

程式演練 3.5　WMS 圖層套疊（Leaflet API）

```
const wmsLayer = L.tileLayer.wms("http://wms.nlsc.gov.tw/wms", {
    layers: "TOWN",
    styles: "default",
    bgcolor: "0xFFFFFF",
    transparent: true,
    format: "image/png",
    version: "1.1.1",
    uppercase: true, //  WMS request parameter keys will be uppercase.
    crs: L.CRS.EPSG3857,
```

03 網格資料格式

```
    opacity: 1,
});
```

程式演練下載網址：

https://github.com/PapaPerryLiao/WebGIS-and-JavaScript/tree/master/3/3.5

程式演練線上 **Demo**：

https://papaperryliao.github.io/WebGIS-and-JavaScript/3/3.5/index.html

透過 Leaflet API 提供的 L.tileLayer.wms 函式，可以建立 WMS 圖層的物件，參數一為 WMS 的 url；參數二為 WMS 圖層套疊的參數設定。參數設定中有一部分是原本 WMS 的 queryString 應填入的參數，只是這裡以物件的方式設定，Leaflet API 程式會自動組織帶有 queryString 的 url，這些參數包括圖層名稱（layers）、樣式（styles）、背景顏色（bgcolor）、是否透明（transparent）、檔案格式（format）、WMS 版本（version）、坐標系統（crs）、透明度（opacity）。

其中，Leaflet API 多了一個參數 uppercase，WMS 圖層 url 的參數必須要大寫，不然可能會發生不可預期的錯誤。加上 uppercase 這個參數後，會自動把 url 的參數轉為大寫。

```
wmsLayer.addTo(lMap);   // 加入圖層
```

WMS 圖層物件建立後，需要透過 addTo 方法，將圖層加入地圖物件（lMap）中。

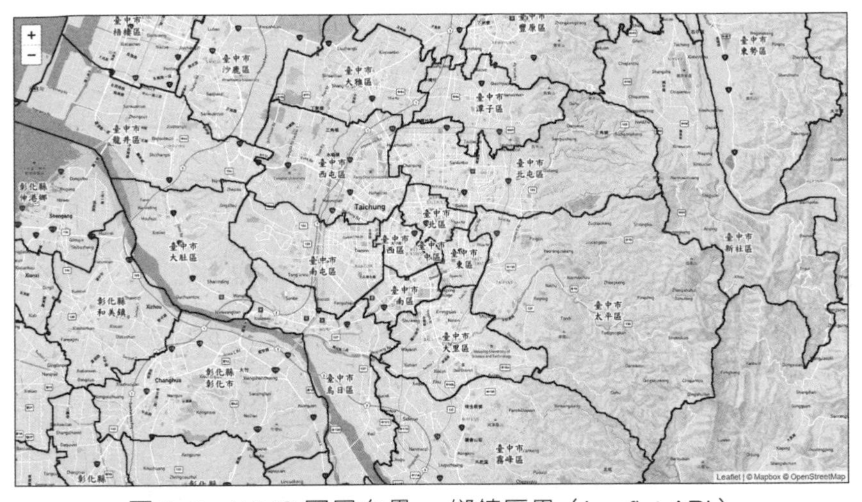

圖 3-8　WMS 圖層套疊 －鄉鎮區界（Leaflet API）

假如地圖上有很多個圖層時，由於一個一個圖層物件需要建立，我們通常會利用迴圈的方式把所有的圖層建立，並且把它們加入陣列中儲存。然而，如果今天需求要把圖層分門別類時，例如分成縣市邊界類、水土保持類、土地使用類，那麼我們儲存圖層的陣列就不能夠單純只儲存 url，還需要儲存圖層的類別。示意圖如下。

```
[
    {
        type: "縣市邊界類",
        url: "http://wms.nlsc.gov.tw/wms?SRS=EPSG:4326&HEIGHT=400&WIDTH=600&REQUEST=GetMap&TRANSPARENT=TRUE&VERSION=1.1.1&LAYERS=TOWN&STYLES=default&BBOX=120.190057,25.302059,122.200555,23.843379&FORMAT=image%2Fpng"
    }
]
```

當我們要把某一種圖層類別全部打開，或是全部清除時，我們必須依靠陣列的篩選（filter）取得想要的圖層類別清單後，再去操作圖層套疊。然而，這樣的管理方式雖然可行，當圖層的種類別很多且操作複雜時，會比較考驗開發者的陣列操作能力，且圖層資料管理上也較為混亂。Leaflet API 提供圖層儲存的群組，可以提升管理眾多圖層時的便利性。

```
const layers = L.layerGroup().addLayer(wmsLayer).addTo(lMap);
```

透過 L.layerGroup 函式可以建立圖層管理群組，再透過 addLayer 方法可以新增圖層到圖層管理群組中，最後再透過 addTo 方法把圖層管理群組加到地圖物件（lMap）上。

```
// 清除圖層
layers.removeLayer(wmsLayer);
```

圖層管理群組也可以透過 removeLayer，一次清除所有在群組中的圖層，並且把它們都從地圖上移除。

3.3 WMTS 圖層套疊

學習難度 ★★☆☆☆

WMTS 為網際網路地圖圖磚服務 (Web Map Tile Service)，也是 OGC 的標準規範之一。通常提供大範圍高品質的圖提供底圖之用，並且以圖磚的方式儲存及呈現。

然而，已經有了 WMS 圖層套疊了，為何還需要 WMTS 圖層？它們之間究竟有什麼差別？以伺服器端的角度來看，WMS 是透過向伺服器請求的網址，藉由網址的參數，動態產生圖片，再回傳給客戶端，這種作法靈活性較高，但每一次請求（request）所需等待的時間較長；WMTS 則是預先產好靜態圖磚，犧牲了 WMS 擁有的動態產生的靈活性，但由於不同的範圍及比例尺下的圖磚均已預先產出，在請求時省去動態產生的時間，速度較快。也因此，大範圍的底圖套疊時，多半會使用速度較快的 WMTS 圖磚。

接下來，我們透過內政部國土測繪中心的 WMTS 圖層開放資料，來進行示範。

通常我們會拿到一串網址，這串網址是服務商提供的 WMTS 服務

https://wmts.nlsc.gov.tw/wmts

接著，取得 WMTS 圖層服務連結的兩步驟：

Step 01 打開 wmts 網址：https://wmts.nlsc.gov.tw/wmts

```
▼<Layer>
    <ows:Title>1/5000基本地形圖</ows:Title>
    <ows:Identifier>B5000</ows:Identifier>
  ▼<ows:BoundingBox crs="urn:ogc:def:crs:EPSG::3857">
      <ows:LowerCorner>-2.0037507842788246E7 -3.0240971958386146E7</ows:LowerCorner>
      <ows:UpperCorner>2.0037507842788246E7 3.024097145838615E7</ows:UpperCorner>
    </ows:BoundingBox>
  ▼<Style isDefault="true">
      <ows:Title>Default Style</ows:Title>
      <ows:Identifier>default</ows:Identifier>
    </Style>
    <Format>image/png</Format>
  ▼<TileMatrixSetLink>
      <TileMatrixSet>GoogleMapsCompatible</TileMatrixSet>
    </TileMatrixSetLink>
    <ResourceURL format="image/png" resourceType="tile"
    template="https://wmts.nlsc.gov.tw/wmts/B5000/{Style}/{TileMatrixSet}/{TileMatrix}/{TileRow}/{TileCol}"/>
  </Layer>
```

圖 3-9　wmts 網址

wmts 網址打開或下載下來後，如同 wms 一樣，它是一個 xml 格式的資料，它的各種標籤中有許多 wmts 資料交換的資訊，每個 Layer 標籤代表的是一種圖層，也就是說，一支 wmts 的網址中可能存在多種圖層。其中，最重要的是 ResourceURL 如下：

https://wmts.nlsc.gov.tw/wmts/{Layer}/{Style}/{TileMatrixSet}/{TileMatrix}/{TileRow}/{TileCol}

Step 02 網址加參數

我們把相對應的參數填入上面的大括弧中，尋找方法是認明該標籤內的值，如果標籤內有不只一個值，讀取 <ows:Identifier> 這個子標籤，它是代表該圖層標籤的唯一值。例如：

- {Layer}　尋找 <Layer> 內的 <ows:Identifier>B5000</ows:Identifier>，因此填入 B5000

- {Style}　尋找 <Style> 內的 <ows:Identifier>default</ows:Identifier>，因此填入 default
- {TileMatrixSet}　尋找 <TileMatrixSet>GoogleMapsCompatible</TileMatrixSet>，因此填入 GoogleMapsCompatible

> **告訴你一個小祕密！**
>
> {TileMatrix}/{TileRow}/{TileCol} 這三個參數是變動且不需要填寫的，它們分別又被稱為 {z}/{y}/{x}，x 及 y 代表的是坐標系上的 x 及 y 坐標，在網頁上原點為左上角，x 向右為正，y 向下為正；z 坐標則是代表圖層 zoom in 及 zoom out 的縮放層級。

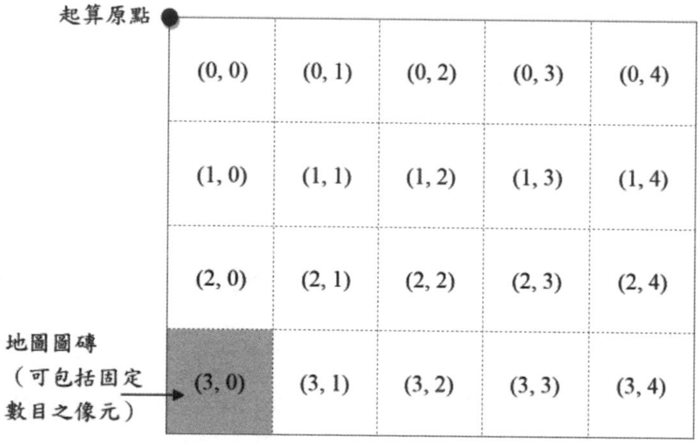

起算原點

(0, 0)	(0, 1)	(0, 2)	(0, 3)	(0, 4)
(1, 0)	(1, 1)	(1, 2)	(1, 3)	(1, 4)
(2, 0)	(2, 1)	(2, 2)	(2, 3)	(2, 4)
(3, 0)	(3, 1)	(3, 2)	(3, 3)	(3, 4)

地圖圖磚（可包括固定數目之像元）

圖 3-10　地圖圖磚陣列之基本概念（資料來源：內政部國土資訊系統標準制度入口網站 網際網路地圖圖磚服務共同作業準則第二版）

3.3.1　WMTS 圖層套疊（Google Map API）

Google Map API 提供的 ImageMapType 這個方法可以做圖片類型的圖層套疊。WMS 圖層與 WMTS 圖層都是屬於圖片類型，因此，皆可以使用這個方法來進行套疊。不同的是，WMS 需要動態去計算邊界範圍（Bounding Box），WMTS 則是直接使用螢幕範圍的 X 坐標、Y 坐標及縮放層級即可。

程式演練 3.6　WMTS 圖層套疊（Google Map API）

```
const getTileUrl = (coordinates, zoom) => {
    return `https://wmts.nlsc.gov.tw/wmts/ConvenienceStore/default/Google
MapsCompatible/${zoom}/${coordinates.y}/${coordinates.x}`;
};
```

程式演練下載網址：

https://github.com/PapaPerryLiao/WebGIS-and-JavaScript/tree/master/3/3.6

建立一個名為 getTileUrl 的函式，它的輸入參數為坐標系統（coordinates）、縮放層級（zoom），它會回傳 WMTS 的 url，這個 url 必須是根據方才 WMTS 圖層服務連結的兩步驟，取得已經加好參數的 wmts 的 url。其中，最後三個參數 TileMatrix、TileRow、TileCol，分別傳入縮放層級（zoom）、y 坐標、x 坐標。

```
const imageLayer = new google.maps.ImageMapType({
    getTileUrl,
    name: "ConvenienceStore",
    alt: "ConvenienceStore",
    minZoom: 0,
    maxZoom: 19,
});

gMap.overlayMapTypes.push(imageLayer);
```

透過呼叫 google.maps.ImageMapType 這個方法來建立 WMTS 圖層，並且每次地圖縮放時，都會觸發 getTileUrl 這個 callback 函式，如此一來就能在不同縮放層級都動態去 WMTS 伺服器取得相對應的圖層，最後再透過 **gMap.overlayMapTypes.push(imageLayer)**，把圖層秀在地圖上。這邊使用的圖層名稱為 ConvenienceStore，為內政部國土測繪中心公開的便利商店圖層。

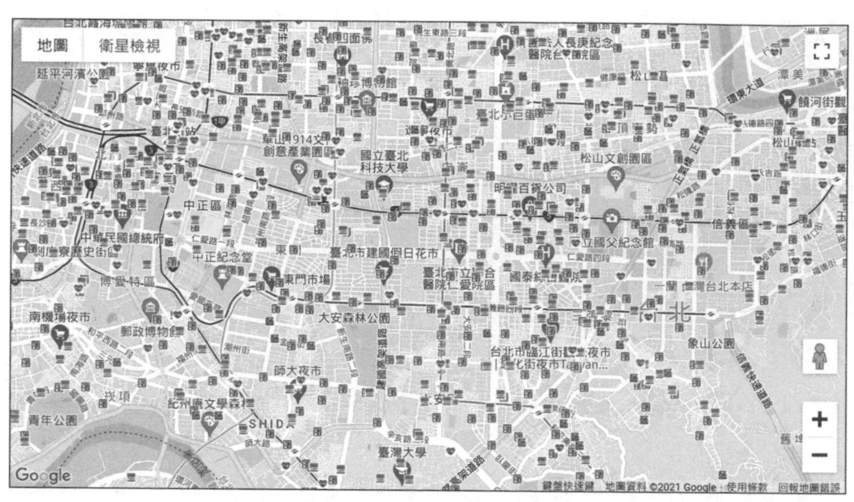

圖 3-11　台北市區便利商店 WMTS 圖層套疊（Google Map API）

3.3.2　WMTS 圖層套疊（Here Maps API）

上一小節介紹了 Google Map API 的 WMTS 圖層套疊，相信讀者們已經對 WMTS 圖層套疊有了基本的認識，在 Here Maps API 的做法跟 Google Map API 極為相似，一樣是使用靜態圖像套疊的方法，即可建立 WMTS 圖層套疊。

程式演練 3.7　WMTS 圖層套疊（Here Maps API）

```
const tileProvider = new H.map.provider.ImageTileProvider({
    min: 0,
    max: 19,
    opacity: 0.9,
    getURL: (x, y, z) => `https://wmts.nlsc.gov.tw/wmts/GeoSensitive2/
default/GoogleMapsCompatible/${z}/${y}/${x}`,
});
```

程式演練下載網址：

https://github.com/PapaPerryLiao/WebGIS-and-JavaScript/tree/master/3/3.7

利用 Here Maps API 提供的方法 H.map.provider.ImageTileProvider 去做靜態圖像的套疊，並且在 getURL 這個屬性中，填入一個匿名函式。這個函式回傳 url，這個 url 必須是根據方才 WMTS 圖層服務連結的兩步驟，取得已經加好參數的 wmts 的 url。靜態圖像會在每次地圖縮放時，觸發這個函式去重新取得圖像的 url，如此一來就能在不同縮放層級，都動態去 WMTS 伺服器取得相對應的圖層。這邊使用的圖層名稱為 GeoSensitive2，為內政部國土測繪中心公開的地質敏感區（山崩與地滑）圖層。

```
const wmtsLayer = new H.map.layer.ObjectLayer(tileProvider, {
    projection: "EPSG:3857",
    opacity: 0.9,
});

hMap.addLayer(wmtsLayer);
```

剛才的 ImageTileProvider 並不是地圖上的圖層物件，它只是 Here Maps API 提供的一個圖像管理的介面，要透過呼叫 H.map.layer.ObjectLayer 函式方能建立一個圖層的物件，並且把剛剛建立好的 tileProvider 放進去，最後再透過 addLayer 方法，把圖層（wmtsLayer）加入到地圖物件（hMap）中。

圖 3-12　花東縱谷地質敏感區（山崩與地滑）WMTS 圖層套疊（Here Maps API）

3.3.3 WMTS 圖層套疊（ArcGIS API for JavaScript）

ArcGIS API 圖層套疊，需要透過 require 函式載入模組，除了初始化地圖的模組外，需要額外載入 "esri/layers/WMTSLayer" 模組，用來套疊 WMTS 圖層，這裡還額外載入了 "esri/widgets/LayerList" 模組，它可以用來管理圖台上的所有圖層，包括：WMSLayer、WMTSLayer、FeatureLayer 等等……，且也有預設的圖層套疊 UI 介面可以使用。

程式演練 3.8 WMTS 圖層套疊（ArcGIS API for JavaScript）

```
require(["esri/Map", "esri/views/MapView", "esri/widgets/LayerList",
"esri/layers/WMTSLayer"], (Map, MapView, LayerList, WMTSLayer) => {
    const aMap = new Map({
        basemap: "streets-vector",
    });
    const view = new MapView({
        container: "amap",
        map: aMap,
        zoom: 6,
        center: [121, 23.5],
    });

    // 程式撰寫處
});
```

程式演練下載網址：

https://github.com/PapaPerryLiao/WebGIS-and-JavaScript/tree/master/3/3.8

程式演練線上 Demo：

https://papaperryliao.github.io/WebGIS-and-JavaScript/3/3.8/index.html

ArcGIS API 的程式需要寫在 require 的 callback 函式中，初始化地圖之後，接著以下列程式進行 WMTS 圖層套疊。

```
const wmtsLayer = new WMTSLayer({
    url: `https://wmts.nlsc.gov.tw/wmts`,
    activeLayer: {
        id: "ROAD",
    },
});

aMap.layers.add(wmtsLayer);
```

透過呼叫 WMTSLayer 函式，可以建立 WMTS 圖層物件，其中參數則是圖層相關的設定，它是一個物件；物件中 url 屬性存放的是 WMTS 連結，這邊可以注意到，它並沒有加上 WMTS 的參數，不需要透過取得 WMTS 圖層服務連結的兩步驟，這個部分也是 ArcGIS API 會自動處理。activeLayer 中需填寫圖層的名稱，這裡載入的是內政部國土測繪中心的路網圖（ROAD）。最後再透過 **aMap.layers.add(wmtsLayer)**，在地圖物件（aMap）中加入圖層物件（wmtsLayer）。

```
view.when(() => {
    const layerList = new LayerList({
        view: view,
    });
    view.ui.add(layerList, "bottom-left");
});

view.layerViews.add(wmtsLayer);
```

有了 WMTS 圖層套疊之後，我們還可以添加一個圖層清單列，使用 ArcGIS API 提供的 LayerList 函式，指定 LayerList 附加在我們地圖的檢視（ view ）上，透過 **view.ui.add(layerList, "bottom-left")**，可以生成圖層清單列表在左下方的位置，最後透過 view.layerViews.add 方法，將剛剛的 WMTS 圖層加入到圖層列表之中。

結果展示：

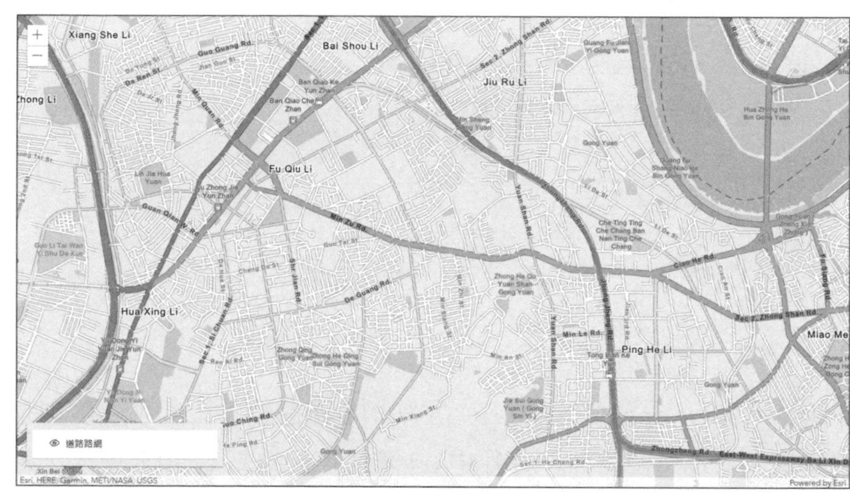

圖 3-13　新北市板橋區道路路網 套疊前（ArcGIS API for JavaScript）

我們將視角拉到新北市板橋區觀察套疊前後的路網變化。

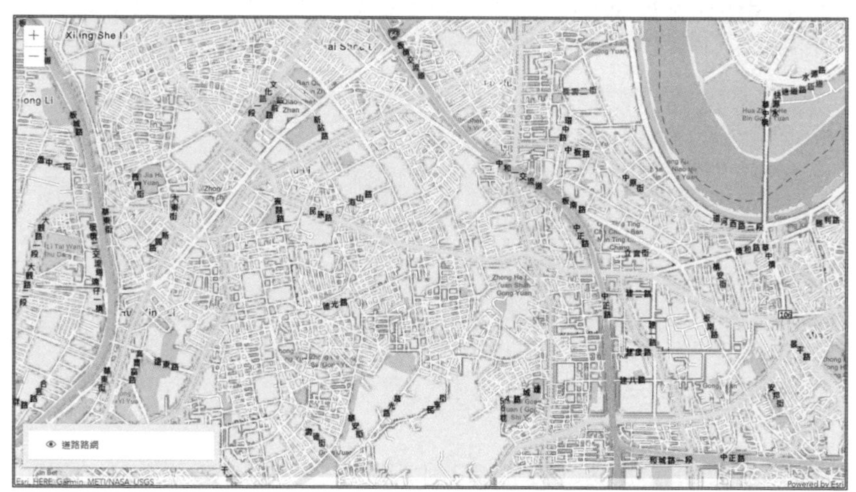

圖 3-14　新北市板橋區道路路網 WMTS 圖層套疊後(ArcGIS API for JavaScript)

可以觀察到，套疊後的路網有更深的巷弄輪廓，並且有許多街道的中文名稱。

3.3.4 WMTS 圖層套疊（TGOS Map API）

TGOS Map API 在 WMTS 圖層套疊的使用上，具備 ArcGIS API 一樣的便利性，不須透過取得 WMTS 圖層服務連結的兩步驟，即可套疊 WMTS 圖層。

程式演練 3.9 WMTS 圖層套疊（TGOS Map API）

```
const url = "https://wmts.nlsc.gov.tw/wmts/";

const wmtsLayer = new TGOS.TGWmtsLayer(
    url,
    tMap,
    {
        matrixSet: "GoogleMapsCompatible",
        layer: "GeoSensitive",
        format: "image/png",
        style: "default",
    },
    {
        wmtsVisible: true,
        zIndex: 0,
        opacity: 0.6,
    }
);
```

程式演練下載網址：

https://github.com/PapaPerryLiao/WebGIS-and-JavaScript/tree/master/3/3.9

透過呼叫 TGOS.TGWmtsLayer 方法可以建立 WMTS 圖層物件，參數一為 WMTS 圖層的 url；參數二為想要新增圖層在哪個地圖物件；參數三則是 WMTS 的相關參數，包括識別矩陣格式（matrixSet）、圖層名稱（layer）、格式（format）、樣式（style）。這邊載入的圖層名稱為 GeoSensitive，為內政部國土測繪中心的地質敏感區圖層。

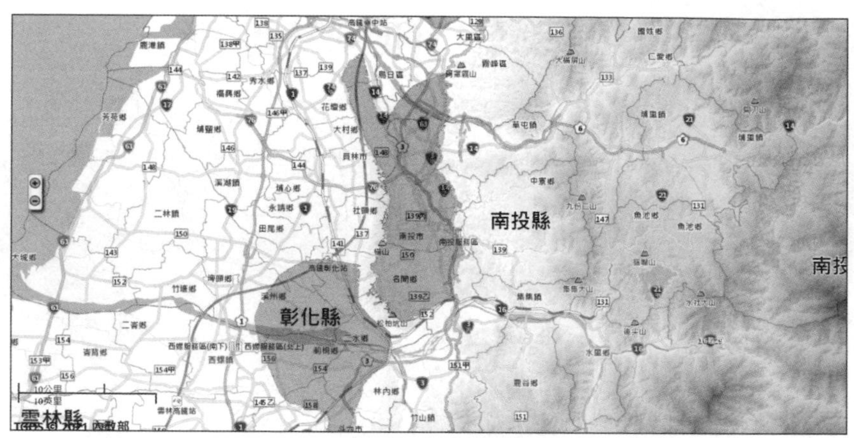

圖 3-15　地質敏感區 WMTS 圖層套疊（TGOS Map API）

3.3.5　WMTS 圖層套疊（Leaflet API）

上一章節有提到，Leaflet API 在初始化地圖時，地圖的計算及圖層是分開來的，那時候我們套疊了 Mapbox 的圖層作為底圖，其實那個就是 WMTS 圖層套疊的展現，讓我們再來回顧一下。

程式演練 3.10　WMTS 圖層套疊（Leaflet API）

```
const layer = L.tileLayer("https://wmts.nlsc.gov.tw/wmts/fireplug/default
/GoogleMapsCompatible/{z}/{y}/{x}", {
    maxZoom: 18,
    id: "fireplug",
});
```

程式演練下載網址：

https://github.com/PapaPerryLiao/WebGIS-and-JavaScript/tree/master/3/3.10

程式演練線上 **Demo**：

https://papaperryliao.github.io/WebGIS-and-JavaScript/3/3.10/index.html

透過呼叫 L.tileLayer 函式，可以建立圖層的物件。參數一為圖層的 url，這裡的 url 必須是取得 WMTS 圖層服務連結的兩步驟所組成；參數二為圖層的相關設定，這邊設定了最大縮放層級（maxZoom）及識別 id。

```
layer.addTo(lMap);  // 加入圖層
```


透過 addTo 方法可以把 WMTS 圖層（layer）加入地圖物件（lMap）中。也可以透過圖層群組的方式，去儲存圖層。如下所示。

```
const layers = L.layerGroup().addLayer(layer).addTo(lMap);
```

透過 L.layerGroup 函式可以建立圖層管理群組，再透過 addLayer 方法可以新增圖層到圖層管理群組中，最後再透過 addTo 方法把圖層管理群組加到地圖物件（lMap）上。

```
// 清除圖層
layers.removeLayer(layer);
```

圖層管理群組也可以透過 removeLayer，一次清除所有在群組中的圖層，並且把它們都從地圖上移除。

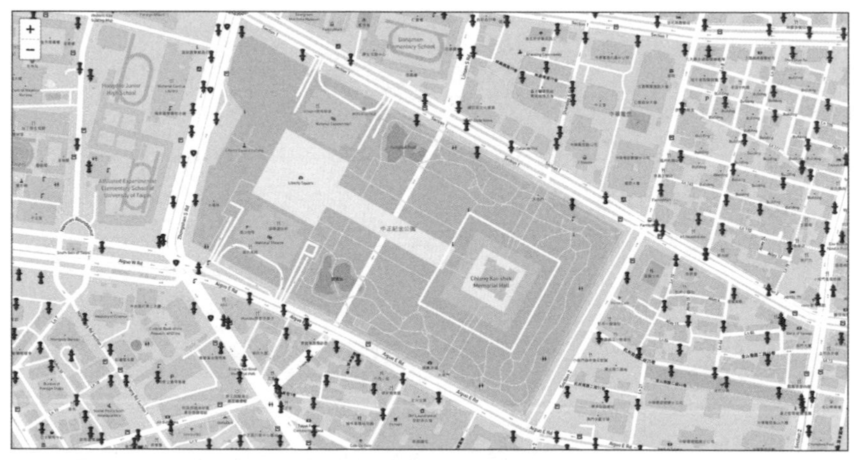

圖 3-16　中正紀念堂消防栓 WMTS 圖層套疊（Leaflet API）

經過各家 API 的範例展示後，相信讀者們可以看出各家地圖 API 在圖層套疊使用上的便利性，這邊為各位整理各家 API 在支援度上的比較。如表 3-1 所示。

表 3-1　各家 API 在 WMS 與 WMTS 圖層套疊的支援度比較

支援項目 \ 地圖API	Google	Here	ArcGIS	TGOS	Leaflet
WMS與WMTS圖層套疊	O	O	O	O	O
WMS自動加參數	X	X	O	X	O
WMTS自動加參數	X	X	O	O	X
WMS自動計算邊界範圍	X	X	O	O	O

然而，即便有些地圖 API 在圖層套疊的使用上沒那麼便利，但也可以利用自己撰寫函式的方式去補足不支援的部份。山不轉路轉，只要善用工具，事在人為，任何一家 API 都有其解決問題的方式。

04 Chapter

複合型資料

本章學習重點：

- 了解複合型資料的優勢
- 學習在地圖上繪製 KML、GeoJSON 等複合型資料
- 比較不同地圖 API 複合型資料的使用方式及異同

4.1 複合型資料的優勢

學習難度 ★★☆☆☆

前一章節介紹了 WMS、WMTS 等網格資料，可以大範圍綜觀整體資料與空間的關係，然而，網格資料雖然存在客戶端效能高，可以大範圍的優勢外，因為它不具備向量圖徵的特性，無法與網格資料直接進行互動，例如：一般噪音管制區的 WMS 圖層套疊，我們想要知道其中某一個行政區的第一級噪音分區受影響的戶數有多少？我們並不能從 WMS 資料中直接取得類似的訊息，通常會再結合 API 及空間資料庫額外做空間查詢及分析，網格資料及空間查詢 API 的搭配使用，才能完善整個 GIS 功能。

如此一來，不但要做網格資料發布及串接外，還要針對細項的資料去開發 API 及空間查詢功能，開發成本大幅提高。當然，有其它的替代方案，也是

本章節要介紹的。OGC 資料格式中，KML 及 GeoJSON 資料格式不但擁有可以大範圍的優點外，還可以將細項資訊存於其中，不須額外開發 API，對網頁開發人員而言開發速度大幅提升。

然而，KML 及 GeoJSON 資料並非是萬能，它們本質上還是屬於向量資料格式的一環，只是它們把多個向量資料寫進一個檔案中，只要對一個檔案進行正確的解析，就能把所有的向量資料圖徵做套疊，有別於第二章傳統的點線面向量圖徵，一個圖徵即是一個物件的概念，KML 及 GeoJSON 是一個物件內含多個點線面向量圖徵，效能上一定比傳統的快，但當資料量過於龐大時，免不了會遭遇效能瓶頸，在資料量中等時能發揮最大價值，筆者稱它們為複合型資料格式。

4.2 KML 圖層套疊

學習難度 ★★☆☆☆

KML(Keyhole Markup Language) 為以 xml 格式表示的一種標記式語言，可以藉由它巢狀結構來解析並顯示各種地理空間資料 (點、線、面等)，並且為三維資料結構，可以顯示 3D 建模、DEM 地形高程等……，以 EPSG:4326 為坐標系統，為 Google Earth、Google Map 使用的資料格式。

4.2.1 Google Earth 製作 KML

你有聽過 Google Map 那你有聽過 Google Earth 嗎？Google Earth，也可以稱為 Google 地球，是一款由 Google 公司開發的虛擬地球儀軟體，它初始版本在 2001 年發佈，2005 年正式更名為 Google Earth，在早起 GIS 尚未蓬勃發展時，Google Earth 就以地球的三維模型獨步全球，而 Google Earth 使用的資料格式即為 KML。

接下來讓我們利用操作 Google Earth 來繪圖，並製作一個 KML 檔案吧！本書操作的是 Google Earth 網頁版，讀者們也可以下載電腦版來使用。

Google Earth 網頁版

https://earth.google.com/web/

Google Earth 電腦版下載

https://www.google.com.tw/intl/zh-TW_ALL/earth/versions/

Step 01 建立新專案

圖 4-1　KML 製作（建立新專案）

從左邊選單中，可以選擇「建立」，建立新專案，有建立 KML 檔案及在 Google 雲端（cloud）建立專案兩種。本次操作選擇「建立 KML 檔案」。

圖 4-2　KML 製作（建立 KML 檔案 / 從電腦匯入 KML 檔案）

如果已經建立過專案，點選左側視窗右上角的建立 KML 檔案；如果有現成的 KML 檔案，點選開啟，並從電腦匯入 KML 檔案。

Step 02 新增地標 / 繪製線條與形狀

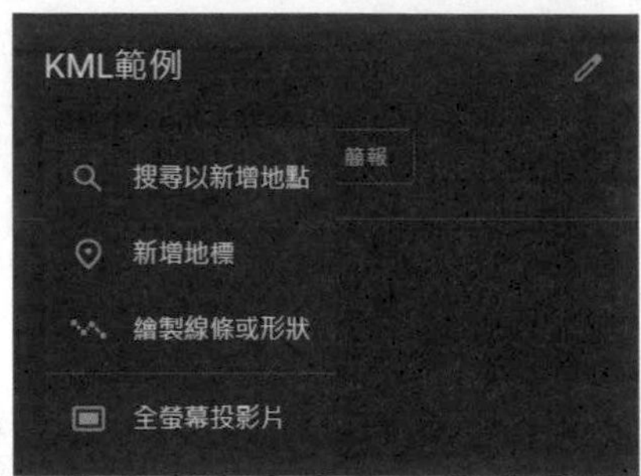

圖 4-3　KML 製作（新增地標 / 繪製線條與形狀）

接著就是操作繪圖功能來製作 KML 檔案，可以選擇在地圖上新增地標，或是繪製線資料圖徵、面資料圖徵，也可以任意修改大小及顏色，也可以為每一個圖徵加入文字說明，之後在 WebGIS 圖台套疊 KML 時會以資訊視窗的方式出現。

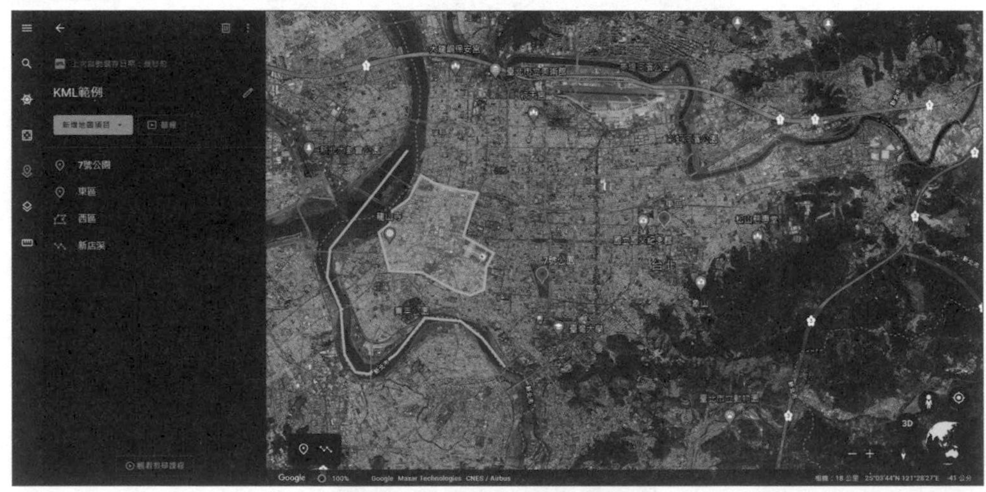

圖 4-4　KML 製作過程

KML 製作完成後，就可以點選左側視窗右上角選單中的「以 KML 檔案格式匯出」。

圖 4-5　KML 匯出

匯出後的 KML 檔案，以文字編輯器開啟如下。

```
<?xml version="1.0" encoding="UTF-8"?>
<kml xmlns="http://www.opengis.net/kml/2.2" xmlns:gx="http://www.google.com/kml/ext/2.2"
xmlns:kml="http://www.opengis.net/kml/2.2" xmlns:atom="http://www.w3.org/2005/Atom">
<Document>
    <name>KML範例</name>
    <gx:CascadingStyle kml:id="__managed_style_214EFA3915161ED47186">
        <Style>
            <IconStyle>
                <scale>1.2</scale>
                <Icon>
                    <href>https://earth.google.com/earth/rpc/cc/icon?color=1976d2&amp;id=2000&amp;scale=4</href>
                </Icon>
                <hotSpot x="64" y="128" xunits="pixels" yunits="insetPixels"/>
            </IconStyle>
            <LabelStyle>
            </LabelStyle>
            <LineStyle>
                <color>ff2dc0fb</color>
                <width>5.45455</width>
            </LineStyle>
            <PolyStyle>
                <color>40ffffff</color>
            </PolyStyle>
            <BalloonStyle>
                <displayMode>hide</displayMode>
            </BalloonStyle>
        </Style>
    </gx:CascadingStyle>
```

圖 4-6　Sample.kml 檔案（以文字編輯器開啟）

可以看到它是一個 xml 格式的檔案，在 xml 格式中會記錄點、線、面資料，以及顏色、粗細、透明度、文字説明等等……。接下來，我們會使用 Sample.kml 這個範例檔案，並介紹各家 API 建立 KML 圖層的方式。

4.2.2　KmlLayer 與 Geoxml3（Google Map API）

Google Map API 有提供 KML 圖層套疊的函式。如程式演練 4.1 所示。

程式演練 4.1　KML 圖層套疊（Google Map API）

```
const kmlLayer = new google.maps.KmlLayer("https://developers.google.com/
```

```
maps/documentation/javascript/examples/kml/westcampus.kml", {
    suppressInfoWindows: true,
    preserveViewport: false,
    map: gMap,
});
```

程式演練下載網址：

https://github.com/PapaPerryLiao/WebGIS-and-JavaScript/tree/master/4/4.1

透過呼叫 google.maps.KmlLayer 方法，可以建立 KML 圖層物件。參數一為 KML 圖層的 url，參數二為 KML 圖層的相關設定，其中，map 屬性會指定 KML 圖層套疊到哪個地圖物件（gMap）上。這裡的 KML 為 Google 官方範例所提供。

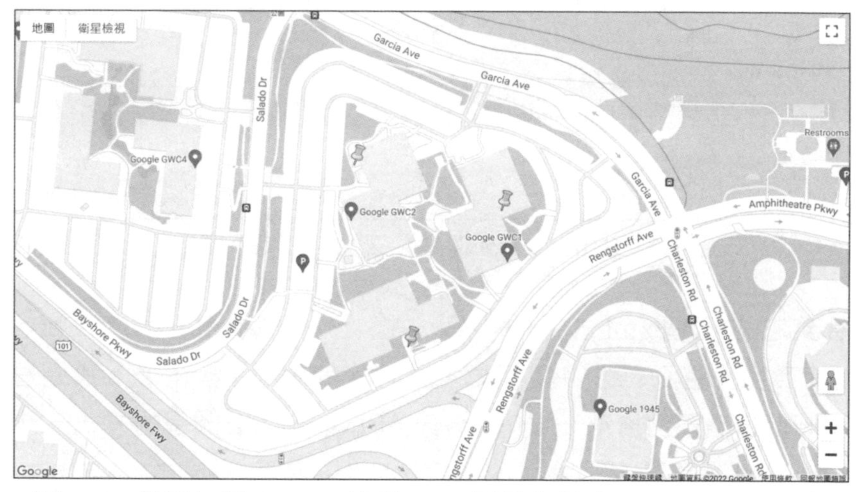

圖 4-7　美國加州 Google 總部 KML 圖層套疊（Google Map API）

然而，Google Map API 提供的 KmlLayer 只支援絕對路徑，並不支援相對路徑，如果 url 放上剛剛做好的 Sample.kml，無法載入 KML。在實務上，可以把檔案放在網站伺服器的某個路徑，以絕對路徑的方式載入 KML 圖層。

但是真的沒有其它辦法以相對路徑載入 local 端的 KML 了嗎？

別擔心！我們可以用第三方的開源專案，在這邊筆者介紹這套 Geoxml3。

我要成為高手

Geoxml3 / Github

https://github.com/geocodezip/geoxml3

```
const xmlParser = new geoXML3.parser({
    map: gMap,
});
xmlParser.parse("Sample.kml");
```

透過呼叫 geoXML3.parser 方法，建立 xml 的轉譯器，可以提供 KML 程式即時轉譯的功能。也就是說，我們 local 端的 Sample.kml 整個頁面讀取進來後，透過轉譯器可以把 xml 格式的字串轉譯成物件，並且可以讀取它的內容，把圖層套疊在地圖上。最後透過 xmlParser.parse 方法，把 Sample.kml 送給轉譯器讀取。

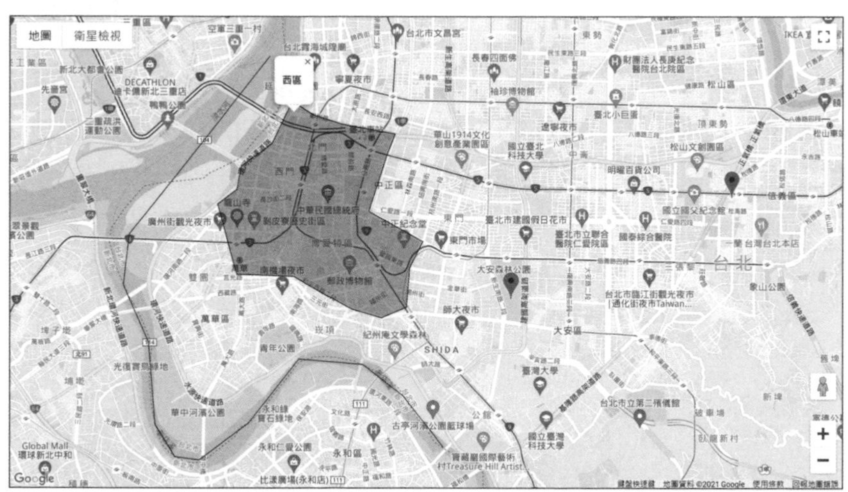

圖 4-8　透過 Geoxml3 轉譯後的 Sample.kml（Google Map API）

4.2.3 KML 圖層套疊（Here Maps API）

Here Maps API 有提供 KML 讀取的工具，並且支援絕對路徑與相對路徑。如程式演練 4.2 所示。

程式演練 4.2　KML 圖層套疊（Here Maps API）

```
const reader = new H.data.kml.Reader("https://heremaps.github.io/maps-api-
for-javascript-examples/display-kml-on-map/data/us-states.kml");
reader.parse();

const kmlLayer = reader.getLayer();
hMap.addLayer(kmlLayer);
```

程式演練下載網址：

https://github.com/PapaPerryLiao/WebGIS-and-JavaScript/tree/master/4/4.2

透過呼叫 H.data.kml.Reader 方法，可以建立 KML 檔案的讀取器，參數一為 KML 檔案的 url，這邊使用的是 Here 官方提供的 KML 範例，為美國各州的邊界範圍。再透過 reader.parse 方法，進行轉譯。

接著透過剛剛 KML 讀取器的物件（ reader ），呼叫它的 getLayer 方法，可以取得轉譯後的 KML 圖層，並且再透過 addLayer 方法，把 KML 圖層套疊至地圖物件（hMap）上。

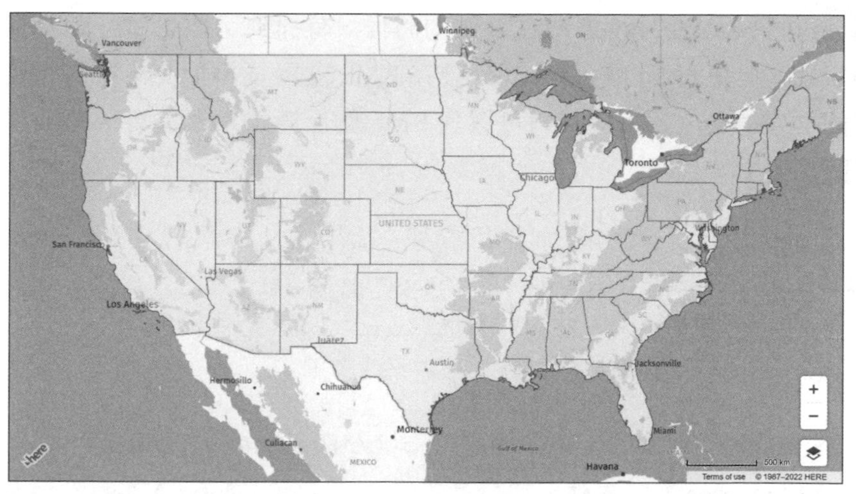

圖 4-9　美國各州邊界 KML 圖層套疊（Here Maps API）

H.data.kml.Reader 同樣支援相對路徑的 KML 檔案的讀取，我們一樣的程式，把 url 換成 Sample.kml。

```
const reader = new H.data.kml.Reader("Sample.kml");
reader.parse();

const kmlLayer = reader.getLayer();
hMap.addLayer(kmlLayer);
```

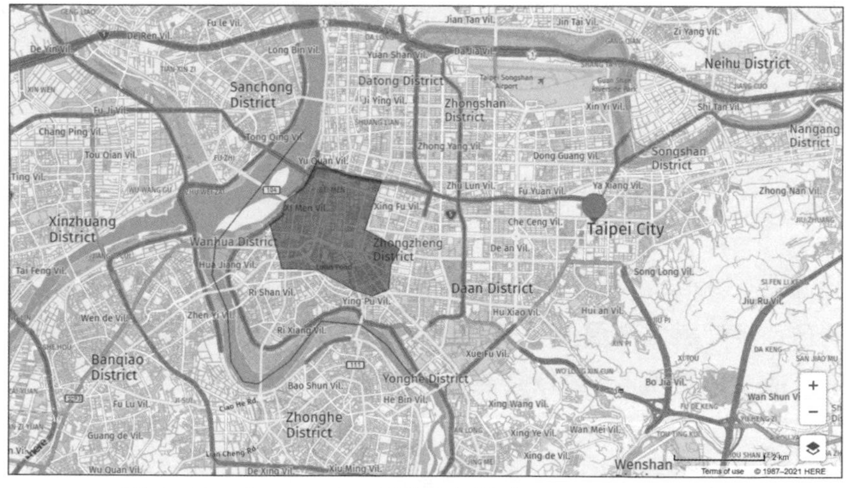

圖 4-10　Sample.kml 圖層套疊（Here Maps API）

然而，我們 Sample.kml 當初在製作的時候，有提到可以對每一個幾何圖徵添加說明，但是 Here Maps API 套疊完 KML 圖層後，並沒有看到我們當初添加的文字說明。然而，我們可以對 KML 圖層添加點擊事件，想辦法取得幾何圖徵的文字說明。

```
// 點擊事件
kmlLayer.getProvider().addEventListener("tap", (e) => {
    console.log(e.target.getData());
});
```

KML 圖層物件（ kmlLayer ），透過呼叫 getProvider 方法後，可以再透過 addEventListener 添加事件。前幾章節有提到 Here Maps API 的點擊事件名稱為 "tap"，名稱不同於一般常見的 "click"。我們把點擊過後的 callback 函式的參數透過 console.log 把它印出來。

除了點擊事件外，如果我們網站功能設計上有一連串的行為操作，例如 KML 圖層套疊完後，跳出訊息通知使用者載入完畢，以及載入圖層的內容。問題來了，其實，KML 載入是需要時間的，那麼我們如何得知 KML 已經載入完畢了呢？我們還可以為轉譯器（reader）新增監聽事件。

```
// 偵測 kml 載入狀態
reader.addEventListener("statechange", (e) => {
    if (e.state === H.data.AbstractReader.State.READY) {
        console.log("kml ready");
    } else if (e.state === H.data.AbstractReader.State.ERROR) {
        console.log("load kml error");
    }
});
```

透過轉譯器（ reader ）新增 statechange 事件，可以偵測 KML 的載入狀態，一但狀態改變時就會觸發這個事件。當 KML 載入發生錯誤時，也能在這個事件中去捕捉錯誤訊息，並做錯誤的處理。

```
kml ready                                          index.js:25
▼Object i                                          index.js:19
  ▶kmlNode: Placemark#06BA962F7E161ED6AB67
   name: "西區"
  ▶[[Prototype]]: Object
>
```

圖 4-11　KML 狀態偵測及 KML 點擊事件

可以看到 KML 成功載入時，觸發 statechange 事件，並印出 "kml ready"；當點擊幾何圖形時，觸發 tap 事件，會把幾何圖形的名稱（name）及 KML 的節點（kmlNode）印出來，我們甚至可以從節點中取得該幾何圖形的全部坐標。

4.2.4　KML 圖層套疊（ArcGIS API for JavaScript）

ArcGIS API 圖層套疊，需要透過 require 函式載入模組，除了初始化地圖的模組外，需要額外載入 "esri/layers/KMLLayer" 模組，用來套疊 KML 圖層。

程式演練 4.3　KML 圖層套疊（ArcGIS API for JavaScript）

```
require(["esri/Map", "esri/views/MapView", "esri/layers/KMLLayer"], (Map,
MapView, KMLLayer) => {
    const aMap = new Map({
        basemap: "streets-vector",
    });
    const view = new MapView({
        container: "amap",
        map: aMap,
        zoom: 6,
        center: [121, 23.5],
    });

    // 程式撰寫處
});
```

程式演練下載網址：

https://github.com/PapaPerryLiao/WebGIS-and-JavaScript/tree/master/4/4.3

程式演練線上 Demo：

https://papaperryliao.github.io/WebGIS-and-JavaScript/4/4.3/index.html

接下來我們載入 KML 圖層。

```
    const layer = new KMLLayer({
        url: "https://earthquake.usgs.gov/fdsnws/event/1/query?format=kml
&minmagnitude=5.8",
        // url: "Sample.kml",  // 不支援 local kml
    });

    aMap.layers.add(layer);
```

透過呼叫 KMLLayer 函式，可以建立 KML 圖層，參數一為 KML 圖層套疊的相關設定，為物件格式。其中，url 屬性需填入 KML 絕對路徑連結。這邊使用的是官方範例提供的 KML，為環太平洋地震帶地震發生歷史事件圖層。

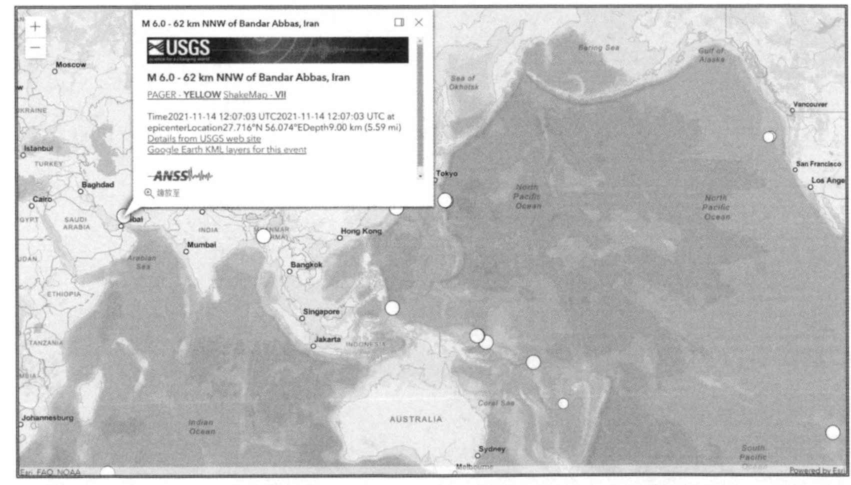

圖 4-12　地震發生歷史事件 KML 圖層套疊（ArcGIS API for JavaScript）

4.2.5 KML 圖層套疊（TGOS Map API）

TGOS Map API 也有提供 KML 圖層套疊的函式，但一樣只有支援絕對路徑，不支援相對路徑。

```
const url = "https://api.tgos.tw/TGOS_API/wrarb.kml";
```

url 為官方範例提供的 KML 圖層，為全台各區水資源局。

程式演練 4.4　KML 圖層套疊（TGOS Map API）

```
const kmlLayer = new TGOS.TGKmlLayer(url, {
    map: tMap,
    suppressInfoWindows: false,
    preserveViewport: true,
    zIndex: 1,
});
```

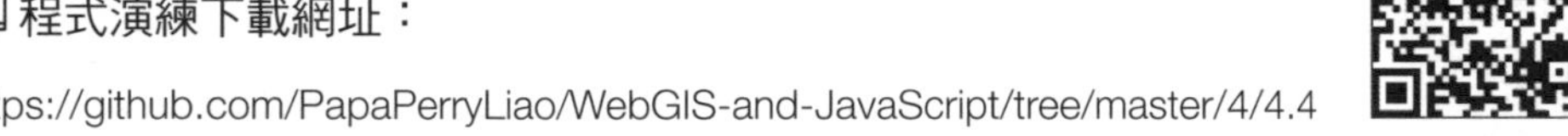

程式演練下載網址：

https://github.com/PapaPerryLiao/WebGIS-and-JavaScript/tree/master/4/4.4

透過呼叫 TGOS.TGKmlLayer 方法，可以建立 KML 圖層物件，參數一為 KML 圖層的 url；參數二為圖層套疊的相關設定，其中，map 屬性設定圖層套疊至指定的地圖物件（tMap）上。

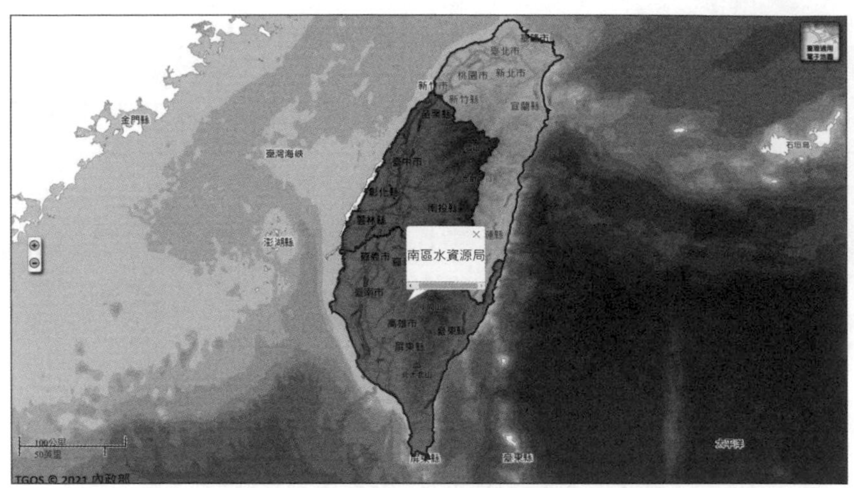

圖 4-13　南區水資源局 KML 圖層套疊（TGOS Map API）

4.2.6　KML 圖層套疊（Leaflet API）

Leaflet API 也有提供 KML 圖層套疊的方法，並且支援絕對路徑及相對路徑。

程式演練 4.5　KML 圖層套疊（Leaflet API）

```
const kmlLayer = new L.KML("Sample.kml", { async: true }).on("loaded", (e)
=> {
    lMap.fitBounds(e.target.getBounds());
});
kmlLayer.addTo(lMap);
```

程式演練下載網址：

https://github.com/PapaPerryLiao/WebGIS-and-JavaScript/tree/master/4/4.5

程式演練線上 **Demo**：

https://papaperryliao.github.io/WebGIS-and-JavaScript/4/4.5/index.html

透過 L.KML 函式可以建立 KML 圖層物件，參數一為 KML 圖層的 url；參數二為圖層相關的設定。此外，還可以為 KML 加上事件，這邊加入名為 loaded 的監聽事件，一旦 KML 圖層載入成功後，即會觸發這個事件，並且透過 fitBounds 方法，將地圖視角移動至 KML 圖層的範圍。最後再透過 addTo 方法，將 KML 圖層物件（kmlLayer）加至地圖物件（lMap）中。


```
const layers = L.layerGroup().addLayer(kmlLayer).addTo(lMap);
```

也可以透過圖層管理群組（ layerGroup ）來存放及管理 KML 圖層，Leaflet API 的圖層管理群組可以同時相容多種不同種類的圖層，無論你是點、線、面等等向量圖層，還是 WMS、WMTS 網格圖層，抑或是 KML 這種複合型資料，都可以統一管理。並透過 addLayer 把 KML 圖層（ kmlLayer ）加入至圖層管理群組中，最後再透過 addTo 把它加至地圖物件（lMap）中。

```
layers.removeLayer(kmlLayer);
```

想要清除圖層管理群組內的所有圖層，只需要透過 removeLayer 方法即可達成，無論存放的是哪一類型的圖層，都能統一清除，並且把它們從地圖上移除。

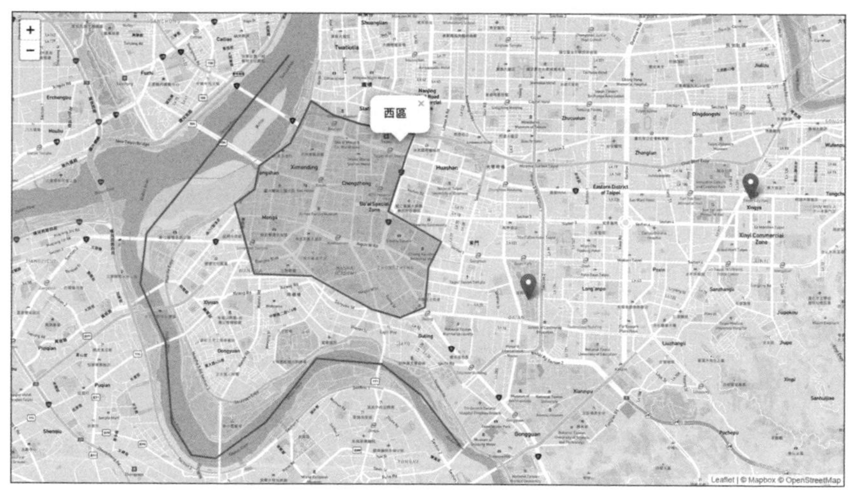

圖 4-14　Sample.kml 圖層套疊（Leaflet API）

4.3 GeoJSON 圖層套疊

學習難度 ★★☆☆☆

4.3.1 JSON 再進化 >> GeoJSON

GeoJSON 為 2016 年由 IETF（網際網路工程任務組）所定義的數據格式標準規範。顧名思義，就是以 json 為資料交換的格式，那與一般的 json 有什麼不同呢？

作為表示地理空間資料的儲存格式，GeoJSON 陣列中有明確的屬性名稱以及需要存放的內容，並且用以表示 WGS84 坐標系統的點、線、面及多邊形等等資料。

結構如下：

第一層

- "type": "FeatureCollection" 圖徵集合
- "features": [] 存放所有資料圖徵集合

第二層

- "type": "Feature" 圖徵
- "properties": {} 屬性
- "geometry": {} 存放空間資訊

第三層

- "type": "Polygon" 圖徵類型
- "coordinates": [] 坐標組

```
{
    "type": "FeatureCollection",
    "features": [
        {
            "type": "Feature",
            "properties": {
                "stroke": "#555555",
                "stroke-width": 2,
                "stroke-opacity": 1,
                "fill": "#d41111",
                "fill-opacity": 0.5
            },
            "geometry": {
                "type": "Polygon",
                "coordinates": [
                    [
                        [
                            121.53293509910048,
                            25.052292862260508
                        ],
                        [
                            121.5440930942035,
                            25.052292862260508
                        ],
                        [
                            121.5440930942035,
                            25.0445170234962
                        ],
```

圖 4-15　GeoJSON 格式範例

有許多方式可以製作 GeoJSON 格式資料，這邊推薦讀者們可以使用 TGOS Map API 的繪圖管理器來產生簡易的 GeoJSON，本書也是透過這個範例製作 Sample.json 來進行測試。

我要成為高手

TGOS Map API 繪圖管理器

https://api.tgos.tw/TGOS_MAP_API/Docs/Example/294

那麼，除了透過文字編輯器打開以外，要怎麼測試 GeoJSON 的內容呢？我們可以透過 axios 的 get 方法來取得資料，再觀察它回傳的內容。

```
axios.get("/Sample.json").then(function (response) {
    let data = response.data;
    console.log(arguments);
    console.log(data);
});
```

透過 console.log 把 function 的 arguments 印出來。如圖 4-16 所示。

```
▼Arguments(1)
  ▶0: {data: {…}, status: 200, statusText: "OK", headers: {…}, config: {…}, …}
  ▶callee: ƒ (response)
   length: 1
  ▶Symbol(Symbol.iterator): ƒ values()
  ▶__proto__: Object
▼Object
  ▼features: Array(8)
    ▼0:
      ▼geometry:
        ▼coordinates: Array(1)
          ▼0: Array(5)
            ▶0: (2) [121.53293509910048, 25.052292862260508]
            ▶1: (2) [121.5440930942035, 25.052292862260508]
            ▶2: (2) [121.5440930942035, 25.0445170234962]
            ▶3: (2) [121.53293509910048, 25.0445170234962]
            ▶4: (2) [121.53293509910048, 25.052292862260508]
             length: 5
            ▶__proto__: Array(0)
           length: 1
          ▶__proto__: Array(0)
         type: "Polygon"
        ▶__proto__: Object
       properties: "{}"
       type: "Feature"
      ▶__proto__: Object
    ▶1: {type: "Feature", properties: "{}", geometry: {…}}
    ▶2: {type: "Feature", properties: "{}", geometry: {…}}
    ▶3: {type: "Feature", properties: "{}", geometry: {…}}
    ▶4: {type: "Feature", properties: "{}", geometry: {…}}
    ▶5: {type: "Feature", properties: "{}", geometry: {…}}
    ▶6: {type: "Feature", properties: "{}", geometry: {…}}
    ▶7: {type: "Feature", properties: "{}", geometry: {…}}
     length: 8
    ▶__proto__: Array(0)
   type: "FeatureCollection"
  ▶__proto__: Object
```

圖 4-16　console.log 印出 Sample.json

GeoJSON 格式的副檔名？

讀者們看到範例資料 Sample.json 是屬於 geojson 格式資料，那麼會不會好奇為何副檔名不是 geojson 而是 json 呢？答案是因為 GeoJSON 是屬於 json 格式的一種，因此不論使用 json 或是 geojson 都可以作為 GeoJSON 資料的副檔名。

4.3.2 GeoJSON 圖層套疊（Google Map API）

Google Map API 有提供載入 GeoJSON 格式資料的方法。如程式演練 4.6 所示。

程式演練 4.6 GeoJSON 圖層套疊（Google Map API）

```
gMap.data.loadGeoJson("Sample.json");

//// 設定樣式
gMap.data.setStyle((feature) => {
    return {
        strokeWeight: feature.getProperty("stroke-width"),
        strokeOpacity: feature.getProperty("stroke-opacity"),
        strokeColor: feature.getProperty("stroke"),
        fillColor: feature.getProperty("fill"),
        fillOpacity: feature.getProperty("fill-opacity"),
    };
});
```

程式演練下載網址：

https://github.com/PapaPerryLiao/WebGIS-and-JavaScript/tree/master/4/4.6

透過地圖物件（ gMap ）的 data 屬性中的 loadGeoJson 方法，可以直接在地圖上載入 GeoJSON 資料，參數一為 GeoJSON 檔案的 url，支援絕對路徑與相對路徑。此外，還可以透過 data 屬性中的 setStyle 方法，將 GeoJSON 的樣式保留在地圖上。

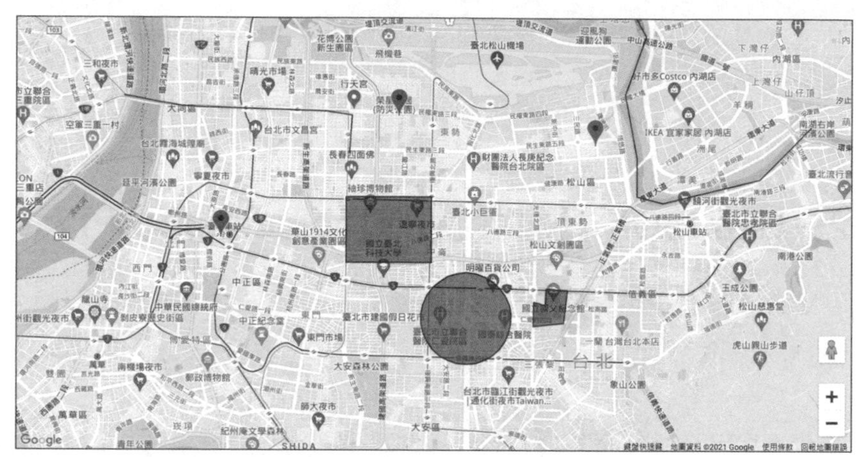

圖 4-17　GeoJSON 圖層套疊（Google Map API）

4.3.3　GeoJSON 圖層套疊（Here Maps API）

Here Maps API 則是也有提供 GeoJSON 的轉譯器，可以將 GeoJSON 格式資料，轉譯後並套疊在地圖上。

程式演練 4.7　GeoJSON 圖層套疊（Here Maps API）

```
const reader = new H.data.geojson.Reader("Sample.json", {
    style: (mapObject) => {
        if (mapObject instanceof H.map.Polygon) {
            mapObject.setStyle({
                fillColor: "rgba(255, 0, 0, 0.5)",
                strokeColor: "rgba(0, 0, 255, 0.2)",
                lineWidth: 3,
            });
        }
    },
```

```
});

reader.parse();
```

程式演練下載網址：

https://github.com/PapaPerryLiao/WebGIS-and-JavaScript/tree/master/4/4.7

透過 H.data.geojson.Reader 函式，可以建立 GeoJSON 的轉譯器，參數一為 GeoJSON 資料的 url，參數二為套疊圖層的相關設定，這邊重新設定了樣式（style）屬性。

可以看到 GeoJSON 資料在 WebGIS 的使用上具備高度彈性，將 json 格式資料載入並解構後，可以取得所有的幾何圖形及其對應的樣式，我們可以選擇沿用這些幾何圖形原先的樣式，抑可以定義新的樣式。

```
const geojsonLayer = reader.getLayer();
hMap.addLayer(geojsonLayer);
```

透過呼叫轉譯器（ reader ）的 getLayer 方法，可以取得轉譯後的圖層，最後再透過 addLayer 方法，將 GeoJSON 圖層（ geojsonLayer ）加入至地圖物件（hMap）中。

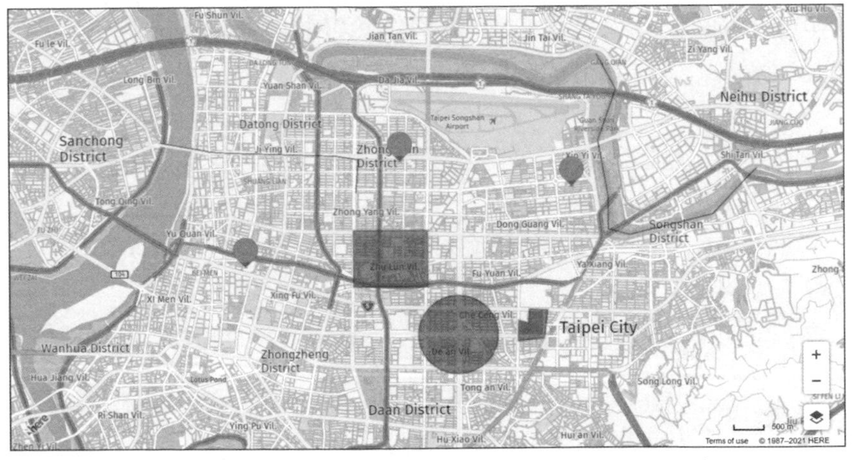

圖 4-18　GeoJSON 圖層套疊（Here Maps API）

```
geojsonLayer.getProvider().addEventListener("tap", (e) => {
    console.log(e.target.getData());
});
```

此外，也可以對這些 GeoJSON 圖層新增監聽事件，這裡新增的是點擊事件，名稱為 "tap"，有別於其它 API 常用的 "click"。並且在點擊圖層後，透過 console.log 把點擊到的圖層資料印出來。

```
reader.addEventListener("statechange", (e) => {
    if (e.state === H.data.AbstractReader.State.READY) {
        console.log("geojson ready");
    } else if (e.state === H.data.AbstractReader.State.ERROR) {
        console.log("load geojson error");
    }
});
```

與 KML 圖層套疊或其它圖層相同的是，GeoJSON 格式資料載入也是需要等待的時間，那要如何知道載入成功了呢？透過 statechange 這個監聽事件，可以監聽圖層狀態改變時，即會觸發這個函式。如果想要在成功載入 GeoJSON 資料後，做其他的動作，也可以在這邊添加；另外，載入失敗也會觸發這個函式，因此可以在這邊做錯誤的處理。

```
hMap.removeLayer(geojsonLayer);
```

透過 removeLayer 方法可以從地圖物件（hMap）上清除 GeoJSON 圖層（geojsonLayer），並讓它從地圖的畫面上消失。

geojson ready	index.js:32
▶ *{properties: '{}'}*	index.js:26

圖 4-19　GeoJSON 圖層 載入狀態監聽及點擊事件

4.3.4 GeoJSON 圖層套疊（ArcGIS API for JavaScript）

ArcGIS API 圖層套疊，需要透過 require 函式載入模組，除了初始化地圖的模組外，需要額外載入 "esri/layers/GeoJSONLayer" 模組，用來套疊 GeoJSON 圖層。

04 複合型資料

程式演練 4.8　GeoJSON 圖層套疊（ArcGIS API for JavaScript）

```
require(["esri/Map", "esri/views/MapView", "esri/layers/GeoJSONLayer"], (Map,
MapView, GeoJSONLayer) => {
    const aMap = new Map({
        basemap: "streets-vector",
    });
    const view = new MapView({
        container: "amap",
        map: aMap,
        zoom: 6,
        center: [121, 23.5],
    });

    // 程式撰寫處
});
```

程式演練下載網址：

https://github.com/PapaPerryLiao/WebGIS-and-JavaScript/tree/master/4/4.8

程式演練線上 Demo：

https://papaperryliao.github.io/WebGIS-and-JavaScript/4/4.8/index.html

接下來，我們來載入 GeoJSON 圖層套疊。

```
    const template = {
        title: "GeoJSON 資訊視窗",
```

```
    content: "跟著本書範例學習，GeoJSON 好簡單！",
};
```

在套疊之前，可以建立一個資料物件，它作為之後 GeoJSON 點擊時的資訊視窗使用。物件中有標題（title）、內容（content）。

```
const geojsonLayer = new GeoJSONLayer({
    url: "Sample.json",
    popupTemplate: template,
});

aMap.layers.add(geojsonLayer);
```

透過 GeoJSONLayer 函式可以建立 GeoJSON 圖層物件，參數一為 GeoJSON 圖層套疊的設定，它是物件格式。其中，url 屬性必須填入 GeoJSON 檔案的連結；popupTemplate 則是作為資訊視窗使用，填入剛剛宣告的資料物件（template）。

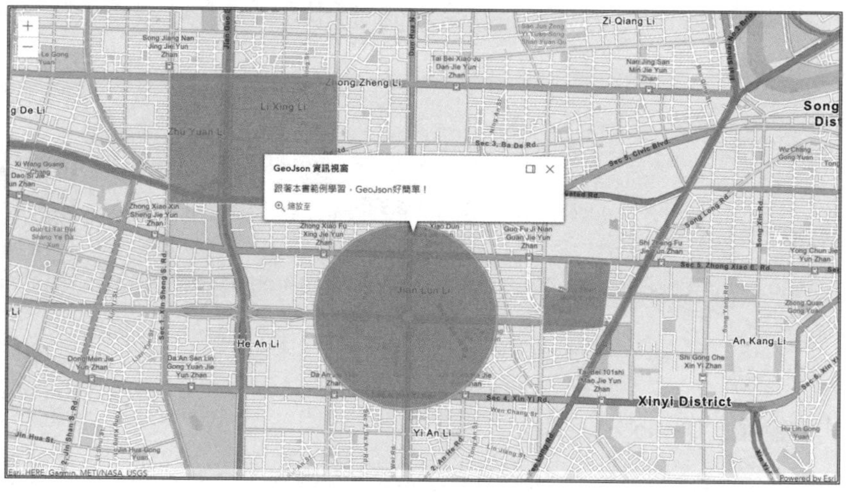

圖 4-20　GeoJSON 圖層套疊（ArcGIS API for JavaScript）

4.3.5 GeoJSON 圖層套疊（TGOS Map API）

TGOS Map API 也有提供 GeoJSON 圖層套疊的方法。如程式演練 4.9 所示。

程式演練 4.9　GeoJSON 圖層套疊（TGOS Map API）

```
const url = "Sample.json";

const tgData = new TGOS.TGData({ map: tMap }); // 建立幾何圖層物件
tgData.loadGeoJson(url);
```

程式演練下載網址：

https://github.com/PapaPerryLiao/WebGIS-and-JavaScript/tree/master/4/4.9

透過 TGOS.TGData 函式，可以建立幾何圖層物件，其中 map 屬性需填入地圖物件（ tMap ），代表這個圖層要展示在哪個地圖上。最後再透過幾何圖層物件（ tgData ）的 loadGeoJson 方法，可以載入 GeoJSON 資料格式，並且填入範例的 GeoJSON 檔案 Sample.json。

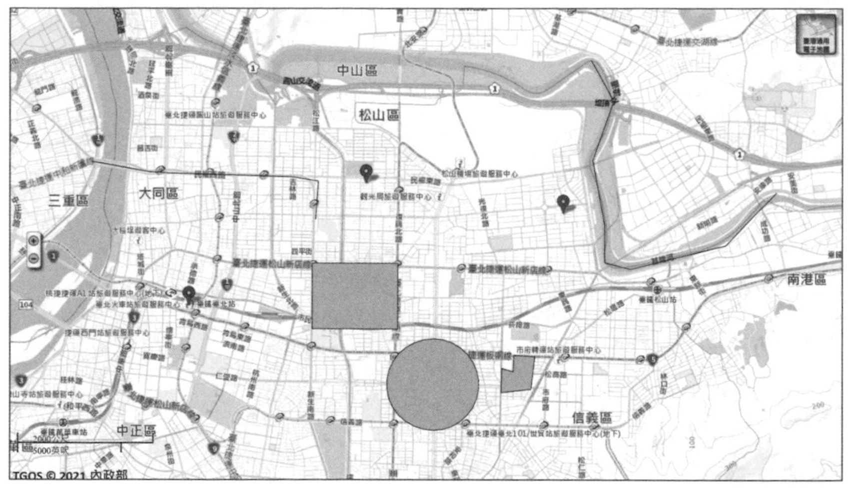

圖 4-21　GeoJSON 圖層套疊（TGOS Map API）

4.3.6 GeoJSON 圖層套疊（Leaflet API）

Leaflet API 也有提供載入 GeoJSON 圖層的方法。如程式演練 4.10 所示。

程式演練 4.10　GeoJSON 圖層套疊（Leaflet API）

```
const geoJSONLayer = L.geoJSON();
const layers = L.layerGroup();
```

程式演練下載網址：

https://github.com/PapaPerryLiao/WebGIS-and-JavaScript/tree/master/4/4.10

程式演練線上 Demo：

https://papaperryliao.github.io/WebGIS-and-JavaScript/4/4.10/index.html

透過 L.geoJSON 方法可以建立一個空的 GeoJSON 圖層，等等我們會載入 Sample.json 資料並加入到圖層中。另外，透過 L.layerGroup 方法建立 Leaflet API 提供的圖層管理群組，待會我們也會透過圖層管理群組去做圖層的操作。

```
axios.get("/Sample.json").then((response) => {
    const data = response.data;
    geoJSONLayer.addData(data);

    // geoJSONLayer.addTo(lMap);    // 加入圖層
    layers.addLayer(geoJSONLayer).addTo(lMap);

    const bounds = geoJSONLayer.getBounds();
    lMap.fitBounds(bounds);
});
```

透過 axios 的 get 方法取得 Sample.json 資料，在 Sample.json 資料載入後，剛剛建立的空的 GeoJSON 圖層（geoJSONLayer）透過 addData 方法加入載入後的資料（data）。再透過 **layers.addLayer(geoJSONLayer).addTo(lMap)**，將 GeoJSON 圖層（geoJSONLayer）加入至圖層管理群組（layers）中，最後再將圖層管理群組加入至地圖物件（lMap）中。

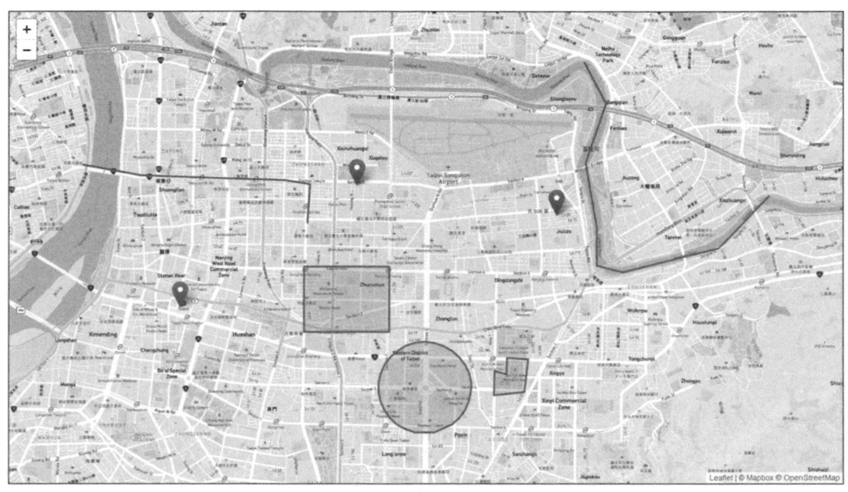

圖 4-22　GeoJSON 圖層套疊（Leaflet API）

```
layers.removeLayer(geoJSONLayer);
```

圖層管理群組（layers）可以透過 removeLayer 方法，把群組內的所有圖層都從地圖上移除。

PART III

GIS 查詢功能

05 Chapter

定位查詢

本章學習重點：

- 透過瀏覽器定位從地圖上找到自己的所在位置
- 透過坐標、地址、行政區等多種方式從地圖上找到目的地的位置

在前面 GIS 資料格式的幾個章節中，我們介紹了 GIS 的向量資料格式，包含了點、線、面的呈現方式；點資料可以把許多坐標展示在地圖上，線資料可能是一段行車路線的預覽，面資料可能是展示某一個行政區 (縣市、鄉鎮市區、村里等)。本章節會實際展示 GIS 的定位功能，結合向量格式資料，做實際應用及視覺化的展現。

5.1 瀏覽器定位

學習難度 ★★☆☆☆

在 21 世紀的現代，當我們到一個陌生的地方旅遊時，我們會打開 Google 地圖，定位自己所在的位置，並尋找我們想去的地方，甚至會規劃路線，選擇交通工具，計算路程的距離及時間。那麼，在網頁上要如何找到自己的位置呢？透過瀏覽器 HTML5 提供的地理位置定位（ Geolocation Web API ）就能輕鬆找到自己的位置。

5.1.1 navigator

介紹瀏覽器 HTML5 提供的功能之前，首先要介紹 navigator。navigator 是瀏覽器物件模型 (Browser Object Model，簡稱 BOM) 的一個 JavaScript 物件，用以存取客戶端瀏覽器資訊。我們可以直接在瀏覽器的全域變數中，找到 navigator 這個物件。

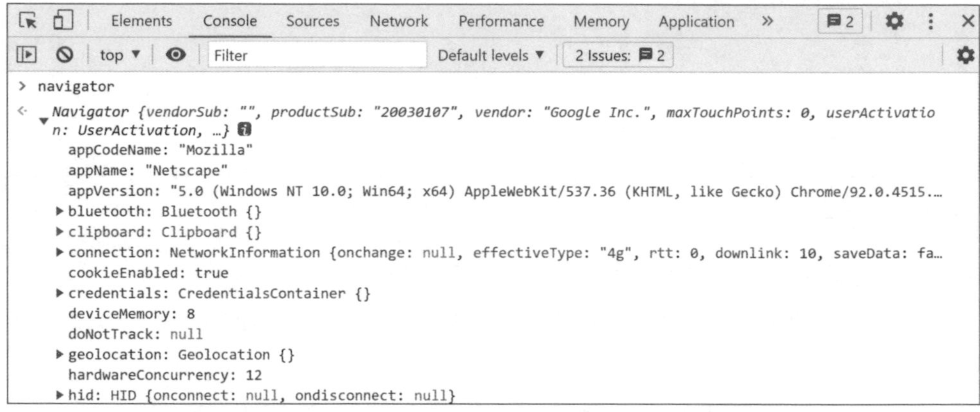

圖 5-1　在 Google chrome 瀏覽器按 F12(開發者工具)，切換至 console 中，直接輸入 navigator 可以看到 navigator 物件的屬性

navigator 物件也提供了許多功能，其中較常見的功能包括檢視瀏覽器的版本、語系、地理位置、cookie 狀態等等，整理如下：

- navigator.cookieEnabled 可以檢查瀏覽器的 cookie 是否有開啟
- navigator.appVersion 可以取得瀏覽器的版本
- navigator.language 可以取得瀏覽器所設定的語系
- navigator.geolocation 可以取得客戶端使用瀏覽器的位置

> **告訴你一個小祕密！**
>
> BOM 是瀏覽器所有功能的核心，與網頁的內容無關。早期各家瀏覽器尚未有明確的規範時，每家瀏覽器自行開發的功能均不相同。直至後來 w3schools 把各家瀏覽器統一納入 HTML5 的標準中。

5.1.2 地理位置定位（Geolocation Web API）

Geolocation Web API 可以取得客戶端使用瀏覽器的位置，它的運作原理為：

1. 全球衛星定位系統（Global Positioning System，簡稱 GPS），必須持有具備 GPS 功能之裝置
2. IP 位址（網際網路協定（Internet Protocol）用於傳送或接收的一串數字），必須連上網路，且有對外 IP 位址

接下來，透過程式演練 5.1，來實作 Geolocation Web API，並定位瀏覽器使用者的所在位置。

程式演練 5.1　取得瀏覽器位置

```
const div = document.getElementById("demo");
const getLocation = () => {
    if (navigator.geolocation) {
        navigator.geolocation.getCurrentPosition(showPosition);
    } else {
        div.innerHTML = "Geolocation is not supported by this browser.";
    }
};

const showPosition = (position) => {
    div.innerHTML = `Latitude: ${position.coords.latitude}<br />
    Longitude: ${position.coords.longitude}`;
};

getLocation();
```

程式演練下載網址：

https://github.com/PapaPerryLiao/WebGIS-and-JavaScript/tree/master/5/5.1

程式演練線上 **Demo**：

https://papaperryliao.github.io/WebGIS-and-JavaScript/5/5.1/index.html

建立一個名為getLocation的函式，它會使用BOM的navigator物件，如果瀏覽器支援geolocation功能，並且使用者同意定位後，呼叫getCurrentPosition方法，可以取得使用者現在的坐標位置。另外，showPosition 則是作為 getCurrentPosition 的 callback 函式，定位的結果會傳入 showPosition 中，透過 position.coords 可以取得定位後的經緯度資訊。

程式演練 5.1 改編自 w3schools 的範例。資料來源：

https://www.w3schools.com/html/html5_geolocation.asp

圖 5-2 Google chrome 瀏覽器會詢問你是否允許存取位置資訊，要選擇「允許」geolocation 的功能才會生效

5.1.3 定位及標記點

透過瀏覽器定位後，可以取得使用者所在位置的經緯度，我們只需要將它結合地圖 API，並建立點資料圖徵，即可在地圖上展示定位結果。如程式演練 5.1 所示，showPosition 是作為 getCurrentPosition 的 callback 函式，也就是說，geolocation 定位完後，才會呼叫這個函式，並且把定位結果資訊傳入 callback 函式中。因此我們可以將定位完成後欲執行的事情寫在這個 callback 函式中，讓我們來修改 showPosition，把定位完成的經緯度展示在地圖上。

在實作瀏覽器定位之前，先透過 Leaflet API 建立地圖，不知道怎麼建立地圖的讀者們，可以參考章節 1.6，有詳細介紹 Leaflet API 初始化地圖的四步驟。

程式演練 5.2　顯示定位點（Leaflet API）

```
const getLocation = () => {
    if (navigator.geolocation) {
        navigator.geolocation.getCurrentPosition(showPosition);
    } else {
        console.log("Geolocation is not supported by this browser.");
    }
};

const showPosition = (position) => {
    const lng = position.coords.longitude;
    const lat = position.coords.latitude;

    const marker = L.marker([lat, lng]).addTo(lMap);

    const popup = L.popup().setLatLng([lat, lng]).setContent(`lat: ${lat}, 
lng: ${lng}`).openOn(lMap);

    marker.bindPopup(popup);
};

getLocation();
```

程式演練下載網址：

https://github.com/PapaPerryLiao/WebGIS-and-JavaScript/tree/master/5/5.2

程式演練線上 Demo：

https://papaperryliao.github.io/WebGIS-and-JavaScript/5/5.2/index.html

透過 L.marker 方法，將瀏覽器定位後的坐標建立點資料物件，並且綁定資訊視窗。有別於其它 API，Leaflet API 的資訊視窗名稱為 popup，而不是 InfoWindow，並且透過 bindPopup 方法將它綁定至點資料物件上，最後再將它們加至地圖物件中（lMap）。

結果展示：

圖 5-3　在 Leaflet 上顯示客戶端瀏覽器位置，並顯示資訊視窗

5.2　坐標定位

學習難度　★★★☆☆

坐標定位的原理，也就是告訴圖台 API 你想要標記的坐標位置，圖台 API 會幫你計算出該坐標在畫面上應該顯示的位置。因此，只要擁有正確的坐標，就可以標示在圖台上。

圖 5-4　坐標定位的流程圖

5.2.1 坐標系統

談到坐標，就要講到坐標系統。國中數學人人都有學過平面坐標系，有 X 軸坐標及 Y 軸坐標，X 軸坐標上代表的是 Y 值為 0，Y 軸坐標上代表的是 X 值為 0，中心點則為 (0, 0)。更進階的數學可能還有學到空間坐標系，加入第三維度 Z 軸坐標。地圖的原理亦是如此，有 X 坐標及 Y 坐標，透過兩個坐標相交，即能定位出一個地圖上唯一的位置。

然而，地圖卻跟數學上的坐標系有一點點的不一樣。眾所周知，地球是球狀的，正確來説是橢球狀，又因為地表的地形凹凸不平而不完全為一個標準的橢球，而是近似於橢球；另外，我們看到的地圖往往是一張紙，或是手機、電腦螢幕，它們往往是平面的（地球儀例外）。大家有沒有思考過？明明是橢球狀的地球，要如何把它變成平面的呢？

答案是透過壓縮，把地球的球皮攤開來壓縮成平面，這個動作我們稱之為「投影」（projection）。地球從球體被壓縮成平面後，往往會產生誤差及變形，根據不同的投影及壓縮的方法，而有不一樣的變形方式，也造就了不一樣的坐標系統。在地圖學上，有各式各樣的投影方法，都有其不同的特性及價值，但這並不是本書要討論的範疇。

台灣最常使用的坐標系統為二度分帶坐標系統，目前廣泛使用的坐標系統源於 1997 年測量及衛星定位技術革新後所訂定，又稱為 TWD97（Taiwan Datum 1997），投影方法為橫麥卡托投影（Transverse Mercator Projection），大地基準（Geodetic Datum）為南投縣埔里鎮虎子山三角點。

告訴你一個小祕密！

橢球體（Ellipsoid）？大地基準（Geodetic Datum）？傻傻分不清楚？

由於地球是近似於橢球的形狀，因此會根據最相近的長軸、短軸及扁率制定一個參考橢球體，用它來當作地球以進行投影；大地基準面則是會根據地表地形實際情況訂出一個不規則面，通常用來進行大地測量的參考。

5.2.2 坐標系統轉換

國際上常用的經度及緯度所組成的坐標系統，稱為世界大地測量系統（World Geodetic System-84，簡稱 WGS84），與台灣常用的 TWD97 有所不同。那麼要如何進行坐標系統的轉換呢？坐標系統的轉換有一系列的三角函數的計算方式，這裡就不贅述，透過程式演練 5.3 會示範如何透過第三方 API 進行坐標系統的轉換。

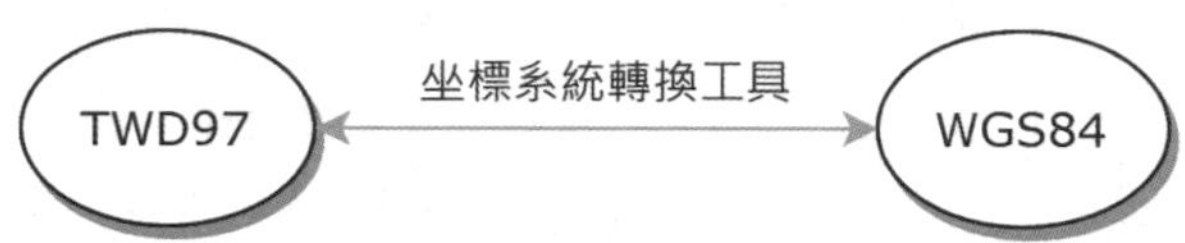

圖 5-5　TWD97 與 WGS84 坐標系統轉換示意圖

坐標系統轉換有許多第三方的套件或 API 可以使用，本範例會透過 proj4 來作為坐標系統轉換的工具。proj4 是一個第三方 JavaScript 套件，用來對世界各地不同的投影及坐標系統進行換算。

我要成為高手

proj4 / Github

https://github.com/proj4js/proj4js

```
<script src="proj4.js"></script>
```

首先，將下載後的 proj4.js 程式引入。

程式演練 5.3　坐標系統轉換（proj4）

```
proj4.defs("EPSG:4326", "+proj=longlat +datum=WGS84 +no_defs");
proj4.defs("EPSG:3826", "+proj=tmerc +lat_0=0 +lon_0=121 +k=0.9999 +x_0=
250000 +y_0=0 +ellps=GRS80 +towgs84=0,0,0,0,0,0,0 +units=m +no_defs");
```

程式演練下載網址：

https://github.com/PapaPerryLiao/WebGIS-and-JavaScript/tree/master/5/5.3

程式演練線上 **Demo**：

https://papaperryliao.github.io/WebGIS-and-JavaScript/5/5.3/index.html

```
const EPSG4326 = new proj4.Proj('EPSG:4326');  // WGS84
const EPSG3826 = new proj4.Proj('EPSG:3826');  // TWD97
```

```
const result = proj4(EPSG4326, EPSG3826, [121, 23.5]);
console.log(result);
```

如程式演練 5.3 所示，載入 proj4.js 後，會有一個全域變數 proj4，可以透過它呼叫相關的功能。首先，先透過 projs.defs 方法去定義想要使用的坐標系統，第一個參數為坐標系統的名稱（可隨意命名），第二個參數設定它的大地基準及橢球體等資訊。

再來，建立一個 proj4.Proj 的投影物件，即可透過 proj 方法，進行坐標系統的轉換。參數一為轉換前的坐標系統；參數二為欲轉換的坐標系統；參數三則填入坐標。

```
proj4(fromProjection[, toProjection, coordinates])
```

原本的坐標系統　想要轉的坐標系統　坐標

圖 5-6　proj4 的參數及使用方法

```
▶ (2) [250000, 2599651.348754514]                demo.js:15
```

圖 5-7　console 內顯示坐標系統轉換後的結果

5.2.3 坐標定位及滑鼠事件

接下來，我們來實作一個簡易的 GIS 圖台系統，有坐標定位功能，並且透過滑鼠游標移動可以找到該位置的坐標。

圖 5-8　坐標定位 UI 介面

首先在網頁上刻一個簡易的 UI 介面，有兩個輸入框，分別可以輸入 X 坐標、Y 坐標，以及一個 radio 的選單，有經緯度及二度分帶可以選擇，最後再加上一個定位按鈕，按鈕按下去可以把輸入的坐標定位出來。

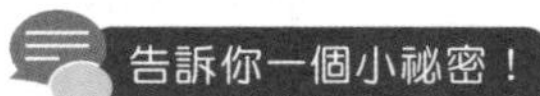

radio 跟 checkbox 有什麼區別呢？

初學者在學習網頁開發時，使用 radio 跟 checkbox，因為一樣是選取的選單，可能會常常搞不清楚兩者之間的差異。radio 通常選擇 true 或 false，不是 A 則是 B，單選且必須選擇；checkbox 則是有可能不選或是多選。

實作坐標定位之前，先透過 Leaflet API 建立地圖，不知道怎麼建立地圖的讀者們，可以參考章節 1.6，有詳細介紹 Leaflet API 初始化地圖的四步驟。

程式演練 5.4　坐標定位

```
proj4.defs("EPSG:4326", "+proj=longlat +datum=WGS84 +no_defs");
proj4.defs("EPSG:3826", "+proj=tmerc +lat_0=0 +lon_0=121 +k=0.9999 +x_0=
250000 +y_0=0 +ellps=GRS80 +towgs84=0,0,0,0,0,0,0 +units=m +no_defs");

const EPSG4326 = new proj4.Proj("EPSG:4326"); // WGS84
const EPSG3826 = new proj4.Proj("EPSG:3826"); // TWD97
```

程式演練下載網址：

https://github.com/PapaPerryLiao/WebGIS-and-JavaScript/tree/master/5/5.4

程式演練線上 **Demo**：

https://papaperryliao.github.io/WebGIS-and-JavaScript/5/5.4/index.html

由於 UI 輸入框中，可以選擇輸入經緯度或二度分帶兩種坐標，因此需要坐標系統轉換的工具。透過 proj4 去定義 EPSG4326 及 EPSG3826 兩種坐標系統。

```
const btnSearch = document.getElementById("btnSearch");

btnSearch.addEventListener("click", (e) => {
    const x = document.getElementById("x");
    const y = document.getElementById("y");
    const type = document.querySelector('input[name="coordinate"]:checked');

    if (type.value === "WGS84") {
        const marker = L.marker([y.value, x.value]).addTo(lMap);
    } else {
        // 實作 利用 TWD97 轉換為 WGS84 後，再定位
        const result = proj4(EPSG3826, EPSG4326, [Number(x.value), Number
(y.value)]);
        const marker = L.marker([result[1], result[0]]).addTo(lMap);
    }
});
```

為定位按鈕新增一個監聽事件，當點擊按鈕時會觸發事件，並抓取 UI 輸入框中，使用者所輸入的經度（ x ）與緯度（ y ）的值，並透過 L.marker 方法來建立點資料物件，再把它們加入地圖物件（ lMap ）中，即可將輸入的經緯度繪製成標記點，並顯示在地圖上。

如果使用者輸入的是二度分帶坐標，透過 proj4 方法去做坐標系統轉換，將 EPSG3826 轉換為 EPSG4326，再去建立點資料物件。

結果展示：

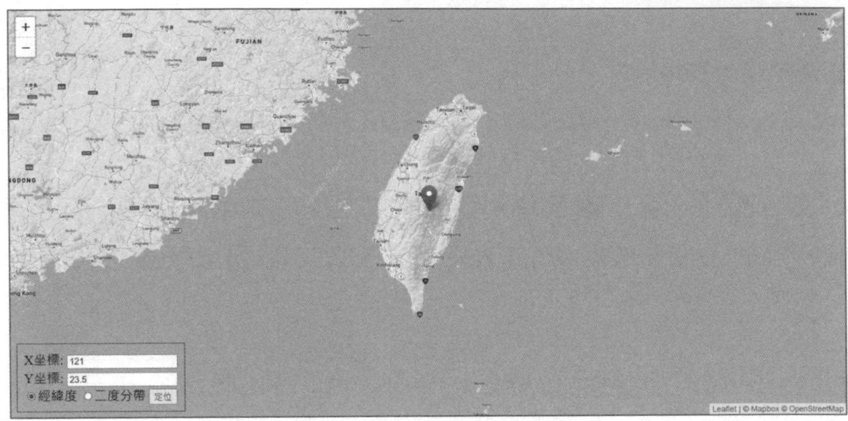

圖 5-9　坐標定位查詢結果

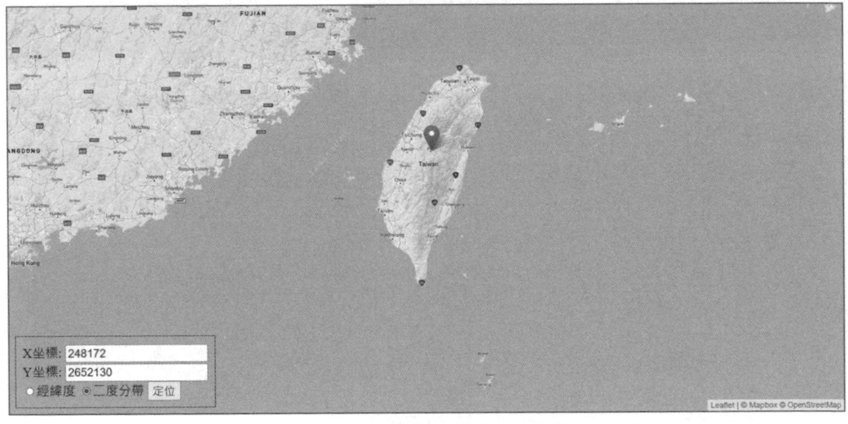

圖 5-10　坐標定位查詢結果（TWD97）

不可不知的ES6小知識

箭頭函式（Arrow Function）

函式（function）有分為具名函式及匿名函式。傳統的匿名函式寫法為 function(param) {}，可以省略 function 改為箭頭符號，(param) => {}，如此一來程式更加簡潔，在只有單個參數或單行函式時，還能省略大括號，寫法更加簡易便利。

接下來，讓我們來新增滑鼠游標移動事件，利用滑鼠游標移動，隨時回傳游標所在位置的經緯度，並把經緯度資訊隨時顯示在圖台的下方。

圖 5-11　滑鼠游標定位流程圖

程式演練 5.5　滑鼠游標定位

```
lMap.addEventListener("mousemove", (e) => {
    const coordinateDiv = document.getElementsByClassName("coordinate-
mouse")[0];
    coordinateDiv.innerText = `經度：${e.latlng.lng.toFixed(6)}, 緯度：
${e.latlng.lat.toFixed(6)}
    `;
});
```

程式演練下載網址：

https://github.com/PapaPerryLiao/WebGIS-and-JavaScript/tree/master/5/5.5

程式演練線上 Demo：

https://papaperryliao.github.io/WebGIS-and-JavaScript/5/5.5/index.html

建立滑鼠移動監聽事件（ mousemove ），值得注意的是，監聽事件的監聽對象為 lMap，也就是地圖物件本身，而非網頁 document 文件。在地圖滑鼠事件的 callback 函式中，參數一內會透漏滑鼠資訊，在這邊透過 e.latlng.lng 可以取得經度，e.latlng.lat 可以取得緯度。在每一次滑鼠移動時，都會觸發這個事件，並在地圖的右下角去顯示滑鼠所在位置的經緯度坐標。

> **告訴你一個小祕密！**
>
> 不同的地圖 API 的參數結構會有所不同，可以參考各家地圖的 API 文件。在程式偵錯上，可以使用 console.log(e) 的方式尋找蛛絲馬跡，也可以使用 console.log(arguments) 的方式，將函式所有傳入的參數都印出來。

結果展示：

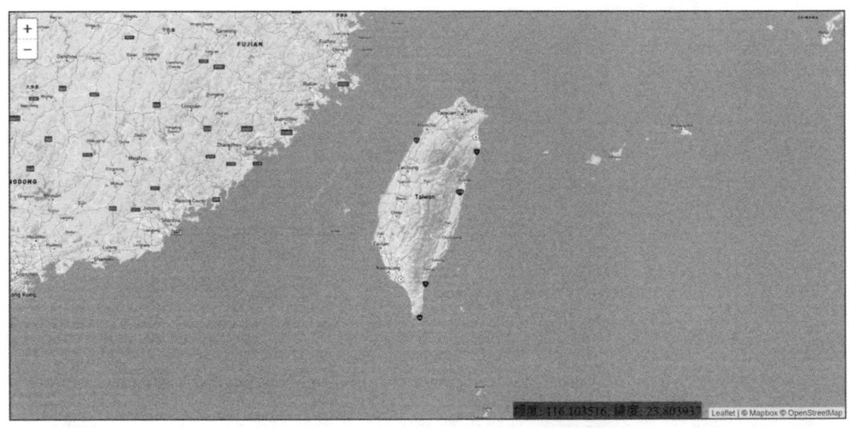

圖 5-12　滑鼠游標定位結果

5.3 地址定位

學習難度 ★★★☆☆

在 GIS 系統中，常常有定位及搜尋功能供我們使用，最常見的情況是，我們要去某個地點，我們擁有那個地點的地址，我們可以透過地址找到目的地。在網路還沒興起的時代，我們到一個陌生的地方，可能會拿著一大張地圖，首先先到達目的地的縣市及鄉鎮市區，再來找到目的地的路名，再藉由門牌號碼找到確切的地點。

在電子化地圖興起的現代，當我們拿到一串地址時，我們會丟到圖台系統中進行搜尋及定位，系統會把地址透過 API 傳到伺服器端，再藉由伺服器端程式的計算及資料庫的查詢回傳確切的坐標，最終圖台系統再把坐標顯示在地圖上，這一系列的功能，都要仰賴地理編碼應用程式介面（Geocoding API）。

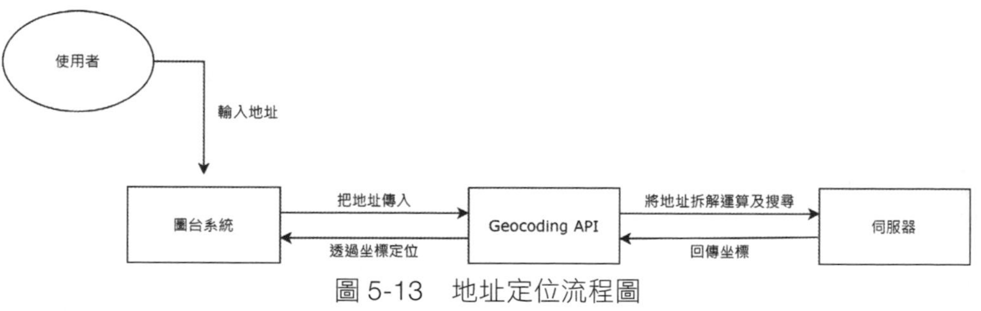

圖 5-13　地址定位流程圖

如圖 5-13，地址定位的核心技術在於透過 Geocoding API 將地址轉換為坐標，有了坐標，後續的動作就與坐標定位無異。然而，本書不會講解地址拆解的演算法及透過地理編碼轉坐標的過程，那個太深奧且繁複。取而代之的是使用第三方的 API，快速地做出地址定位的功能，各家的地理編碼服務略有不同，慎選 API 也是很重要的一環。

5.3.1 Leaflet 地址定位

Leaflet 身為開源的圖台 API，並沒有自己的 Geocoding API 服務，但是它支援非常多第三方的資料來源，透過 leaflet-control-geocoder 這個擴充程式，等於提供一個中介層，可以藉由參數設定來快速選擇想用的 Geocoding API 服務，使用上也非常簡單。

> **我要成為高手**
>
> **leaflet-control-geocoder / Github**
>
> https://github.com/perliedman/leaflet-control-geocoder

```
<link rel="stylesheet" href="https://unpkg.com/leaflet-control-geocoder/dist/Control.Geocoder.css" />
<script src="https://unpkg.com/leaflet-control-geocoder/dist/Control.Geocoder.js"></script>
```

引入 leaflet-control-geocoder 的 css 樣式檔，及 JavaScript 程式。

程式演練 5.6 Leaflet 地址定位

```
L.Control.geocoder().addTo(lMap);
```

程式演練下載網址：

https://github.com/PapaPerryLiao/WebGIS-and-JavaScript/tree/master/5/5.6

程式演練線上 Demo：

https://papaperryliao.github.io/WebGIS-and-JavaScript/5/5.6/index.html

只要透過簡單的一行 L.Control.geocoder().addTo(lMap)，就可以在地圖上加入搜尋框，如圖 5-14 所示，當我們搜尋台北 101 時，就會把相似的地區以列表的方式列出來，用滑鼠選擇後就可以把該地點標記出來，並且畫面視角移動到該地點。預設的資料來源為 OSM /Nominatim，是 OpenStreetMap 主頁使用的服務。

圖 5-14　利用 leaflet-control-geocoder 進行地址定位

我要成為高手

Nominatim API

https://nominatim.org/release-docs/develop/api/Overview/

告訴你一個小祕密！

Nominatim API 的空間查詢服務是基於 PostgreSQL 的資料庫來進行。目前地理空間查詢的主流資料庫為 PostgreSQL 及微軟的 MSSQL。

5.3.2 Google Map Geocoding API

最多人也最常見的 Geocoding API 非 Google 莫屬，使用方式也非常簡單，只需要在網址輸入地址及 API Key 即可，回傳格式可以選擇 json 或 xml。

https://maps.googleapis.com/maps/api/geocode/json?address={ 地址 }&key={yourAPIKey}

也可以

https://maps.googleapis.com/maps/api/geocode/xml?address={ 地址 }&key={yourAPIKey}

從 2018 年開始，Google Map API 制定嚴格的 API 收費制度，Google 帳號必須綁定信用卡方能取得有效的 API Key，如果呼叫 API 沒有輸入 API Key，如圖 5-15 所示，會得到請求拒絕的錯誤。

```
{
   "error_message" : "You must use an API key to authenticate each request to
Google Maps Platform APIs. For additional information, please refer to
http://g.co/dev/maps-no-account",
   "results" : [],
   "status" : "REQUEST_DENIED"
}
```

圖 5-15　利用 Google Map Geocoding API 進行地址定位（API Key 無效的錯誤）

讓我們試著呼叫 **https://maps.googleapis.com/maps/api/geocode/json?address= 台北 101&key={yourAPIKey}**，回傳的結果如圖 5-16 所示。

```
{
   "results" : [
      {
         "address_components" : [
            {
               "long_name" : "89樓",
               "short_name" : "89樓",
               "types" : [ "subpremise" ]
            },
            {
               "long_name" : "7",
               "short_name" : "7",
               "types" : [ "street_number" ]
            },
            {
               "long_name" : "信義路五段",
               "short_name" : "信義路五段",
               "types" : [ "route" ]
            },
            {
               "long_name" : "西村里",
               "short_name" : "西村里",
               "types" : [ "administrative_area_level_4", "political" ]
            },
            {
               "long_name" : "信義區",
               "short_name" : "信義區",
               "types" : [ "administrative_area_level_3", "political" ]
            },
            {
               "long_name" : "台北市",
               "short_name" : "台北市",
               "types" : [ "administrative_area_level_1", "political" ]
            },
            {
               "long_name" : "台灣",
               "short_name" : "TW",
               "types" : [ "country", "political" ]
            },
            {
               "long_name" : "110",
               "short_name" : "110",
               "types" : [ "postal_code" ]
            }
         ],
         "formatted_address" : "110台灣台北市信義區信義路五段7號89樓",
         "geometry" : {
            "location" : {
               "lat" : 25.0336752,
               "lng" : 121.5648831
            },
            "location_type" : "ROOFTOP",
            "viewport" : {
               "northeast" : {
                  "lat" : 25.0350241802915,
                  "lng" : 121.5662320802915
               },
               "southwest" : {
                  "lat" : 25.0323262197085,
```

完整地址資訊

經緯度資訊

圖 5-16　Google Map Geocoding API 查詢台北 101，回傳為 json 格式資料

```
                "lng" : 121.5635341197085
            }
        }
    },
    "place_id" : "ChIJSTLZ6barQjQRMdkCqrP3CNU",
    "types" : [ "establishment", "point_of_interest", "tourist_attraction" ]
  }
 ],
 "status" : "OK"
}
```

圖 5-16　Google Map Geocoding API 查詢台北 101，回傳為 json 格式資料（續）

▲　可以看到 Google API 會回傳一個 json 格式的資料，內容有經緯度、完整地址、拆解後的地址，可以依照需求取得想要的資訊。那麼，要怎麼樣透過 JavaScript 程式呼叫 API 呢？這邊示範使用 HTML5 的 fetch API 來呼叫。使用 Google Map Geocoding API 地址定位，並顯示在 Leaflet 地圖上，如程式演練 5.7 所示。

程式演練 5.7　Google Map Geocoding API

```
fetch("https://maps.googleapis.com/maps/api/geocode/json?address=台北101&
key=yourAPIKey")
    .then((res) => res.json())
    .then((res) => {
        const geocodingResult = res.results[0];
        const lat = geocodingResult.geometry.location.lat;
        const lng = geocodingResult.geometry.location.lng;

        const marker = L.marker([lat, lng]).addTo(lMap);

        const popup = L.popup().setLatLng([lat, lng]).setContent(`lat: ${lat},
lng: ${lng}`).openOn(lMap);

        marker.bindPopup(popup);
    });
```

程式演練下載網址：

https://github.com/PapaPerryLiao/WebGIS-and-JavaScript/tree/master/5/5.7

fetch API 回傳後，會是一個 ES6 的 Promise 物件，可以透過 then 方法繼續做接下來的動作。值得注意的是因為回傳的內容是 json 格式，在 fetch API 中，需要透過 res.json 方法來取得 Promise 物件中的 json 資料。從 json 資料中解析出詳細的經緯度資訊，並透過 L.marker 方法建立點資料物件，及綁定資訊視窗，最後把它顯示在地圖上。

結果展示：

圖 5-17　地址定位結果（Google Map Geocoding API）

告訴你一個小祕密！

Request 的方式？ ajax & fetch & axios

常見的 request 的方式有 XMLHttpRequest、ajax 、fetch 、axios；除了原生的 XMLHttpRequest 幾乎沒有人在使用外，ajax 、fetch 、axios 都受不少開發人員所愛戴，它們各有其優缺點。那麼初學者要選擇使用哪一種來學習呢？如果程式有使用到 JQuery 開發，那麼就使用 JQuery 函式庫附帶的 ajax；如果使用原生的 JavaScript 寫，可以選擇不需要引用其他程式的 fetch；如果使用一些主流框架（react 或 vue 等）或者開發 node.js 程式，則可以選擇較輕量化的 axios。

我要成為高手

request 的方式？ ajax & fetch & axios

https://ithelp.ithome.com.tw/articles/10244631

Google Map GeoCoding API 文件

https://developers.google.com/maps/documentation/geocoding/overview

5.3.3 全國門牌地址定位服務

內政部 TGOS Map API 也有提供一套專門為台灣設計的全國門牌地址定位服務，可以依門牌地址比對取得坐標。官方文件上有提供前端透過圖台 API 呼叫的方式，以及透過 ASP.NET 後端呼叫的範例。以下示範前端透過 TGOS Map API 的呼叫方式。

```
    <link rel="stylesheet" href="https://unpkg.com/leaflet.7.1/dist/
leaflet.css" />
    <script src="https://unpkg.com/leaflet.7.1/dist/leaflet.js"></script>
```

```
    <script type="text/javascript" src="https://api.tgos.tw/TGOS_API/tgos
?ver=2&AppID=yourID&APIKey=yourkey" charset="utf-8"></script>
```

使用 TGOS Map API 全國門牌地址定位服務，並顯示在 Leaflet 地圖上。因此要同時引入 Leaflet API 及 TGOS Map API。

```
    <div class="searchBar">
        地址定位 :
        <input id='address' value='台北市信義區信義路五段 7 號 '>
        <input type="submit" value=" 地址定位 " onclick="Locate()">
    </div>
```

建立一個搜尋的區域，可以填入地址的輸入框，及地址定位查詢的按鈕。

程式演練 5.8　地址定位（TGOS Map API）

```
const Locate = () => {
    const locator = new TGOS.TGLocateService();
    const addressInput = document.getElementById("address");

    locator.locateWGS84(
        {
            address: addressInput.value,
        },
        (e, status) => {
            if (status !== TGOS.TGLocatorStatus.OK) {
                return;
            }

            const location = e[0].geometry.location;
            const lat = location.y;
            const lng = location.x;

            const marker = L.marker([lat, lng]).addTo(lMap);

            const popup = L.popup().setLatLng([lat, lng]).setContent(`X坐標：${location.x}，Y坐標：${location.y}`).openOn(lMap);

            marker.bindPopup(popup);
        }
    );
};
```

程式演練下載網址：

https://github.com/PapaPerryLiao/WebGIS-and-JavaScript/tree/master/5/5.8

如程式演練 5.8 所示，建立一個名為 Locate 的函式用來做地址定位。首先，透過呼叫 TGOS.TGLocateService 方法可以建立一個 TGOS Map API 專屬的定位服務物件，這個物件提供多種定位的方法可以使用。其中 locator.

locateWGS84 這個方法適用在坐標系統為 WGS84 時使用，可以將地址轉換為坐標，參數一輸入地址；參數二為地址查詢完成後的 callback 函式，可以將後續要做的動作寫在這個函式當中。

在 callback 函式中，參數一的 e 內提供完整坐標資訊外，參數二 status 可以用來偵測定位結果是否成功，有定位成功（OK）、定位多個結果（TOO_MANY_RESULTS）、失敗（Error）三種狀態，可依需求再分別進行後續的動作及錯誤的處理。

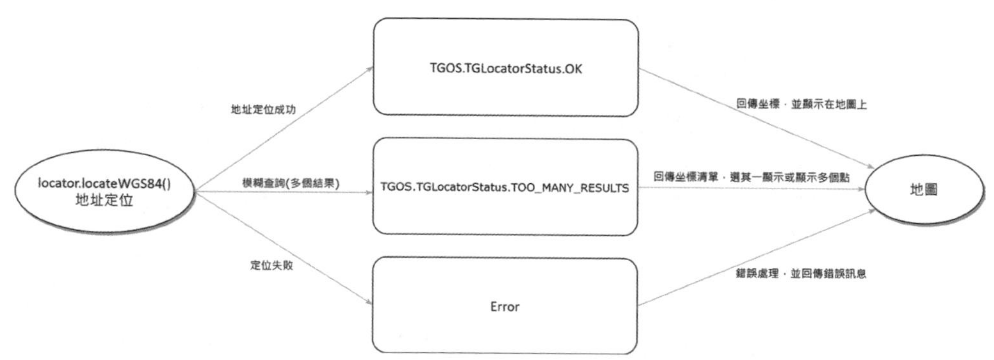

圖 5-18　地址定位回傳狀態流程圖

圖 5-19　地址定位結果（TGOS 全國門牌地址定位服務）

我要成為高手

TGOS Map API 透過 JavaScript 呼叫圖台 API 範例

https://api.tgos.tw/TGOS_MAP_API/Docs/Example/99

ASP.NET 後端呼叫的範例

https://www.tgos.tw/TGOS_WEB_API/Web/TGOSQueryAddrSample.aspx

5.4 行政區定位

學習難度 ★★☆☆☆

前面幾節講述了坐標、瀏覽器、地址定位，都是屬於點資料的定位方式；在圖台系統上除了點資料的呈現外，還有線資料及面資料，行政區定位就是一種常見的面資料呈現。新北市中永和地區，是新北市中和區與永和區的統稱，那為何會稱為中永和地區呢？因為在中永和的街道上，很難透過一條路或是一個地標來區分中和及永和的邊界，常常同一條路走了兩分鐘，剛剛明明還在中和，現在卻走到了永和，時常很難分清楚自己到底在中和還是永和。

因此，如果今天我們想知道自己到底在中和還是永和，除了可以看現地的地址外，也可以透過行政區定位，一覽中和及永和的邊界。

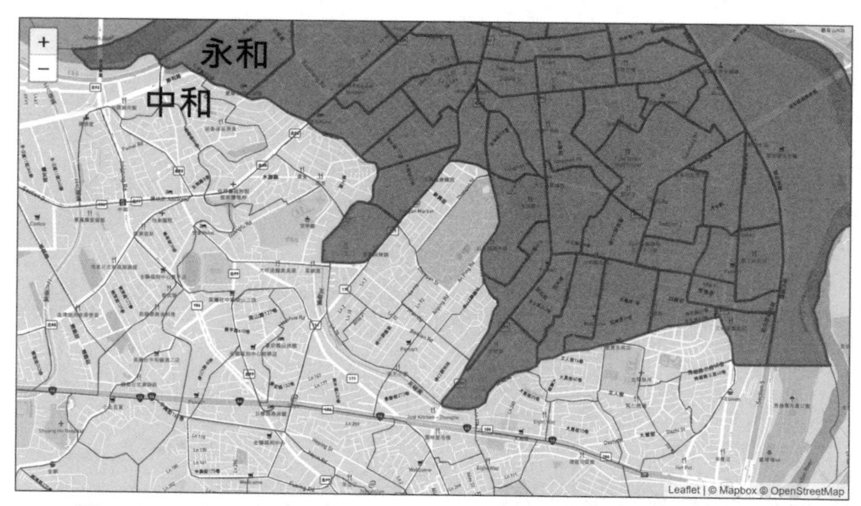

圖 5-20　中永和邊界，難以透過一條路或是一個地標去區分

那麼，要怎麼把行政區邊界畫出來呢？首先我們需要行政區邊界的資料，再透過行政區邊界的資料在圖台上畫出來，這邊可以選擇用向量資料的模式，也可以選擇用網格資料的模式。用網格資料的模式，可以事先蒐集所有的行政區資料，透過 GIS 軟體（例如：ArcGIS、QGIS 等）把資料匯入，並且發佈為 WMS 服務。這個方式可以一覽無遺全台灣的行政區邊界，且因為事先發佈為網格資料，等於只是載入圖片，而沒有即時運算的負載量，效能上會比較好；缺點是無法鎖定想要看的行政區，無法做強調及選擇的動作。

如果我們想要針對特定某一個行政區做定位，則必須使用向量格式資料，也就是把一連串的點資訊，透過圖台 API 即時運算，呈現在地圖上。當然，如果資料量越大，運算時間也越長，甚至會出現效能問題，影響使用者體驗。

5.4.1　TGOS Map API 行政區定位

首先，需要解決問題的第一步，如何可以取得行政區邊界資料呢？在章節 5.3.3 我們介紹了全國門牌地址定位服務，利用 TGOS Map API 去把地址轉換為坐標，既然都申請了 TGOS Map API Key 了，就來使用它提供的另一個行政區定位的服務吧！

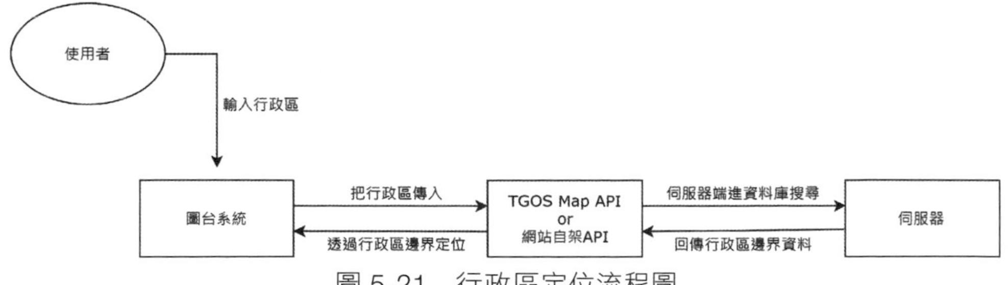

圖 5-21　行政區定位流程圖

TGOS Map API 提供的行政區定位功能，如程式演練 5.9 所示，可以由此 API 取得行政區資料，並加以分析及利用，如此一來就不需要費力去取得資料，以及後續存進資料庫及架設 API，省略資料處理的步驟。

程式演練 5.9　行政區定位（TGOS Map API）

```
const Locate = () => {
    const locator = new TGOS.TGLocateService();
    let districtInput = document.getElementById("district");

    locator.locateWGS84(
        {
            district: districtInput.value,
        },
        (e, status) => {
            if (status != TGOS.TGLocatorStatus.OK) {
                console.log(" 查無行政區 ");
            } else {
                const result = e[0].geometry.geometry.rings_[0].linestring.
path.map((item) => [item.y, item.x]);
                console.log(result);

                // Leaflet Show Polygon
                const polygon = L.polygon(result, { color: "red" }).addTo
(lMap);
                lMap.fitBounds(polygon.getBounds());
            }
        }
```

```
    );
};
```

程式演練下載網址：

https://github.com/PapaPerryLiao/WebGIS-and-JavaScript/tree/master/5/5.9

如程式演練 5.9 所示，與地址定位步驟相同，先透過 TGOS.TGLocateService 方法建立一個定位物件，再用 locator.locateWGS84 方法來取得行政區邊界資料。取得回傳資料後，要把行政區邊界坐標拆解出來，需要一連串的物件及陣列的操作，不同圖台 API 拆解方式也有所不同，這邊用 e[0].geometry.geometry.rings_[0].linestring.path 可以拿到完整的邊界資料。

拿到完整邊界資料後，格式為陣列（array），陣列的每個位置都是一個物件，並且有 x 及 y 的屬性，接著透過陣列的 map 方法，可以用來重組陣列每個位置的格式及值，由於後續要用 Leaflet 圖台來載入面資料，因此要配合 Leaflet API 面資料的儲存格式，將陣列的坐標以緯度（item.y）、經度（item.x）的順序存放。

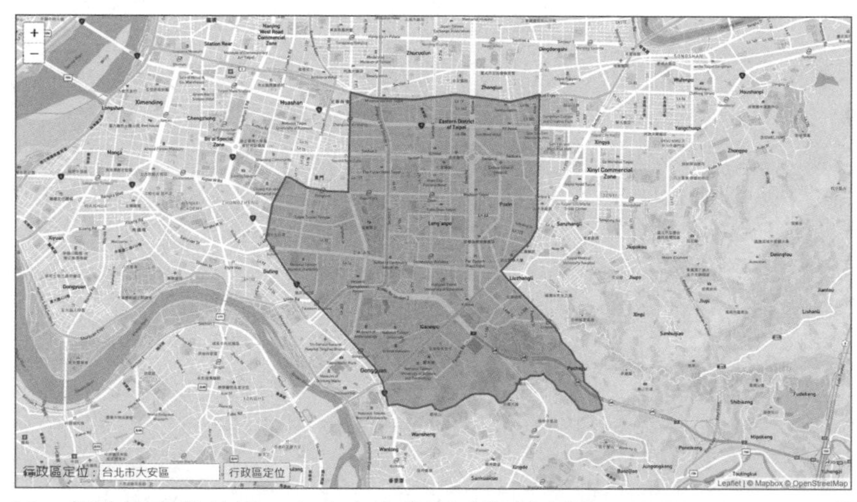

圖 5-22　行政區定位結果，台北市大安區（資料來源：TGOS Map API、圖台呈現：Leaflet API）

5.4.2　透過 GeoJSON 載入行政區

除了透過第三方 API（例如：TGOS Map API）取得行政區邊界資料外，也可以透過一些開放資料的網站取得行政區資料。此外，資料交換格式有很多種，筆者選擇最常見也最多人使用的地理資料交換格式 GeoJSON 來介紹，在 sheethub 這個網站上面有提供許多空間資訊的圖層及資料，也有行政區邊界資料，可以下載 GeoJSON 格式的資料。

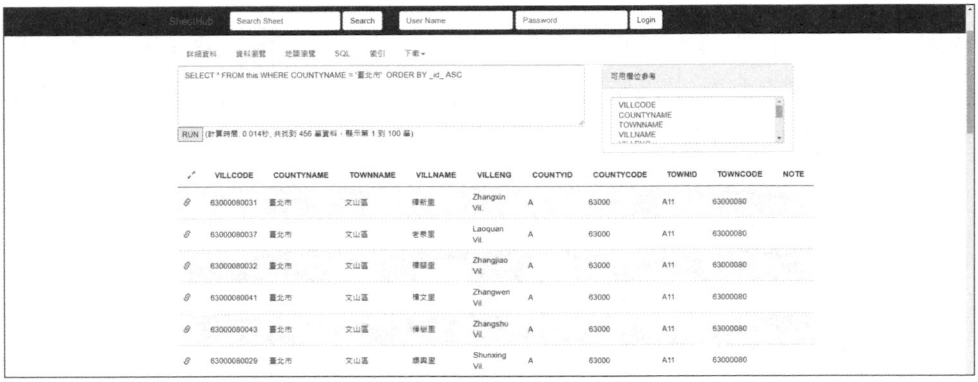

VILLCODE	COUNTYNAME	TOWNNAME	VILLNAME	VILLENG	COUNTYID	COUNTYCODE	TOWNID	TOWNCODE	NOTE
63000080031	臺北市	文山區	樟新里	Zhangxin Vil.	A	63000	A11	63000080	
63000080037	臺北市	文山區	老泉里	Laoquan Vil.	A	63000	A11	63000080	
63000080032	臺北市	文山區	樟腳里	Zhangjiao Vil.	A	63000	A11	63000080	
63000080041	臺北市	文山區	樟文里	Zhangwen Vil.	A	63000	A11	63000080	
63000080043	臺北市	文山區	樟樹里	Zhangshu Vil.	A	63000	A11	63000080	
63000080029	臺北市	文山區	順興里	Shunxing Vil.	A	63000	A11	63000080	

圖 5-23　行政區邊界資料取得（資料來源：sheethub.com）

取得 GeoJSON 格式的行政區邊界資料後，接著我們透過 GeoJSON 圖層套疊的方式載入行政區資料，如程式演練 5.10 所示，不熟悉 GeoJSON 圖層套疊的讀者們，可以回顧章節 4.3，有各家地圖 API 詳細的 GeoJSON 圖層套疊介紹。

程式演練 5.10　行政區定位（透過 GeoJSON 資料）

```
fetch("Taipei.json")
    .then((res) => res.json())
    .then((response) => {
        const geoJSONLayer = L.geoJSON().addTo(lMap);
        geoJSONLayer.addData(response);
        const bounds = geoJSONLayer.getBounds();
        lMap.fitBounds(bounds);
    });
```

程式演練下載網址：

https://github.com/PapaPerryLiao/WebGIS-and-JavaScript/tree/master/5/5.10

程式演練線上 Demo：

https://papaperryliao.github.io/WebGIS-and-JavaScript/5/5.10/index.html

透過 fetch API 載入既有的臺北市行政區資料（檔名：Taipei.json），再利用 L.geoJSON 方法可以在 Leaflet 圖台上載入 GeoJSON 資料，並且移動及縮放至行政區邊界的範圍。

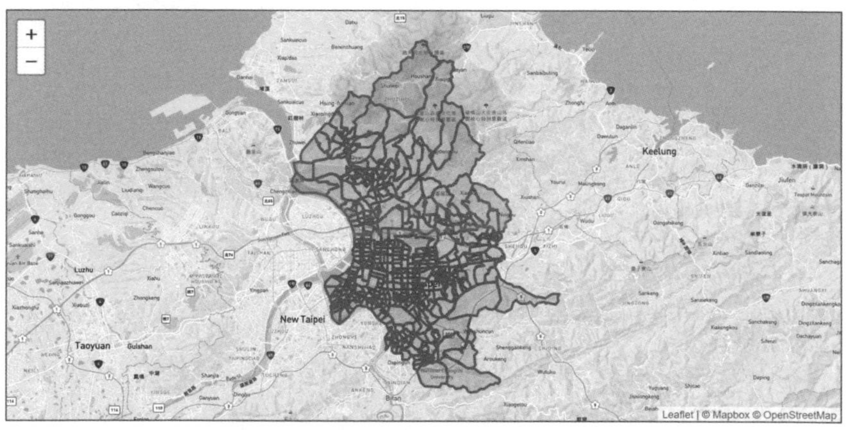

圖 5-24　行政區定位結果（資料格式：GeoJSON、圖台呈現：Leaflet API）

我要成為高手

sheethub

https://sheethub.com/

國土測繪圖資開放資料

https://whgis.nlsc.gov.tw/Opendata/Files.aspx

06 Chapter

展點與環域

本章學習重點：

- 了解各種資料來源的展點資料呈現及實作方式
- 認識環域查詢的使用情境及各類型幾何圖形的環域查詢方式
- 學習繪圖結合環域查詢的實戰演練

上一章節介紹了 WebGIS 常見的定位查詢功能，有各式各樣的方式在地圖上找到指定的點，通常使用的場景為我們已有想要尋找的地方，它可能是自己所在的位置，或是某個地址所在的位置，抑或是某個村里的範圍；然而，當我們在觀看地圖時，可能並不知道自己想要找的目的地。

假設一個使用者的情境，想要尋找台北市有什麼有名或好吃的餐廳，並不是搜尋某家已知的餐廳，這時候使用者會預期把所有的資料展在地圖上，如果這些資料是屬於點資料圖徵時，我們簡稱它為展點。

6.1 展點

學習難度 ★★★☆☆

首先我們要先有資料來源，資料可以藉由很多形式取得，大多數是透過後端 API 取得資料，或是由 GeoJSON 或 Excel 等等檔案上傳所取得。

6.1.1 上傳 GeoJSON

有一種情境是，如果使用者有展點的原始資料，那可能是一張 Excel 表格，或是從 GIS 的相關應用程式產出的 GeoJSON 檔案；這時，我們只需要提供一個介面，供使用者上傳，上傳完後利用圖台 API 將資料視覺化，變成許多的點資料圖徵，並展示在地圖上。

這一小節展示的檔案上傳屬於前端上傳，也就是使用客戶端讀取檔案後，把檔案解析成 json 物件，透過讀取 json 資料並進行資料的處理及地圖視覺化的展現，也就是說，資料的處理都在客戶端的瀏覽器完成，有別於傳統傳送到網站的伺服器端去操作。

告訴你一個小祕密！

前端上傳與後端上傳？

檔案上傳分為前端上傳及後端上傳兩種。早期的網站前端技術尚未發達的時代，檔案上傳幾乎都是屬於後端上傳，也就是檔案會真正傳送到後端，再由後端伺服器去對檔案進行操作與解析，這種方式可以記錄使用者所有的上傳操作，再調閱歷史紀錄時，可以知道使用者每一筆上傳的時間及資料，甚至可以把上傳後的檔案解析為資料存在資料表中。

然而，後端上傳在效能上無疑是慢的，因為有把大型檔案傳輸到後端的動作，很吃網路的速度，此外，還有資安的疑慮，因為你永遠也不知道使用者會上傳什麼東西，它很有可能是病毒，破壞或竊取伺服器端的資料。在前端網頁技術日漸發達後，更提倡前端上傳檔案，也就是檔案只是在客戶端進行解析，並不會有檔案傳送到後端的動作，不吃網路速度，但吃重客戶端的記憶體，在中小型的資料處理表現尤佳。

落地上傳與不落地上傳？

上述有提到後端檔案上傳有資安疑慮的問題，在早期後端檔案上傳都是屬於落地上傳，也就是把檔案存在伺服器的某個資料夾中，之後再藉由讀取儲存的檔案去解析資料。由於使用者上傳的檔案未知，也導致了儲存在伺服器的檔案存在資安風險；後來才有了所謂的不落地上傳，也就是說使用者把檔案上傳到後端後，並不會被存檔，只是試著去解析檔案的資料，無論解析成功或失敗都不會儲存檔案在伺服器端，能大幅降低資安疑慮。


```
<div id="div_upload">
    <input type="file" id="upload" />
</div>
```

在 html 中新增一個區塊，提供使用者上傳，這個區塊中有一個 input，並且 type 為 file，表示是一個提供檔案上傳的標籤，並且有專屬的 id，等等我們會使用 id 選擇器去找到上傳的檔案。

```
<div id="lmap"></div>
```

新增地圖的 div，等等存放地圖的地方。

結果展示：

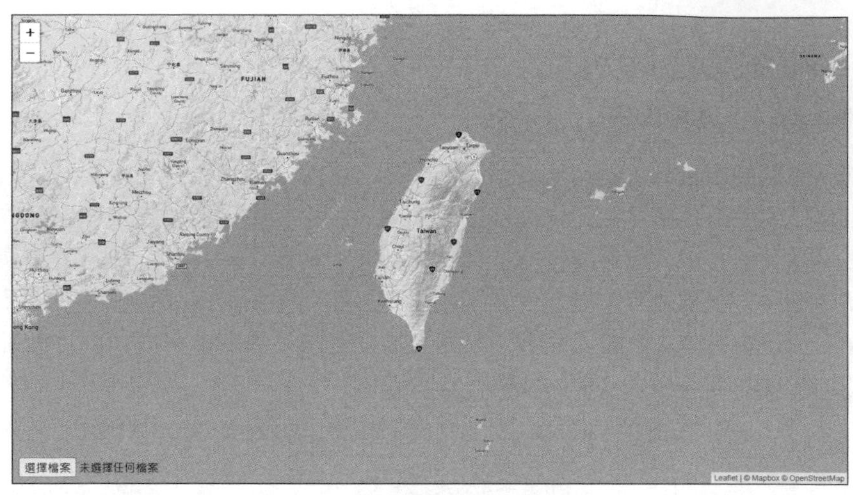

圖 6-1　簡易檔案上傳介面

讓我們來看看這次準備的 restaurant.json 的資料格式。

```
  {html_attributions: Array(0), next_page_token: 'CpQEDgIAACz1lcRf4UGR35FhBe_Xmuq3lY1Hymb
▼ 10vQf-WS72g…qvxdX4Kd1d3j1LoybT5hoU-bcnev_PWDPBuoWHce-8wI0YieU', results: Array(20), sta
  tus: 'OK'} 
  ▶ html_attributions: []
    next_page_token: "CpQEDgIAACz1lcRf4UGR35FhBe_Xmuq3lY1Hymb10vQf-WS72gUlk6SBzVqLYq3lwwL
  ▼ results: Array(20)
    ▶ 0: {business_status: 'OPERATIONAL', geometry: {…}, icon: 'https://maps.gstatic.com/r
    ▼ 1:
        business_status: "OPERATIONAL"
      ▶ geometry: {location: {…}, viewport: {…}}
        icon: "https://maps.gstatic.com/mapfiles/place_api/icons/restaurant-71.png"
        name: "KIKI 餐廳(台北東豐店)"
      ▶ opening_hours: {open_now: true}
      ▶ photos: [{…}]
        place_id: "ChIJJZ1M89GrQjQR3e8BQB9PdsE"
      ▶ plus_code: {compound_code: '2GPW+FQ 大安區 台北市', global_code: '7QQ32GPW+FQ'}
        price_level: 2
        rating: 4.4
        reference: "ChIJJZ1M89GrQjQR3e8BQB9PdsE"
        scope: "GOOGLE"
      ▶ types: (4) ['restaurant', 'food', 'point_of_interest', 'establishment']
        user_ratings_total: 1351
        vicinity: "大安區東豐街51號"
      ▶ [[Prototype]]: Object
```

圖 6-2　restaurant.json 資料

程式演練 6.1　上傳 GeoJSON

```
const OrganizeData = (data) => {
    let arr = data.results.map((item) => {
        return {
            x: item.geometry.location.lng,
            y: item.geometry.location.lat,
            name: item.name,
            icon: item.icon,
            photo: item.photos[0].html_attributions[0],
            address: item.vicinity,
            content: `<div class="infoWindow">
                        <h2>${item.name}</h2>
                        <p>經度：${item.geometry.location.lng}</p>
                        <p>緯度：${item.geometry.location.lat}</p>
                        <p>地址：${item.vicinity}</p>
                    </div>
    `,
        };
    });

    return arr;
};
```


程式演練下載網址：

https://github.com/PapaPerryLiao/WebGIS-and-JavaScript/tree/master/6/6.1

程式演練線上 **Demo**：

https://papaperryliao.github.io/WebGIS-and-JavaScript/6/6.1/index.html

建立一個名為 OrganizeData 函式，用來進行陣列的資料處理，其中 x 及 y 分別存放經度及緯度，content 則是作為綁定資訊視窗的內容。

```
const ShowMultiPoint = (dataList = [], layers) => {
    if (dataList.length > 0) {
        dataList.forEach((item) => {
            const marker = L.marker([item.y, item.x]).bindPopup(item.
content);
            layers.addLayer(marker);
        });
    }
};
```

建立一個名為 ShowMultiPoint 的函式，可以把多重點資料秀在地圖上。輸入參數為點資料陣列（dataList）、圖層管理群組（layers）。透過迴圈把每一個點資料都透過 L.marker 建立點資料圖徵，並綁定資訊視窗（bindPopup），最後再透過 addLayer 把點資料圖徵加到圖層管理群組中。

有了 ShowMultiPoint 這個函式，等等只要有點資料陣列，就可以把它們展示在地圖上。接下來處理 GeoJSON 檔案上傳的部分。

```
var data;
var inputFile = document.getElementById("upload");
```

利用 id 選擇器，選取供檔案上傳的標籤的 id，接著要對它進行事件監聽。

```
const LoadJSON = () => {
    const file = inputFile.files[0];
    const reader = new FileReader();
    console.log(`檔案名稱：${file.name}，檔案大小：${file.size}。`);

    reader.readAsText(file);
    reader.onload = () => {
        let result = JSON.parse(reader.result);
        data = result;
        console.log(data);
        ShowMultiPoint(OrganizeData(data), layers);
        layers.addTo(lMap);
    };
```

```
};
inputFile.addEventListener("change", LoadJSON);
```

透過剛剛選取檔案上傳標籤的變數 inputFile，它的 files 屬性為一個陣列，可以取得上傳的所有檔案，這邊 files[0] 表示上傳的第一個檔案，我們預設一次只會上傳一個檔案。

接著使用 web API 的 FileReader 函式來建立一個名為 reader 的物件，可以用來讀取檔案，**reader.readAsText(file)**，把上傳的檔案轉為文字檔，並且在 reader.onload 讀取時才會觸發的函式中，透過 JSON.parse 把文字檔字串格式轉為 json 格式，最終 json 格式資料再經由剛剛寫好的函式 OrganizeData 去做資料的處理，最終再丟入 ShowMultiPoint 函式把展點秀出來。

我要成為高手

MDN Web Docs - FileReader

https://developer.mozilla.org/zh-TW/docs/Web/API/FileReader

結果展示：

圖 6-3　台北市美食餐廳　上傳 GeoJSON 展點（Leaflet API）

6.1.2 上傳 Excel

前一章節介紹了上傳 GeoJSON 檔案後根據 GeoJSON 資料進行展點。然而，GeoJSON 格式資料在 GIS 界雖說是非常通用的格式，但對於一般使用者而言卻不常見。如果今天使用者手上有一批點資料，資料格式比較有可能是 csv 或者是 txt，使用逗號來分隔每個欄位，也可能是我們常常用來處理資料的 Excel 格式。因此，本章節會使用文化部 Open Data 的博物館資料，並透過實作上傳 Excel 格式資料的方式來進行展點。

```
    <script src="https://cdnjs.cloudflare.com/ajax/libs/xlsx/0.17.5/xlsx.
min.js"
        integrity="sha512-BMIFH0QGwPdinbGu7AraCzG9T4hKEkcsbbr+Uqv8IY3G5+J
Tzs7ycfGbz7Xh85ONQsnHYrxZSXgS1Pdo9r7B6w=="
        crossorigin="anonymous" referrerpolicy="no-referrer"></script>
```

Excel 資料處理的部分，我們會使用第三方套件 SheetJS 去做處理，也就是 xlsx.js，因此我們要先用 script 的方式引入 xlsx.js。

我要成為高手

SheetJS / Github

https://github.com/SheetJS/sheetjs

文化部　文化資料開放服務網　博物館資料

https://opendata.culture.tw/frontsite/openData/detail?datasetId=290

程式演練 6.2　上傳 Excel

```
const layers = L.layerGroup();
```

程式演練下載網址：

https://github.com/PapaPerryLiao/WebGIS-and-JavaScript/tree/master/6/6.2

🖳 程式演練線上 **Demo**：

https://papaperryliao.github.io/WebGIS-and-JavaScript/6/6.2/index.html

透過 L.layerGroup 方法建立圖層管理群組，等等用以存放展點的點資料。


```
const ShowMultiPoint = (dataList = [], layers) => {
    if (dataList.length > 0) {
        dataList.forEach((item) => {
            const marker = L.marker([item.y, item.x]).bindPopup(item.
content);
            layers.addLayer(marker);
        });
    }
};
```

建立一個名為 ShowMultiPoint 的函式，可以把多重點資料秀在地圖上。輸入參數為點資料陣列（dataList）、圖層管理群組（layers）。透過迴圈把每一個點資料都透過 L.marker 建立點資料圖徵，並綁定資訊視窗（bindPopup），最後再透過 addLayer 把點資料圖徵加到圖層管理群組中。

有了 ShowMultiPoint 這個函式，等等我們只要有點資料陣列，就可以把它們展在地圖上。接著要來處理 excel 上傳的問題。

```
// 取得檔案副檔名
const getFileExtension = (filename) => {
    return /[.]/.exec(filename) ? /[^.]+$/.exec(filename)[0] : undefined;
};
```

為了判斷檔案上傳的格式是否正確，因此建立一個名為 getFileExtension 的函式，它透過正規表達式可以取得檔案的副檔名。輸入參數是檔案的名稱，輸出參數則是副檔名。正規表達式的內容不必過於探究，可以直接使用這個函式。

告訴你一個小祕密！

正規表達式，又稱正則表達式，可以設定任意一串字串的規範格式，然後比對是否與設定的規範相匹配，也可以取出、替換相匹配的某一個部分。常用於資料格式驗證、密碼驗證、網址匹配重新導向等等……。


```
const Readxlsx = {
    to_json: (data) => {
        const workbook = XLSX.read(data, { type: "binary" });
        const result = {};
        console.log("workbook", workbook);

        workbook.SheetNames.forEach((sheetName) => {
            const roa = XLSX.utils.sheet_to_row_object_array(workbook.
Sheets[sheetName]);
            if (roa.length > 0) {
                result[sheetName] = roa;
            }
        });
        return result;
    },
    to_csv: (data) => {
        const workbook = XLSX.read(data, { type: "binary" });
        const result = [];
        workbook.SheetNames.forEach((sheetName) => {
            const csv = XLSX.utils.sheet_to_csv(workbook.Sheets[sheetName]);
            if (csv.length > 0) {
                result.push("SHEET: " + sheetName);
                result.push("\n");
                result.push(csv);
            }
        });
        return result;
    },
};
```

建立一個名為 Readxlsx 的物件，它有 to_json 及 to_csv 方法，分別可以讀取 Excel 檔案（xlsx），把它們轉成 json 格式或是 csv 格式。等等我們會把上傳的 Excel 通過這個方法，轉成 json 格式。其中，透過 SheetJS 的 XLSX.read 可以讀取上傳的二進位格式資料，轉換成具備 Excel 格式的物件。如下圖 6-4 所示。


```
workbook                                                        index.js:21
▼{opts: {…}, SheetNames: Array(1), Sheets: {…}, Preamble: {…}, Strin
 gs: Array(1324), …} ℹ
  ▶Custprops: {}
  ▶Metadata: {Country: Array(2)}
  ▶Preamble: {!protect: false}
  ▶Props: {}
  ▶SSF: {0: 'General', 1: '0', 2: '0.00', 3: '#,##0', 4: '#,##0.00',
  ▶SheetNames: ['博物館']
  ▶Sheets: {博物館: {…}}
  ▼Strings: Array(1324)
    ▼[0 … 99]
      ▶0: {t: '群組類別', raw: '<t>群組類別</t>', r: '群組類別'}
      ▶1: {t: '主類別', raw: '<t>主類別</t>', r: '主類別'}
      ▶2: {t: '名稱', raw: '<t>名稱</t>', r: '名稱'}
      ▶3: {t: '名稱(英文)', raw: '<t>名稱(英文)</t>', r: '名稱(英文)'}
      ▶4: {t: '代表圖像', raw: '<t>代表圖像</t>', r: '代表圖像'}
      ▶5: {t: '簡介', raw: '<t>簡介</t>', r: '簡介'}
      ▶6: {t: '簡介(英文)', raw: '<t>簡介(英文)</t>', r: '簡介(英文)'}
```

圖 6-4　console.log 印出變數 workbook（excel 格式）

可以看到變數 workbook，是一個具備 Excel 格式的物件，有 Excel 中的表格名稱（SheetNames），以及每一格 Excel 的儲存格，分別在陣列 Strings 中儲存。最後再透過 SheetJS 提供的 XLSX.utils.sheet_to_row_object_array 方法，把 workbook 轉化成 json 格式。

有了把檔案上傳的二進位 Excel 資料轉化為 json 格式的函式後，就已經成功了一半了！接下來就是要處理檔案上傳的部分。

```
const loadExcel = (e) => {
    return new Promise((resolve, reject) => {
        const file = e.target.files[0]; // 取得上傳第一個檔案
        const reader = new FileReader(); // 使用 FileReader 讀檔
        const name = file.name; // 檔案名稱
```

```
        const fileExtension = getFileExtension(name);

        if (["xlsx", "xls", "ods", "csv"].indexOf(fileExtension) === -1) {
            console.log("檔案類型不支援");
            return;
        }

        // onload觸發事件
        reader.onload = (e) => {
            const data = e.target.result;
            const data_json = Readxlsx.to_json(data);
            console.log(data_json);
            resolve(data_json);
        };

        reader.readAsBinaryString(file);
    });
};
```


建立一個名為loadExcel的函式，它會做為檔案上傳按鈕**<input type="file"/>**，檔案上傳之後所觸發的callback函式，它會回傳一個ES6的Promise物件，以利我們可以在檔案上傳並讀取成功後，去做後續的展點的操作。其中，e.target.files[0]可以取得檔案上傳中的第一個檔案，這裡我們預設只能上傳一個檔案。再透過Web API的FileReader物件，去讀取檔案並呼叫剛剛建立的Readxlsx.to_json方法，把檔案上傳的資料轉換為json格式。

不可不知的ES6小知識

JavaScript非同步與ES6 Promise

JavaScript是一種非同步的程式語言，也就是說，並非像其他程式語言依照程式一行一行執行，並且在上一行執行完時才會執行下一行。JavaScript執行程式時，會先將每段程式加入任務序列，並且在任務序列排定其執行優先順序。因此，如果我們想要做完某件事情之後才觸發某個函式，這時候就必須要依照一些手段來控制程式的執行順序及依賴性。然而，ES6新增了Promise物件可以達到callback的效果，並且解決了JavaScript非同步的問題。

不可不知的ES6小知識

Promise 的特性

- 可靠性：Promise 一經回傳的東西就無法被更改，解決了 callback 的參數可以被竄改的問題。
- 寫法直觀：用 then 語法取代 callback hell（回呼地獄）的巢狀結構。
- 控制權回歸：每個 resolve 及 reject 最多只會被呼叫一次，避免多次呼叫造成的錯誤。

我要成為高手

[5-2] Callback & Promise － 解決 request 非同步的四種解法

https://ithelp.ithome.com.tw/articles/10245842

有了一連串的檔案上傳、二進位資料讀取、Excel 轉為 json 的函式後，接下來就要將它們與 UI 事件串聯。

```
const upload = document.getElementById("upload");
```

透過 id 選擇器取得檔案上傳按鈕的識別 id，接下來會建立它的監聽事件。

```
upload.addEventListener("change", (e) => {
    loadExcel(e)
        .then((data) => {
            return data["博物館"].map((item) => {
                return {
                    x: item["經度"],
                    y: item["緯度"],
                    content: `名稱：${item["名稱"]}, 地址：${item["地址"]}`,
                };
            });
```

```
        })
        .then((data) => {
            ShowMultiPoint(data, layers);
            layers.addTo(lMap);
        });
});
```

建立檔案上傳按鈕的 change 事件，一旦檔案上傳的項目改變時，就會觸發這個事件。在事件的 callback 函式中，呼叫剛剛寫好的 loadExcel 函式，可以把檔案上傳的 Excel 讀取並轉成 json 格式資料，因為 loadExcel 輸出的是一個 Promise 物件，因此只需要透過 then 方法即可指定 Excel 讀取完成後要做的事情。

Excel 讀取完成後，我們先透過陣列的 map 方法，做資料處理，把每筆資料改為我們所需要的格式，最後再透過 ShowMultiPoint 函式把這些資料通通秀在地圖上。

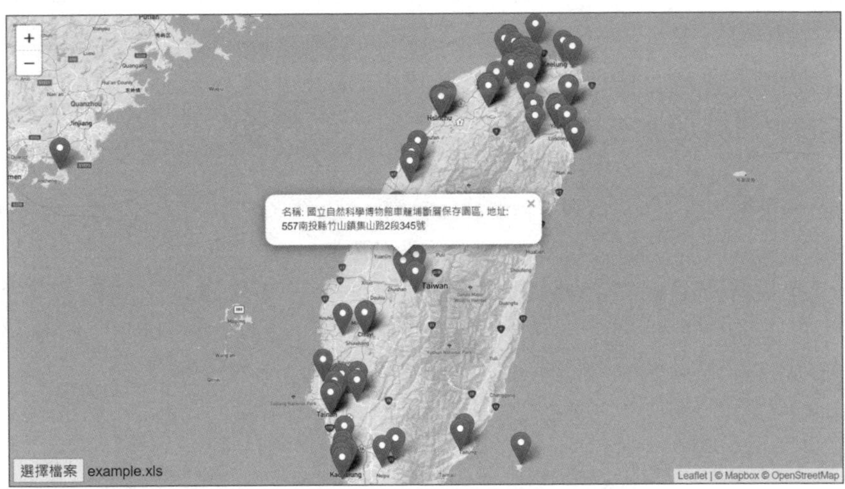

圖 6-5　上傳 Excel 並展點（Leaflet API）

6.1.3　呼叫 API 並展點

上一小節透過上傳 Excel 檔案，並解析 Excel 格式的檔案後再去實作展點。然而，資料並不總是透過 Excel 格式來儲存，在軟體工程中，更多時候是儲存在資料庫，並透過 API 提供給前端存取資料。因此，本章節會透過第三方 API，由交通部的 TDX 運輸資料流通服務的公車路線 API，去實作呼叫 API 並展點的功能。

交通部　TDX 運輸資料流通服務

https://tdx.transportdata.tw/api-service/swagger

程式演練 6.3　呼叫 API 並展點

```
const ShowMultiPoint = (dataList = [], layers) => {
    if (dataList.length > 0) {
        dataList.forEach((item) => {
            const marker = L.marker([item.y, item.x]).bindPopup(item.
content);
            layers.addLayer(marker);
        });
    }
};
```

程式演練下載網址：

https://github.com/PapaPerryLiao/WebGIS-and-JavaScript/tree/master/6/6.3

程式演練線上 Demo：

https://papaperryliao.github.io/WebGIS-and-JavaScript/6/6.3/index.html

建立一個名為 ShowMultiPoint 的函式，可以把多重點資料秀在地圖上。輸入參數為點資料陣列（dataList）、圖層管理群組（layers）。透過迴圈把每一個點資料都透過 L.marker 建立點資料圖徵，並綁定資訊視窗（bindPopup），最後再透過 addLayer 把點資料圖徵加到圖層管理群組中。

有了 ShowMultiPoint 這個函式，等等我們只要有點資料陣列，就可以把它們展在地圖上。接著要來建立呼叫 API 的函式。

```
const GetBusData = () => {
    axios({
        method: "get",
        url: "https://ptx.transportdata.tw/MOTC/v2/Bus/DisplayStopOfRoute/
City/Taipei/670?$top=100&$format=JSON",
    }).then((result) => {
        const data = result.data;
        console.log(data);
        const stopData = OrganizeData(result.data);
        ShowMultiPoint(stopData, layers);
        layers.addTo(lMap);
    });
};

GetBusData();
```

建立一個名為 GetBusData 的函式，它透過 axios 的方式呼叫 TDX API，取得台北市 670 公車路線的資料，並且在呼叫完成後透過 OrganizeData 這個函式來做資料處理，我們等等會來實作 OrganizeData。最後再透過 ShowMultiPoint 把處理完的展點資料秀在地圖上。

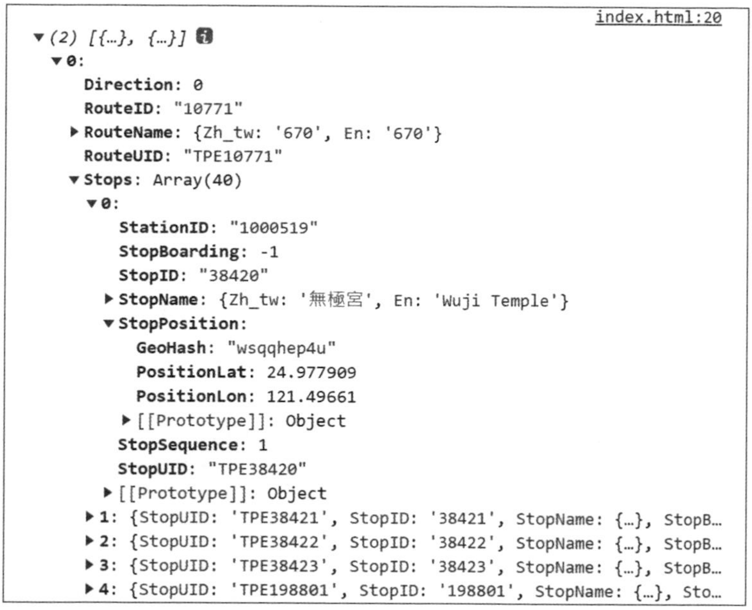

```
                                                    index.html:20
▼(2) [{…}, {…}] ℹ
  ▼0:
     Direction: 0
     RouteID: "10771"
    ▶RouteName: {Zh_tw: '670', En: '670'}
     RouteUID: "TPE10771"
    ▼Stops: Array(40)
      ▼0:
         StationID: "1000519"
         StopBoarding: -1
         StopID: "38420"
        ▶StopName: {Zh_tw: '無極宮', En: 'Wuji Temple'}
        ▼StopPosition:
           GeoHash: "wsqqhep4u"
           PositionLat: 24.977909
           PositionLon: 121.49661
          ▶[[Prototype]]: Object
         StopSequence: 1
         StopUID: "TPE38420"
        ▶[[Prototype]]: Object
      ▶1: {StopUID: 'TPE38421', StopID: '38421', StopName: {…}, StopB…
      ▶2: {StopUID: 'TPE38422', StopID: '38422', StopName: {…}, StopB…
      ▶3: {StopUID: 'TPE38423', StopID: '38423', StopName: {…}, StopB…
      ▶4: {StopUID: 'TPE198801', StopID: '198801', StopName: {…}, Sto…
```

圖 6-6　console.log 印出台北市 670 公車路線的原始資料

我們要處理複雜的原始資料，把它轉為我們所希望的格式。

```
const OrganizeData = (data) => {
    const stopData = data
        ?.filter(({ Direction }) => Direction === 0)[0]
        ?.Stops.map((item) => ({
            x: item.StopPosition.PositionLon,
            y: item.StopPosition.PositionLat,
            name: item.StopName.Zh_tw,
            content: `<div class="infoWindow">
                            <h2>${item.StopName.Zh_tw}</h2>
                            <p>經度：${item.StopPosition.PositionLon}</p>
                            <p>緯度：${item.StopPosition.PositionLat}</p>
                        </div>
                    `,
        }));

    console.log("stopData", stopData);
    return stopData;
};
```

建立一個名為 OrganizeData 的函式，透過陣列 filter 方法（篩選）及 map 方法（重組），做一系列的資料操作，讓陣列的每一個位置都是一個物件，並且有屬性 x 及 y，表示經緯度，以及屬性 content，表示資訊視窗要顯示的內容。

```
stopData                                                                index.js:27
▼Array(40) ℹ
  ▶0: {x: 121.49661, y: 24.977909, name: '無極宮', content: '<div class="infoWindow">\n
  ▶1: {x: 121.4987737, y: 24.97979577, name: '烘爐地', content: '<div class="infoWindow">
  ▶2: {x: 121.50076, y: 24.98031, name: '北一游泳池', content: '<div class="infoWindow">\
  ▶3: {x: 121.5031916, y: 24.98205364, name: '湖山巖', content: '<div class="infoWindow">
  ▶4: {x: 121.504014, y: 24.982892, name: '內南里', content: '<div class="infoWindow">\n
  ▶5: {x: 121.504549, y: 24.983696, name: '內南里一', content: '<div class="infoWindow">\
  ▶6: {x: 121.50672, y: 24.98504, name: '華新街口', content: '<div class="infoWindow">\n
  ▶7: {x: 121.5079595, y: 24.98406358, name: '華新街', content: '<div class="infoWindow">
  ▶8: {x: 121.5092408, y: 24.98292064, name: '華夏科技大學', content: '<div class="infoWi
  ▶9: {x: 121.5113314, y: 24.98355304, name: '飛駝二村', content: '<div class="infoWindow
  ▶10: {x: 121.5121424, y: 24.98513725, name: '放生寺', content: '<div class="infoWindow"
  ▶11: {x: 121.512722, y: 24.98701284, name: '四維街', content: '<div class="infoWindow">
  ▶12: {x: 121.5132017, y: 24.98828945, name: '三介廟', content: '<div class="infoWindow"
  ▶13: {x: 121.512458, y: 24.989976, name: '景新街', content: '<div class="infoWindow">\n
  ▶14: {x: 121.513228, y: 24.994533, name: '智光商職', content: '<div class="infoWindow">
  ▶15: {x: 121.514859678286, y: 24.9964243335687, name: '中興二村', content: '<div class=
  ▶16: {x: 121.516565619533, y: 24.9983765816712, name: '中興新村', content: '<div class=
  ▶17: {x: 121.5177138, y: 25.00054939, name: '得和路口', content: '<div class="infoWindo
  ▶18: {x: 121.5175452, y: 25.0024569, name: '永和國小', content: '<div class="infoWindow
  ▶19: {x: 121.5171031, y: 25.00640855, name: '福和里', content: '<div class="infoWindow"
  ▶20: {x: 121.5188667, y: 25.00753245, name: '福和路', content: '<div class="infoWindow"
```

圖 6-7　經過 OrganizeData 整理過後的資料

結果展示：

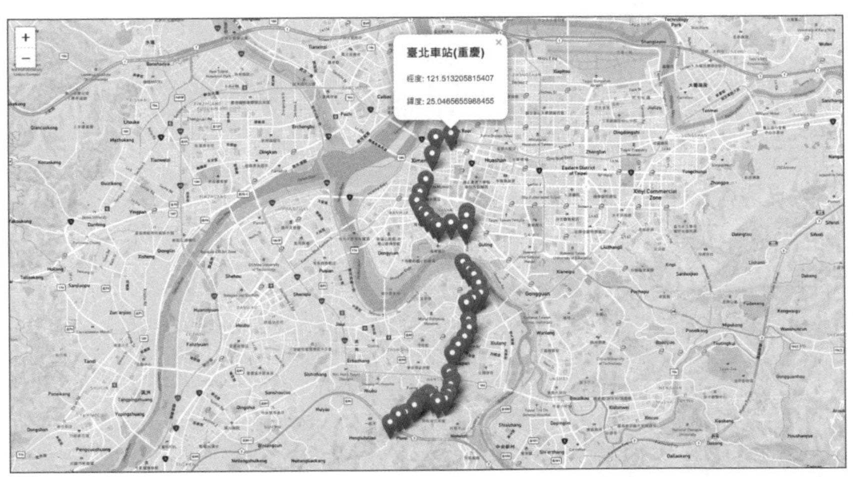

圖 6-8　台北市 670 公車路線資料（Leaflet API）

6.2 環域

學習難度 ★★★★☆

上一節演示了不同的資料來源結合展點，可以有效把數字及文字的資料轉為具有地理空間意涵的視覺化地圖、地標，讓使用者可以綜觀所有的資料。然而，地球那麼的大，總不可能把地球上所有的資料都展在地圖上，如果今天使用者關注的是台北市東區的公司行號，就不需要去載入其他縣市的資料，只需要關注在台北市東區的資料即可。

也就是說，資料那麼多，必須要做篩選。篩選的方式也有很多種，可以藉由屬性資料去做篩選，例如資料如果有縣市欄位，那麼只要取出縣市欄位為台北市的資料；那如果想要在空間上進行篩選呢？也就是利用環域的概念來搜尋。

環域顧名思義，就是在地圖上圈選一塊幾何形狀，並且只篩選出該幾何形狀內的資料。舉個例子，例如選取某個行政區內的資料、方圓五公里內的資料。常見的環域搜尋方式有圓形環域、面環域等等……，將會在本章節陸續介紹。（本章節範例會使用到經濟地理圖資中心的經濟與能源空間開放資料提供的 API 來做示範。）

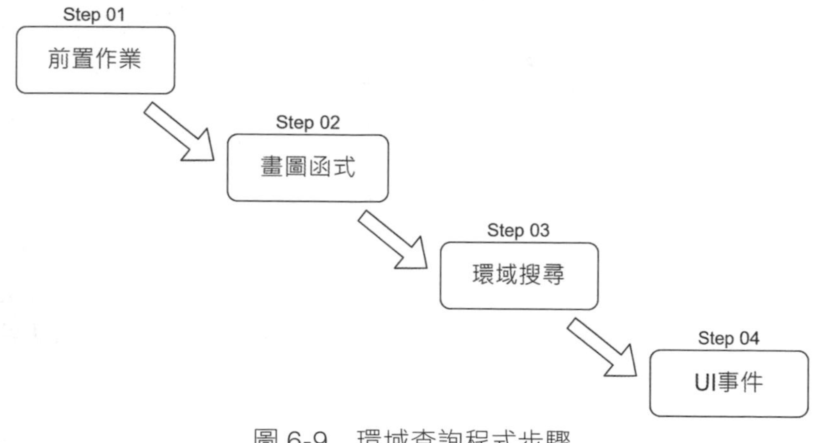

圖 6-9　環域查詢程式步驟

我要成為高手

經濟地理圖資中心經濟與能源空間開放資料 API

https://egis.moea.gov.tw/OpenData/

6.2.1 圓形環域

如果今天站在某個位置上，想要知道方圓 1 公里內有多少間商家，那麼就必須要以該位置點為中心搜尋方圓 1 公里內的所有商家，這種地理空間的搜尋方法(geoprocessing)我們稱它為 buffer，也就是所謂的圓形環域。

那圓形環域要怎麼實現呢？如果資料庫有存原始資料，並且有地理空間資訊的欄位時，可以藉由 SQL Spatial(資料庫空間查詢)的方式來做圓形環域的篩選，這個部分有興趣的讀者們可以參考本書第七章，本章節會示範以現有的 API 來實作圓形環域查詢功能。

Step 01 前置作業

程式演練 6.4　圓形環域

```
    <link rel="stylesheet" href="https://unpkg.com/leaflet.7.1/dist/
leaflet.css" />
    <script src="https://unpkg.com/leaflet.7.1/dist/leaflet.js"></script>
    <script src="https://cdnjs.cloudflare.com/ajax/libs/axios/0.24.0/axios.
min.js"></script>
```

程式演練下載網址：

https://github.com/PapaPerryLiao/WebGIS-and-JavaScript/tree/master/6/6.4

程式演練線上 **Demo**：

https://papaperryliao.github.io/WebGIS-and-JavaScript/6/6.4/index.html

使用 leaflet 圖台，要記得引用 leaflet 的 css 及 js 檔案，並且呼叫 API 使用 axios 的方式。

```
<div class="searchBar">
    <div>
        <label>
            經度：
            <input type="text" id="longitude_input" value="121.4" />
        </label>
    </div>
    <div>
        <label>
            緯度：
            <input type="text" id="latitude_input" value="25" />
        </label>
    </div>
    <div>
        <label>
            半徑：
            <input type="text" id="radius_input" value="1000" />
        </label>
    </div>
    <button onclick="onSearchClick();">搜尋</button>
    <button onclick="onRemoveClick();">清除圖層</button>
</div>
```

新增 UI 介面，提供多個輸入框，包含經度、緯度、半徑供使用者自行輸入，並且有搜尋按紐及清除圖層的按紐，再接下來的程式中我們會實作它們的 onclick 事件。

Step 02 畫圖函式

接著要先建立一些畫圖的函式，以便後續可以直接透過建立好的畫圖函式把資料轉為圖層，因為圓形環域有搜尋的圓，以及搜尋結果為多個點坐標，因此需要實作的函式有畫圓、畫多重點坐標。

```
const layers = L.layerGroup();
```

建立一個名為 layers 的變數，為 Leaflet API 的圖層管理群組（layerGroup），用來存放所有的圖層，以便後續可以對圖台上的圖層進行操作及管理。

```
const ShowMultiPoint = (dataList = [], layers) => {
    if (dataList.length > 0) {
        dataList.forEach((item) => {
            const marker = L.marker([item.y, item.x]).bindPopup(item.
content);
            layers.addLayer(marker);
        });
    }
};
```

建立一個名稱為 ShowMultiPoint 的函式，可以放入點資料陣列，把它們用迴圈的方式，依序建立為點資料圖徵，並且綁定資訊視窗，再把它們存入剛剛的 layers 圖層群組之中。

```
const ShowCircle = ({ x, y, radius }, layers) => {
    const circle = L.circle([y, x], { radius });
    layers.addLayer(circle);
    // console.log(circle.getBounds());
    const center = L.latLng(y, x);
    const bounds = center.toBounds(radius * 2);
    return bounds;
};
```

建立一個名為 ShowCircle 的函式，可以輸入經度、緯度及半徑，用這些資訊以一個坐標點為中心，依據輸入的半徑畫一個圓，這個函式還會輸出圓的邊界範圍，可以以此將地圖縮放至圓的範圍。

這裡大家可以試試看 circle.getBounds 方法取得邊界範圍，但實際上這個函式還存在著 bug，這邊提供另一個解法，透過坐標點 center 為中心呼叫 **toBounds(radius * 2)**，並且以圓的半徑乘以 2 作為邊界的寬度。

```
✖ Uncaught (in promise) TypeError: Cannot read properties of    Circle.js:62
undefined (reading 'layerPointToLatLng')
    at i.getBounds (Circle.js:62)
    at ShowCircle (index.js:15)
    at index.js:35
```

圖 6-10　呼叫 circle.getBounds 方法時會遇到的 bug

告訴你一個小祕密！

為什麼要畫一個圓呢？

在圖台上畫一個圓的確對環域查詢資料並不是絕對必要的，但以視覺化的角度來看，畫一個圓可以讓使用者知道搜尋的範圍在地圖上的什麼位置，有助於使用者體驗。也可以直觀地檢視搜尋的結果跟搜尋的範圍有沒有一致，如果搜尋錯誤的話，可能會出現圓範圍外有資料的情形。

Step 03 環域搜尋

API 使用經濟地理圖資中心的鄰近商家查詢，網址的 Url 範例如下：

https://egis.moea.gov.tw/MoeaEGFxData_WebAPI_Inside/InnoServe/BusinessBUSM?resptype=geojson&x=121.4&y=25&buffer=1000

參數的部分，resptype 可以指定回傳的格式為 GeoJSON 或 xml，x 及 y 則分別填經度跟緯度，buffer 則是搜尋半徑。接下來寫一個 SearchData 的函式，把這個 API 進行封裝。

```
const SearchData = ({ x, y, radius }) => {
    axios
        .get(`https://egis.moea.gov.tw/MoeaEGFxData_WebAPI_Inside/Inno
Serve/BusinessBUSM?resptype=GeoJson&x=${x}&y=${y}&buffer=${radius}`)
        .then((response) => {
            console.log(response);
            let data = response.data;
            data = data.features.map((item) => ({
                x: item.geometry.coordinates[0],
```

```
            y: item.geometry.coordinates[1],
            content: item.properties.BussName,
        }));

        const bounds = ShowCircle({ x, y, radius }, layers);
        console.log(bounds);
        ShowMultiPoint(data, layers);
        layers.addTo(lMap);
        lMap.fitBounds(bounds);
    });
};
```

建立一個名為 SearchData 的函式，參數可以輸入經度、緯度及半徑，它們是可變動的，呼叫 API 並搜尋完成後把取得的資料透過陣列的 map 函式重組，讓陣列的每一個位置都是一個物件，並且有屬性 x 及 y，表示經緯度，以及屬性 content，表示資訊視窗要顯示的內容。這裡呼叫的資料為經濟地理圖資中心的鄰近商家查詢，資訊視窗中則顯示商家名稱。

接著透過剛剛已經寫好的 ShowCircle 及 ShowMultiPoint，可以把環域搜尋範圍的圓以及 API 搜尋結果的點資料秀在地圖上。並透過 lMap.fitBounds(bounds)，將地圖視角縮放至圓的範圍。

Step 04 UI 事件

搜尋的函式完成以後，接下來只需要把 UI 的接口連接起來。接下來會新增 UI 上搜尋按鈕的點擊事件，以及清除按鈕的點擊事件。

```
const onSearchClick = () => {
    const longitude_input = document.getElementById("longitude_input");
    const latitude_input = document.getElementById("latitude_input");
    const radius_input = document.getElementById("radius_input");

    SearchData({
        x: longitude_input.value,
        y: latitude_input.value,
        radius: radius_input.value,
```

```
    });
};
```

新增 onSearchClick 函式，顧名思義，就是用來做為觸發搜尋的點擊事件，當按鈕點擊時，透過 document.getElementById 這類型的 id 選擇器，去取得 DOM 標籤上面的值，如此一來就能取得使用者輸入的經度、緯度及半徑，並透過這些值作為搜尋條件，再去呼叫剛剛寫好的 SearchData。

如此一來，從查詢按鈕點擊，依據資料觸發搜尋，搜尋完後整理資料，畫出搜尋範圍的圓，以及秀出點資料，一系列的環域查詢流程就串在一起啦！

```
const removeLayers = () => {
    layers.clearLayers();
};
const onRemoveClick = () => {
    const longitude_input = document.getElementById("longitude_input");
    const latitude_input = document.getElementById("latitude_input");
    const radius_input = document.getElementById("radius_input");

    longitude_input.value = "";
    latitude_input.value = "";
    radius_input.value = "";

    removeLayers();
};
```

新增 onRemoveClick 函式，作為清除按鈕的事件，在事件觸發時我們要清除 UI 的輸入框，以及呼叫寫好的 removeLayers 函式，清除圖台上的圓形環域及點資料。

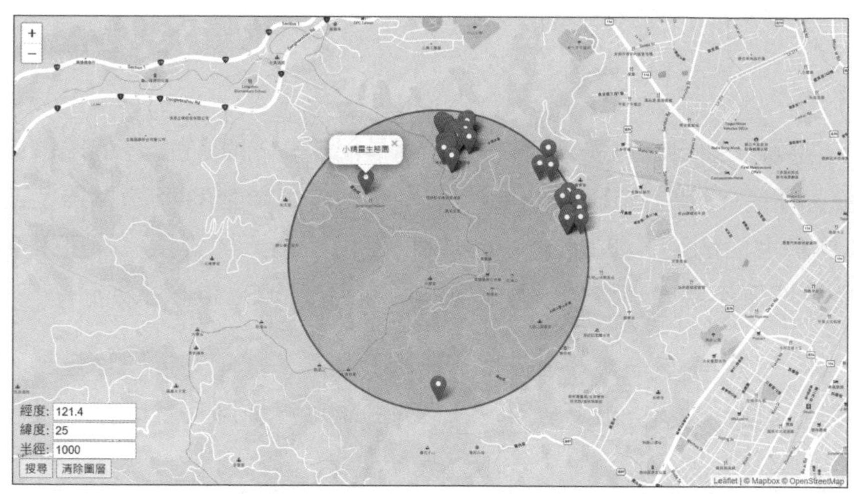

圖 6-11　圓形環域查詢結果（新北市樹林區山區鄰近商家查詢）

6.2.2　面環域

除了圓形環域的搜尋方式外，還可以以面的方式做環域查詢，面是由一連串的點所組成的，因此 UI 介面要提供使用者輸入一連串點的輸入框。因為點的數量是不固定的，因此可以設計成動態增加的 text 輸入框，或者直接一個大的 textArea 供使用者輸入一連串的坐標點。

面環域查詢也是可以透過 SQL Spatial 空間查詢的方式去搜尋，再把它們製作成 API 服務，SQL Spatial 的部分可以參考本書第七章會詳細介紹，本節會以現有 API 去完成面環域查詢的功能。

Step 01 前置作業

```
    <link rel="stylesheet" href="https://unpkg.com/leaflet.7.1/dist/
leaflet.css" />
    <script src="https://unpkg.com/leaflet.7.1/dist/leaflet.js"></script>
    <script src="https://cdnjs.cloudflare.com/ajax/libs/axios/0.24.0/
axios.min.js"></script>
```

使用 leaflet 圖台，要記得引用 leaflet 的 css 及 js 檔案，並且呼叫 API 使用 axios 的方式。

```
<div class="searchBar">
    <div>
        <label>
            坐標：
            <textarea id="coordinate_input">
                121.572721 25.049305, 121.569311 25.049102,
                121.567045 25.045607, 121.570316 25.045622,
                121.572662 25.047175, 121.572721 25.049305
            </textarea>
        </label>
    </div>
    <button onclick="onSearchClick();">搜尋</button>
    <button onclick=" onRemoveClick();">清除圖層</button>
</div>
```


新增 UI 介面，提供 textarea 為一個可伸縮的輸入框，可以輸入一連串的坐標點，並且有固定的格式，經度與緯度由空格分隔，坐標與坐標之間由逗號分隔；此外，新增搜尋按紐及清除圖層的按紐，再接下來的程式中我們會實作它們的 onclick 事件。

此外，地圖初始化四步驟也是在前置作業要做的，不是很清楚的讀者們，詳見第一章，有完整的範例及步驟。

結果展示：

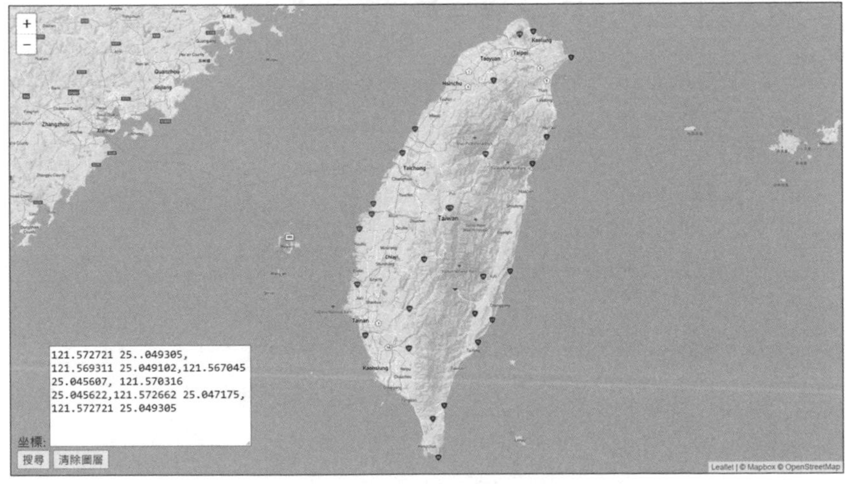

圖 6-12　textarea 輸入框與搜尋按鈕

這邊的 UI 介面並沒有做 css 樣式美化的處理，這個部分不影響功能的使用，讀者們在實作上可以依照團隊的設計稿或是個人的喜好，去調整 UI。

Step 02 畫圖函式

接著要先建立一些畫圖的函式，以便後續可以直接透過函式把資料轉為圖層，因為面環域有搜尋的面資料圖徵，以及搜尋出來的多個點坐標，因此需要實作的函式有畫面圖徵、畫多重點坐標。

程式演練 6.5　面環域

```
const layers = L.layerGroup();
```

程式演練下載網址：

https://github.com/PapaPerryLiao/WebGIS-and-JavaScript/tree/master/6/6.5

程式演練線上 Demo：

https://papaperryliao.github.io/WebGIS-and-JavaScript/6/6.5/index.html

全域變數 layers，為 Leaflet API 的圖層群組（layerGroup），用來存放所有的圖層，以便後續可以對圖台上的圖層進行操作及管理。

```
const ShowMultiPoint = (dataList = [], layers) => {
    if (dataList.length > 0) {
        dataList.forEach((item) => {
            const marker = L.marker([item.y, item.x]).bindPopup(item.
content);
            layers.addLayer(marker);
        });
    }
};
```

建立一個名稱為 ShowMultiPoint 的函式，可以放入點資料陣列，把它們用迴圈的方式，依序建立為點資料圖徵，並且綁定資訊視窗，再把它們存入剛剛的 layers 圖層群組之中。

這個 ShowMultiPoint 的函式跟上一小節的圓形環域用到的完全相同，如果專案中同時有圓形環域及面環域，抑或是其它展點功能，都可以考慮將顯示多重點坐標抽出來做成共用的函式。


```
const ShowPolygon = (dataList = []) => {
    const leafletPointList = dataList.map((item) => [item.y, item.x]);

    const polygon = L.polygon(leafletPointList, { color: "red" });
    layers.addLayer(polygon);

    return polygon.getBounds();
};
```

建立一個名稱為 ShowPolygon 的函式，可以依據輸入的點資料陣列來繪製面資料圖徵，並且會輸出面圖徵的邊界範圍，以供外部函式可以縮放至面環域的範圍。

Step 03 環域搜尋

API 使用經濟地理圖資中心的自訂範圍商家查詢，網址的 Url 範例如下：

https://egis.moea.gov.tw/MoeaEGFxData_WebAPI_Inside/InnoServe/BusinessBUSM

```
This XML file does not appear to have any style information associated with it. The
document tree is shown below.

▼<Error>
   <Message>發生錯誤。</Message>
   <ExceptionMessage>並未將物件參考設定為物件的執行個體。</ExceptionMessage>
   <ExceptionType>System.NullReferenceException</ExceptionType>
   <StackTrace> 於 MoeaEGFxData_WebAPI.Controllers.BusinessBUSMController.GetPolygenData(PolygenQuery
   _PolygenQuery) 於
   C:\Users\zoe\source\richi\EGIS_GIT_V2\Web\MoeaEGFxData_WebAPI\MoeaEGFxData_WebAPI\Controllers\WebAPI\XY
   行 93 於 System.Web.Http.Controllers.ReflectedHttpActionDescriptor.ActionExecutor.<>c__DisplayClassf.
   <GetExecutor>b__9(Object instance, Object[] methodParameters) 於
   System.Threading.Tasks.TaskHelpers.RunSynchronously[TResult](Func`1 func, CancellationToken
   cancellationToken)</StackTrace>
 </Error>
```

圖 6-13　直接開啟自訂範圍商家查詢的 API 網址

直接開啟 API 網址會出現「並未將物件參考設定為物件的執行個體」，原因是 API 參數沒有代入，由於 API 參數有一連串的點資料，因此並不適合用網址後方加參數（queryString）的方式，這邊要使用 post 的方式去取得資料，並且把參數放在 request 的 data 之中。然而，正確地呼叫 API 時，也有可能遇到 CORS 的問題。

```
⊗ Access to XMLHttpRequest at 'https://egis.moea.gov.tw/MoeaEGF index.html:1
  xData_WebAPI_Inside/InnoServe/BusinessBUSM' from origin 'http://127.0.0.1:
  5501' has been blocked by CORS policy: Response to preflight request
  doesn't pass access control check: It does not have HTTP ok status.
⊗ ▶POST https://egis.moea.gov.tw/MoeaEGFxData_WebAPI_Inside/Inno xhr.js:210
  Serve/BusinessBUSM net::ERR_FAILED
⊗ ▶Uncaught (in promise) Error: Network Error              createError.js:16
      at e.exports (createError.js:16)
      at XMLHttpRequest.g.onerror (xhr.js:117)
```

圖 6-14　呼叫 API 時遇到 CORS 問題

CORS 全名為跨來源資源共用（Cross-Origin Resource Sharing），當網頁的 domain 跟我們呼叫的 API 的 domain 名稱不相同時，瀏覽器為了保障跨域存在的資安風險，會阻擋跨域 API 呼叫。解決這個問題的方法有很多種，常見的有 jsonp、proxy server、api header 設定等等……。

如果看過很多關於 CORS 的文章，可能會找到很多解決方法，但幾乎每一個方法都是要透過後端 API 才能達成，讀者們如果擁有後端的 domain knowhow，CORS 從來就不是一個難題；然而，筆者身為前端工程師，時常

思考如果純前端有沒有辦法獨自解決 CORS 的問題，接下來就要來分享一些好用的工具。

本書要使用的工具是 Local-cors-proxy，它是一個 github 的開源程式，其實它的原理也是起一個 node.js 的伺服器，去做代理伺服器（ proxy ）的動作，雖然解決的原理也離不開後端，但它在使用上非常簡單，不需要寫任何一行 node.js 的程式。

我要成為高手

Local-cors-proxy / Github

https://github.com/garmeeh/local-cors-proxy

步驟如下：

Step 01 安裝

```
npm install -g local-cors-proxy
```

這裡要先透過 npm 在全域環境上安裝 local-cors-proxy，如果沒有使用過 npm 的讀者們需要先安裝 node.js。

我要成為高手

Nose.js 官網

https://nodejs.org/en/

Step 02 起一個 node.js 的代理伺服器（proxy server）

- Node proxy server 語法：

```
lcp --proxyUrl [ 網址 ]
```

■ 將經濟地理圖資中心的 Domain 透過 proxy 去呼叫：

```
lcp --proxyUrl https://egis.moea.gov.tw
```

安裝完後，簡單的一行指令，就可以輕鬆做到 proxy，是不是很好用的工具呢？

原本的網址：

https://[domain]/[子目錄]

使用 proxy 呼叫：

http://localhost:8010/proxy/[子目錄]

經濟地理圖資中心的 API：

https://egis.moea.gov.tw/MoeaEGFxData_WebAPI_Inside/InnoServe/BusinessBUSM

使用 proxy 呼叫：

http://localhost:8010/proxy/MoeaEGFxData_WebAPI_Inside/InnoServe/BusinessBUSM

接下來寫一個 SearchData 的函式，把這個 API 進行封裝。

```
const SearchData = ({ polyStr }) => {
    axios({
        method: "post",
        // url: `https://egis.moea.gov.tw/MoeaEGFxData_WebAPI_Inside/
InnoServe/BusinessBUSM`,
        url: `http://localhost:8010/proxy/MoeaEGFxData_WebAPI_Inside/
InnoServe/BusinessBUSM`,
        data: {
            PolygenStr: polyStr,
            respType: "geojson",
        },
```

```
    }).then((response) => {
        console.log(response);
        let data = response.data;
        data = data.features.map((item) => ({
            x: item.geometry.coordinates[0],
            y: item.geometry.coordinates[1],
            content: `名稱：${item.properties.BussName}, 地址：${item.
properties.Addr}`,
        }));

        ShowMultiPoint(data, layers);
    });
};
```

建立一個名為 SearchData 的函式，參數可以輸入 polyStr（點坐標組），它們是可變動的，回傳格式（restype）則是固定以 json 格式，呼叫 API 並搜尋完成後把取得的資料透過陣列的 map 函式重組，讓陣列的每一個位置都是一個物件，並且有屬性 x 及 y，表示經緯度，以及屬性 content，表示資訊視窗要顯示的內容。

Step 04 UI 事件

搜尋的函式完成以後，接下來只需要把 UI 的接口連接起來。接下來會新增 UI 上搜尋按鈕的點擊事件，以及清除按鈕的點擊事件。

```
const onSearchClick = () => {
    const coordinate_input = document.getElementById("coordinate_input");

    const polygonData = coordinate_input.value.split(",").map((item) =>
({
        x: item.trim().split(" ")[0],
        y: item.trim().split(" ")[1],
    }));
    console.log("polygonData", polygonData);

    const bounds = ShowPolygon(polygonData);
    layers.addTo(lMap);
```

```
    lMap.fitBounds(bounds);

    SearchData({
        polyStr: coordinate_input.value,
    });
};
```

新增 onSearchClick 函式，顧名思義，就是用來做為觸發搜尋的點擊事件，當按鈕點擊時，透過 document.getElementById 這類型的 id 選擇器，去取得 DOM 標籤上面的值，這邊選取 coordinate_input，也就是使用者輸入一連串坐標組的輸入框，再透過字串的 split 以及陣列的 map 方法，進行一連串的分解重組，將一連串的坐標組重組為我們需要的物件的格式，再以此作為搜尋條件，傳入呼叫剛剛寫好的 SearchData 中。

其中，**lMap.fitBounds(bounds)**，可以將視角縮放至我們環域搜尋的範圍，使用者可以更直觀的看到搜尋的範圍及搜尋結果。

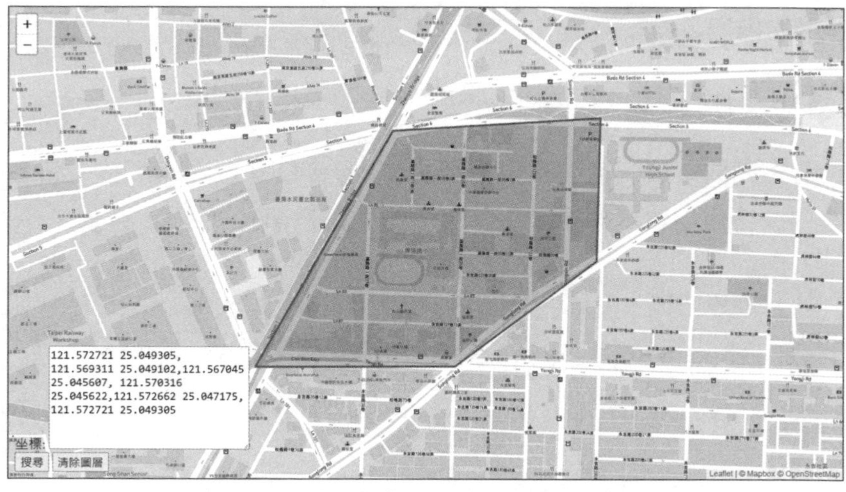

圖 6-15　面環域 UI 及搜尋範圍面圖徵

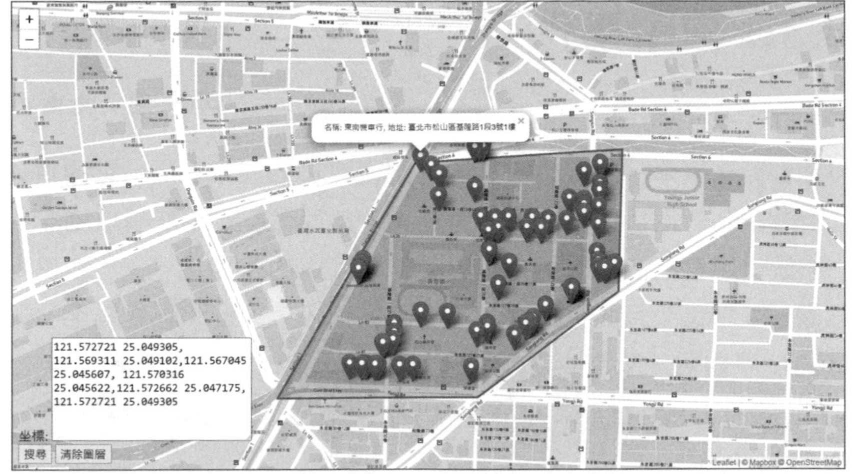

圖 6-16　面環域搜尋結果（台北市松山區附近鄰近商家查詢）

```
const removeLayers = () => {
    layers.clearLayers();
};
const onRemoveClick = () => {
    const coordinate_input = document.getElementById("longitude_input");

    coordinate_input.value = "";

    removeLayers();
};
```

新增 onRemoveClick 函式，作為清除按鈕的事件，在事件觸發時我們要清除 UI 的輸入框，以及呼叫寫好的 removeLayers 函式，清除圖台上的面環域範圍及點資料。

6.3 繪圖事件

學習難度 ★★★★☆

上一小節介紹了圓形、面資料等等透過幾何資料的環域查詢，它的查詢條件為，已經有做為篩選使用的幾何資料坐標。然而，若非專業領域的空間分析專家，一般使用者平白無故不會有想要作為篩選的空間資料，可能只是畫面上隨意圈一塊地區，想要查詢這一區的資料而已。因此，想要滿足一般使用者良好的使用體驗，還需要實作環域結合繪圖工具。本章節會使用 Leaflet API 的擴充套件 Leaflet Draw 來介紹常見的繪圖工具與繪圖事件。

（本章節範例會使用到經濟地理圖資中心的經濟與能源空間開放資料提供的 API 來做示範：https://egis.moea.gov.tw/OpenData/）

6.3.1 Leaflet Draw 繪圖工具

Leaflet API 提供許多開源的工具可以使用，其中，Leaflet Draw 是用來提供地圖上的繪圖工具。

```
    <link rel="stylesheet" href="https://cdnjs.cloudflare.com/ajax/libs/
leaflet.draw/0.4.2/leaflet.draw.css" />
    <script src="https://cdnjs.cloudflare.com/ajax/libs/leaflet.draw/0.4.2/
leaflet.draw.js"></script>
```

引入 Leaflet Draw 的 css 與 JavaScript 程式。

程式演練 6.6　環域查詢－繪圖工具

```
const drawItem = new L.FeatureGroup();
lMap.addLayer(drawItem);
```

程式演練下載網址：

https://github.com/PapaPerryLiao/WebGIS-and-JavaScript/tree/master/6/6.6

程式演練線上 **Demo**：

https://papaperryliao.github.io/WebGIS-and-JavaScript/6/6.6/index.html

透過 L.FeatureGroup 方法建立繪圖群組（ drawItem ），用以存放繪製的幾何圖形，此外，它還支援對幾何圖形編輯、刪除等等操作，並且透過 addLayer 方法把繪圖群組加到地圖物件（ lMap ）上。

```
const option = {
    position: "topleft",
    edit: {
        featureGroup: drawItem,
    },
};

const drawControl = new L.Control.Draw(option);
lMap.addControl(drawControl);
```

透過 L.Control.Draw 方法可以建立繪圖工具列，參數一則是繪圖工具列的相關設定。其中，屬性 position 代表著繪圖工具列的絕對位置，在這邊設定在畫面的左上方（ topleft ），屬性 edit 則是存放欲編輯的幾何圖形存放的繪圖群組，也就是剛剛建立的 drawItem。

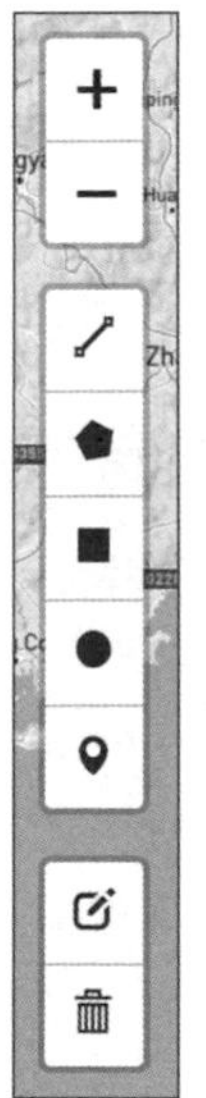

圖 6-17　Leaflet 繪圖工具列

如圖 6-17 所示，Leaflet API 有一個很簡易方便的繪圖工具列，不但可以做地圖上距離的量測、滑鼠標記並繪製點坐標的功能，還可以繪製多邊形、矩形、圓形等等……，繪圖完成後可以直接建立幾何向量圖徵在地圖上，並且可以儲存、編輯、返回上一個繪圖動作。

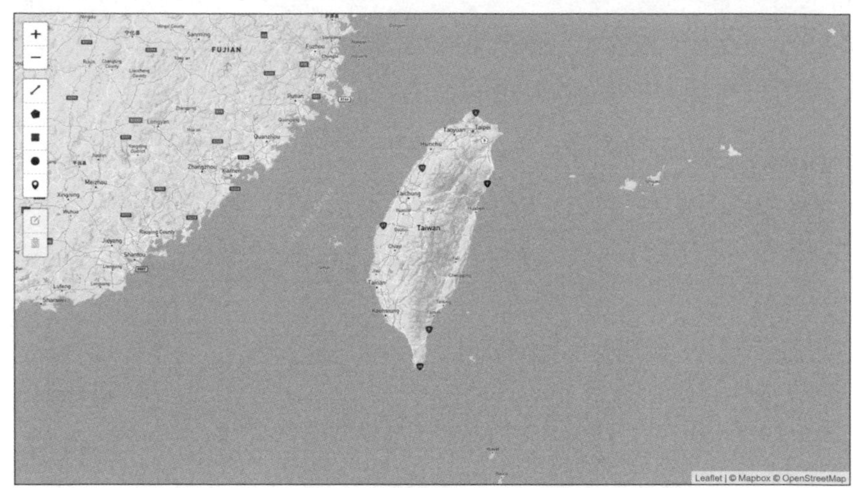

圖 6-18　初始化地圖與繪圖工具列（Leaflet API）

繪製流程：

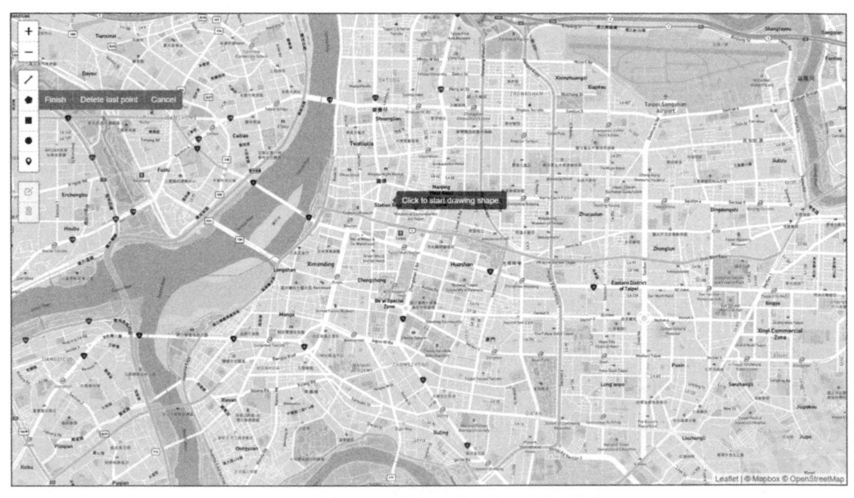

圖 6-19　繪製開始（多邊形）

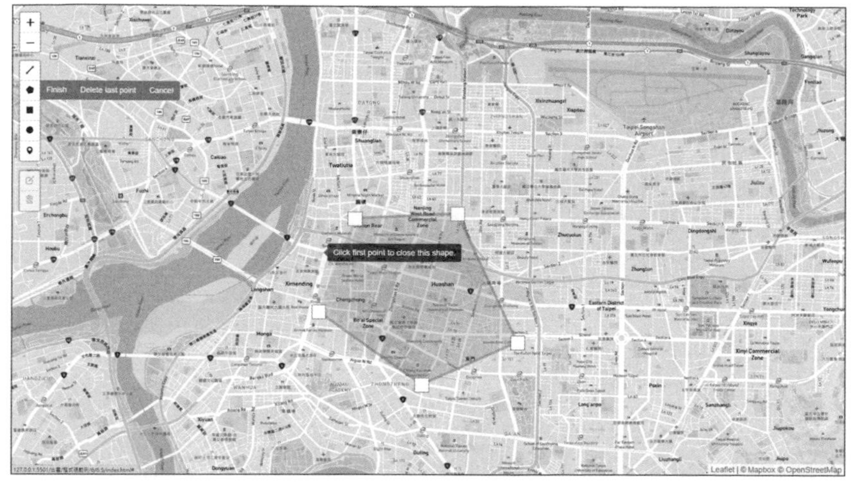

圖 6-20　繪製中（多邊形）

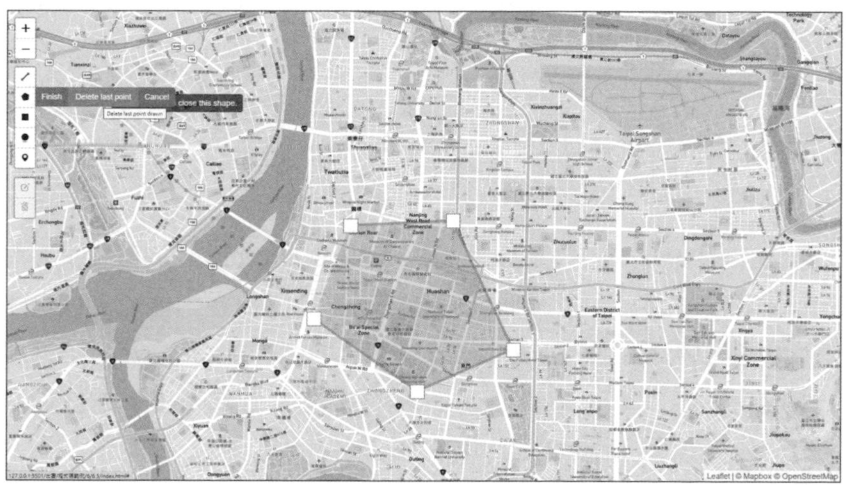

圖 6-21　繪製中返回上一步（多邊形）

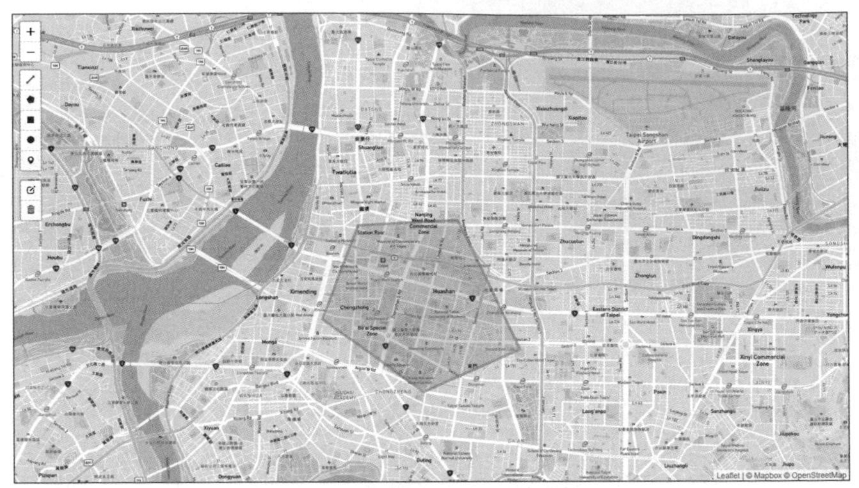

圖 6-22　繪製完成（多邊形）

```
lMap.on("draw:created", function (e) {
    const layer = e.layer;
    console.log(arguments);
    drawItem.addLayer(layer);
});
```

建立地圖物件（ lMap ）的監聽事件，名為 "draw:created" 的事件，在繪圖建立以後，會觸發這個事件的 callback 函式，並且將繪圖的幾何形狀與坐標傳入 callback 函式中，再透過 addLayer 方法把繪製的圖層（layer）加入繪圖群組（ drawItem ）中。除了 "draw:created" 事件外，亦有許多其它的繪圖事件可以使用。如圖 6-23 所示。

Events

Event	Data	Description
draw:created	PolyLine	Polygon; Rectangle; Circle; Marker | String Layer that was just created. The type of layer this is. One of: polyline; polygon; rectangle; circle; marker Triggered when a new vector or marker has been created.
draw:edited	LayerGroup	List of all layers just edited on the map. Triggered when layers in the FeatureGroup; initialised with the plugin; have been edited and saved.
draw:deleted	LayerGroup	List of all layers just removed from the map. Triggered when layers have been removed (and saved) from the FeatureGroup.
draw:drawstart	String	The type of layer this is. One of:polyline; polygon; rectangle; circle; marker Triggered when the user has chosen to draw a particular vector or marker.
draw:drawstop	String	The type of layer this is. One of: polyline; polygon; rectangle; circle; marker Triggered when the user has finished a particular vector or marker.
draw:drawvertex	LayerGroup	List of all layers just being added from the map. Triggered when a vertex is created on a polyline or polygon.
draw:editstart	String	The type of edit this is. One of: edit Triggered when the user starts edit mode by clicking the edit tool button.
draw:editmove	ILayer	Layer that was just moved. Triggered as the user moves a rectangle; circle or marker.
draw:editresize	ILayer	Layer that was just moved. Triggered as the user resizes a rectangle or circle.
draw:editvertex	LayerGroup	List of all layers just being edited from the map. Triggered when a vertex is edited on a polyline or polygon.
draw:editstop	String	The type of edit this is. One of: edit Triggered when the user has finshed editing (edit mode) and saves edits.
draw:deletestart	String	The type of edit this is. One of: remove Triggered when the user starts remove mode by clicking the remove tool button.
draw:deletestop	String	The type of edit this is. One of: remove Triggered when the user has finished removing shapes (remove mode) and saves.
draw:toolbaropened	String	Triggered when a toolbar is opened.
draw:toolbarclosed	String	Triggered when a toolbar is closed.
draw:markercontext	String	Triggered when a marker is right clicked.

圖 6-23　Leaflet 繪圖事件一覽表

我們來試著使用繪圖工具繪製一個圓。

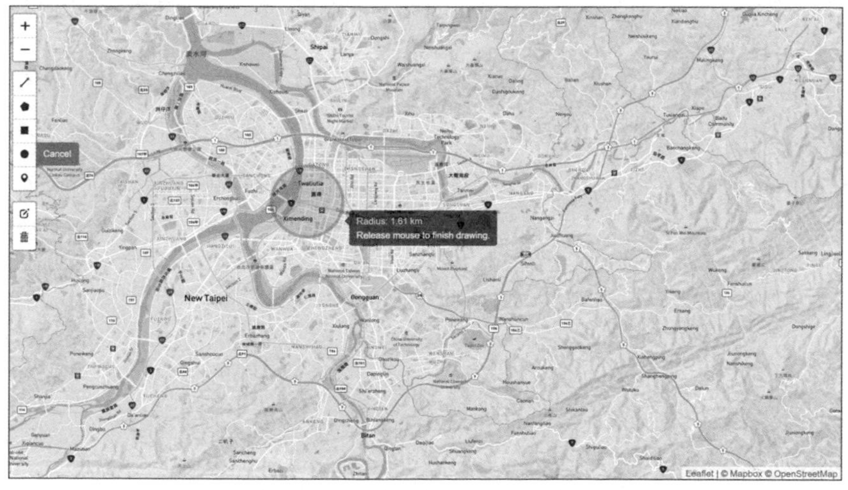

圖 6-24　繪圖工具畫圓結果

接著讓我們來觀察 function arguments。

```
                                                    index.js:18
▼Arguments(1) ℹ
  ▼0:
    ▼layer: i
      ▶editing: i {_shape: i, options: {…}, _initHooksCalled:…
      ▶options: {stroke: true, color: '#f06eaa', weight: 4, o…
      ▶_eventParents: {69: i}
      ▶_events: {add: Array(1), remove: Array(1)}
        _firingCount: 0
        _initHooksCalled: true
      ▶_latlng: D {lat: 24.410500503003806, lng: 121.04186439…
        _leaflet_id: 108
        _mRadius: 20204.81860006206
      ▶_map: i {options: {…}, _handlers: Array(7), _layers: {…
      ▶_mapToAdd: i {options: {…}, _handlers: Array(7), _laye…
      ▶_path: path.leaflet-interactive
      ▶_point: k {x: 552.4994788488184, y: 217.65081736127286}
      ▶_pxBounds: I {min: k, max: k}
        _radius: 18.1629394861302
        _radiusY: 18.162976203106155
      ▶_renderer: i {options: {…}, _leaflet_id: 103, _layers:…
        _zoomAnimated: true
      ▶[[Prototype]]: i
      layerType: "circle"
    ▶sourceTarget: i {options: {…}, _handlers: Array(7), _la…
    ▶target: i {options: {…}, _handlers: Array(7), _layers: …
      type: "draw:created"
    ▶[[Prototype]]: Object
  ▶callee: ƒ (e)
    length: 1
```

圖 6-25　console.log 印出繪圖完成後所觸發的事件（draw:created）

可以從 function arguments 中看出，繪製的幾何形狀是圓形，並且可以看到它的中心點坐標，以及半徑。事件的寫法除了可以傳入字串格式 "draw:created" 外，也可以傳入物件的格式 L.Draw.Event.CREATED，如下方所示。

```
lMap.on(L.Draw.Event.CREATED, (e) => {
    const layer = e.layer;
    const type = e.layerType;
    drawItem.addLayer(layer);
    console.log("type", type);
    if (type === "circle") {
        const center = layer.getLatLng();
```

```
        const radius = layer.getRadius();
        console.log(`經度：${center.lng}, 緯度：${center.lat}`);
        console.log(`半徑：${radius} (m)`);
    }
});
```

改寫這個事件的函式，透過 e.layerType 取得圖層類型後，判斷它是否為圓形，如果是圓形方才有中心點坐標及半徑，再把坐標及半徑打印出來。

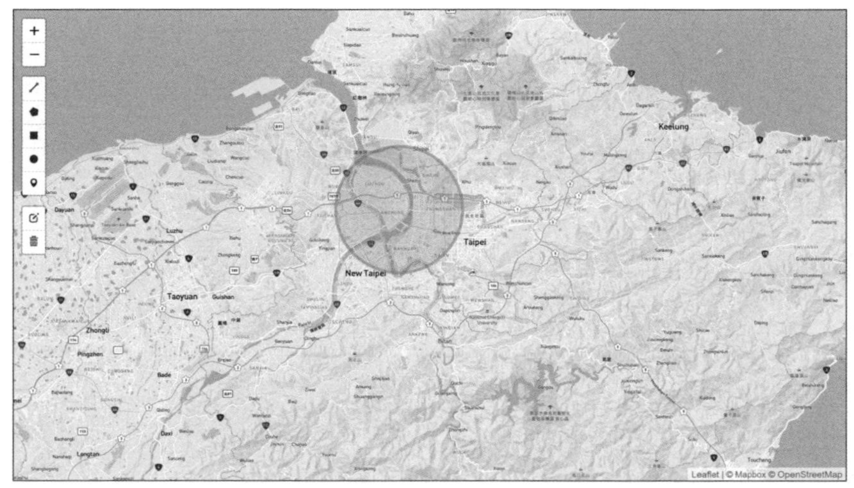

圖 6-26　圓形繪圖事件（L.Draw.Event.CREATED）

type circle	index.js:26
經度: 121.44411000323113, 緯度: 25.048990128901387	index.js:30
半徑: 22399.48396164128 (m)	index.js:31

圖 6-27　console.log 印出繪製幾何類型、中心點坐標、半徑

除了圓形外，接下來完成其它幾何類型的資料處理，包括點資料、矩形資料、面資料圖徵。

```
lMap.on(L.Draw.Event.CREATED, (e) => {
    const layer = e.layer;
    const type = e.layerType;
    drawItem.addLayer(layer);
```

```
    console.log("type", type);

    if (type === "circle") {
        const center = layer.getLatLng();
        const radius = layer.getRadius();
        console.log(`經度：${center.lng}, 緯度：${center.lat}`);
        console.log(`半徑：${radius} (m)`);
    } else if (type === "marker") {
        const point = layer.getLatLng();
        console.log(`經度：${point.lng}, 緯度：${point.lat}`);
    } else if (type === "rectangle") {
        let arr = layer.getLatLngs();
        arr = arr[0].map((item) => {
            return {
                x: item.lng,
                y: item.lat,
            };
        });
        console.log(arr);
    } else if (type === "polygon") {
        let arr = layer.getLatLngs();
        arr = [...new Set(arr[0].map((item) => `${item.lng},${item.lat}`)
)].map((item) => {
            const coordinate = item.split(",");
            return {
                x: coordinate[0],
                y: coordinate[1],
            };
        });
        console.log(arr);
    }
});
```

矩形及面資料因為資料有很多個點，因此有一系列陣列的操作處理，其中最常使用的是陣列的 map 方法，可以重組陣列，把它們重組成自己要的格式。多邊形面資料的處理中，使用 ES6 的擴展運算子（Spread Operator），以及 Set 資料結構，由於 Leaflet API 存在部分 bug，目前多邊形資料按下工具列的完成按鈕時，會重複紀錄坐標點，因此必須去除重複紀錄的點資料，而 ES6 的 Set 資料結構可以很便利的做到去除重複的動作，當然使用陣列的 filter 方法也可以達成。

不可不知的ES6小知識

Set 集合

在 JavaScript 中，我們使用陣列（Array）來儲存一連串的資料，如果想要篩選並去除重複的資料，我們會使用陣列的 filter 方法實現。然而，ES6 新增了 Set 的資料結構，它具有資料不會重複的特性，並且可以透過 add 及 delete 方法去新增及刪除資料，也可以透過 has 方法去判斷是否有該筆資料，在操作上更加便利。

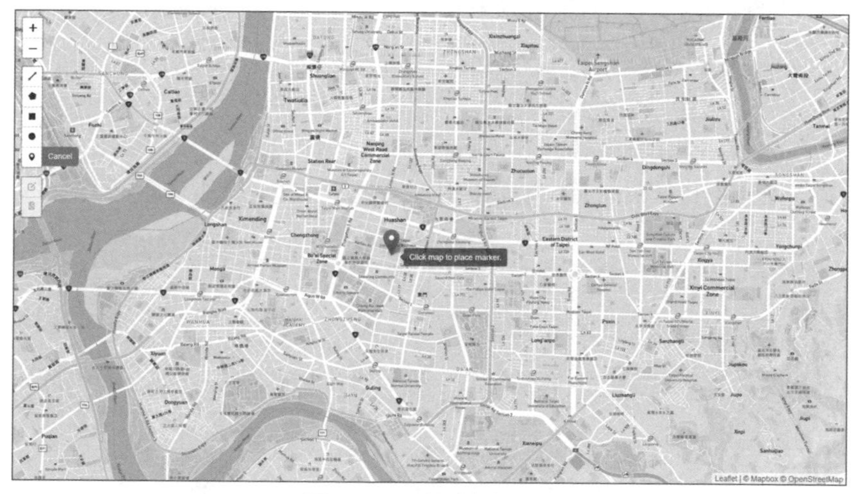

圖 6-28　繪製點資料

```
type marker                          index.js:38
經度: 121.52137756522279,            index.js:47
緯度: 25.04130129910623
```

圖 6-29　console.log 印出繪製幾何類型及坐標

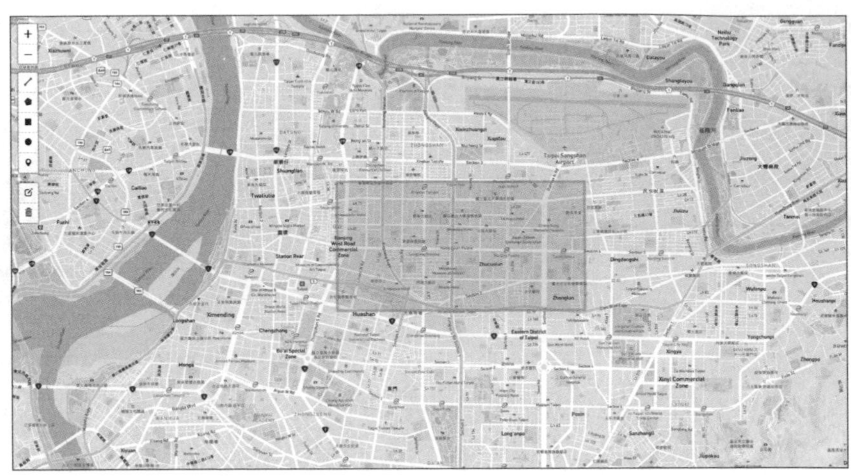

圖 6-30　繪製矩形面資料

```
type rectangle                                    index.js:38
                                                  index.js:56
▼Array(4) ℹ
  ▶0: {x: 121.52157783508302, y: 25.04462583704333}
  ▶1: {x: 121.52157783508302, y: 25.060021499056713}
  ▶2: {x: 121.55430794111454, y: 25.060021499056713}
  ▶3: {x: 121.55430794111454, y: 25.04462583704333}
   length: 4
  ▶[[Prototype]]: Array(0)
```

圖 6-31　console.log 印出繪製幾何類型及坐標組（矩形）

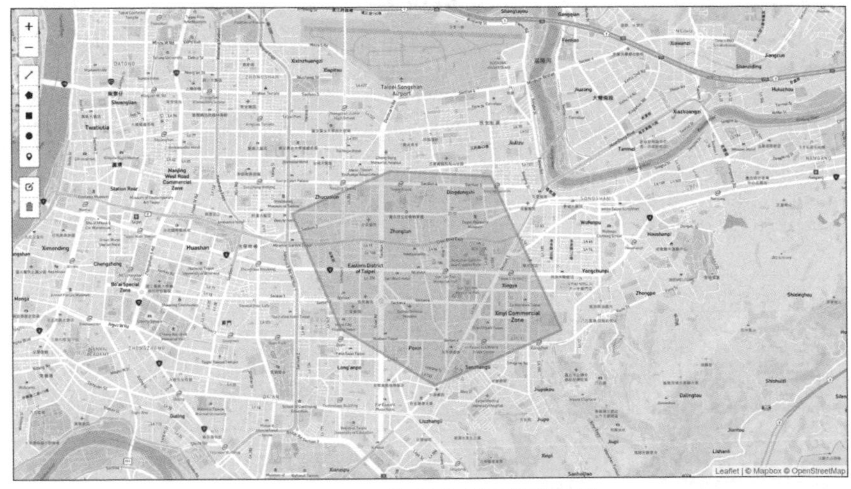

圖 6-32　繪製多邊形面資料

```
type polygon                                              index.js:38
                                                          index.js:66
▼Array(6) 🛈
  ▶0: {x: '121.55018806806767', y: '25.053205137528757'}
  ▶1: {x: '121.56349182478154', y: '25.05258309351882'}
  ▶2: {x: '121.572761539137', y: '25.03433506587627'}
  ▶3: {x: '121.55593872419561', y: '25.02780244128314'}
  ▶4: {x: '121.54357910505497', y: '25.034568367464562'}
  ▶5: {x: '121.53731346479618', y: '25.04817685887122'}
   length: 6
  ▶[[Prototype]]: Array(0)
```

圖 6-33　console.log 印出繪製幾何類型及坐標組（多邊形）

6.3.2　繪圖結合圓形環域

有了繪圖工具後，接下來只要把它們結合環域查詢 API，在繪圖完成後，呼叫具備空間篩選查詢的 API，並將繪圖的幾何資料做為參數傳給 API，等待 API 回傳點資料組後，再把點坐標一一秀在地圖上。

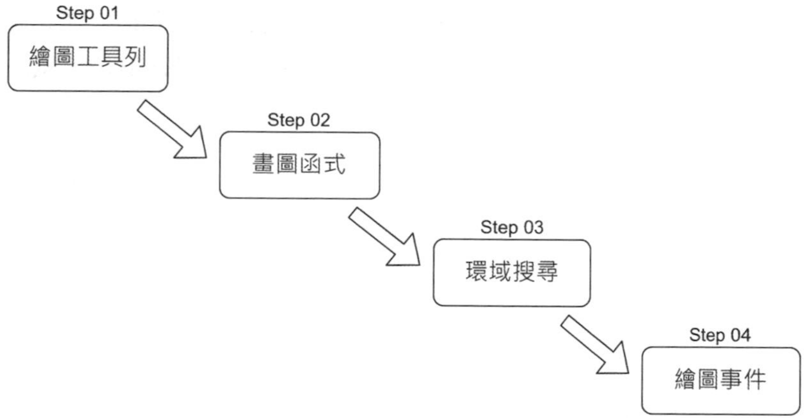

圖 6-34　繪圖結合環域查詢程式步驟

Step 01 繪圖工具列

```
    <link rel="stylesheet" href="https://cdnjs.cloudflare.com/ajax/libs/
leaflet.draw/0.4.2/leaflet.draw.css" />
    <script src="https://cdnjs.cloudflare.com/ajax/libs/leaflet.draw/0.4.2
/leaflet.draw.js"></script>
```

引入 Leaflet Draw 的 css 與 JavaScript 程式。

程式演練 6.7　環域查詢－繪圖結合圓形環域

```
const layers = L.layerGroup();
const drawItem = new L.FeatureGroup();
lMap.addLayer(drawItem);
```

程式演練下載網址：

https://github.com/PapaPerryLiao/WebGIS-and-JavaScript/tree/master/6/6.7

程式演練線上 Demo：

https://papaperryliao.github.io/WebGIS-and-JavaScript/6/6.7/index.html

透過 L.layerGroup 建立圖層管理群組，用以存放圖層；L.FeatureGroup 則是建立繪圖群組，用以存放繪圖的資料，並且把它加到地圖物件（lMap）上。

```
const option = {
    position: "topleft",
    edit: {
        featureGroup: drawItem,
    },
    draw: {
        polyline: false,
        polygon: false,
        rectangle: false,
        marker: false,
    },
};
```

繪圖工具的相關設定（option），其中額外設定了 draw 屬性，可以設定繪圖工具列中，分別要隱藏哪些工具，這裡要做的是圓型環域的查詢，因此把線段、多邊形面、矩形面、標記點等等繪圖工具均隱藏。

```
const drawControl = new L.Control.Draw(option);
lMap.addControl(drawControl);
```

透過 L.Control.Draw 建立繪圖工具列，並且透過 addControl 方法把工具列加到地圖物件（lMap）上。

Step 02 畫圖函式

接下來，建立圓形環域所需要用到的繪製向量資料圖徵的函式。繪製多重點（ShowMultiPoint）及繪製圓（ShowCircle）。

```
const ShowMultiPoint = (dataList = [], layers) => {
    if (dataList.length > 0) {
        dataList.forEach((item) => {
            const marker = L.marker([item.y, item.x]).bindPopup(item.
content);
            layers.addLayer(marker);
        });
    }
};
```

建立一個名為 ShowMultiPoint 的函式，可以把多重點資料秀在地圖上。輸入參數為點資料陣列（dataList）、圖層管理群組（layers）。透過迴圈把每一個點資料都透過 L.marker 建立點資料圖徵，並綁定資訊視窗(bindPopup)，最後再透過 addLayer 把點資料圖徵加到圖層管理群組中。

```
const ShowCircle = ({ x, y, radius }, layers) => {
    const circle = L.circle([y, x], { radius });
    layers.addLayer(circle);
    const center = L.latLng(y, x);
    const bounds = center.toBounds(radius * 2);
    return bounds;
};
```

建立一個名為 ShowCircle 的函式，可以輸入經度、緯度及半徑，用這些資訊以一個坐標點為中心，依據輸入的半徑畫一個圓，這個函式還會輸出圓的邊界範圍，可以以此將地圖縮放至圓的範圍。

Step 03 環域搜尋

建立完繪製向量資料圖徵的工具之後，接下來只要建立呼叫 API 的函式，並做相對應的資料處理。

```
<script src="https://cdnjs.cloudflare.com/ajax/libs/axios/0.20.0/axios.js">
</script>
```

這邊呼叫 API 的方法使用的是 axios，需引入 axios 的 JavaScript 程式，也可以根據讀者的愛好使用 ajax、fetch 等等其它方式。

```
const SearchData = ({ x, y, radius }) => {
    axios
        .get(`https://egis.moea.gov.tw/MoeaEGFxData_WebAPI_Inside/InnoServe/
Factory?resptype=GeoJson&x=${x}&y=${y}&buffer=${radius}`)
        .then((response) => {
            console.log(response);
            let data = response.data;
            data = data.features.map((item) => ({
                x: item.geometry.coordinates[0],
                y: item.geometry.coordinates[1],
                content: item.properties.FactoryName,
            }));

            const bounds = ShowCircle({ x, y, radius }, layers);
            console.log(bounds);
            ShowMultiPoint(data, layers);
            layers.addTo(lMap);
            lMap.fitBounds(bounds);
        });
};
```

建立一個名為 SearchData 的函式，參數可以輸入經度、緯度及半徑，它們是可變動的，呼叫 API 並搜尋完成後把取得的資料透過陣列的 map 方法重組，讓陣列的每一個位置都是一個物件，並且有屬性 x 及 y，表示經緯度，以及屬性 content，表示資訊視窗要顯示的內容。這裡呼叫的資料為經濟地理圖資中心的鄰近工廠查詢，資訊視窗中則顯示工廠名稱。


```
▼Object
  ▶config: {url: 'https://egis.moea.gov.tw/MoeaEGFxData_WebAPI_Insid…21.4884
  ▼data:
    ▼features: Array(1000)
      ▼[0 … 99]
        ▼0:
          ▶geometry: {coordinates: Array(2), type: 'Point'}
          ▼properties:
             Addr: "新北市中和區碧河里建一路7號6樓"
             DetailIndustry: "其他電力設備及配備製造業"
             FactoryID: "99691770"
             FactoryName: "智一自動化科技股份有限公司"
             Material: ""
             MiddleIndustry: "電力設備業"
             ProductName: "監視系統"
             WebURL: "www.isca.com.tw"
           ▶[[Prototype]]: Object
          type: "Feature"
         ▶[[Prototype]]: Object
```

圖 6-35　console.log 印出鄰近工廠查詢結果

接著透過剛剛已經寫好的 ShowCircle 及 ShowMultiPoint，可以把環域搜尋範圍的圓以及 API 搜尋結果的點資料秀在地圖上。並透過 lMap.fitBounds(bounds)，將地圖視角縮放至圓的範圍。

Step 04 繪圖事件

環域查詢的函式 SearchData 建立後，接下來只要把它與繪圖事件做串聯。

```
lMap.on(L.Draw.Event.CREATED, (e) => {
    const layer = e.layer;
    const type = e.layerType;
    drawItem.addLayer(layer);
    console.log("type", type);
```

```
    if (type === "circle") {
        const center = layer.getLatLng();
        const radius = layer.getRadius();
        console.log(`經度：${center.lng}, 緯度：${center.lat}`);
        console.log(`半徑：${parseInt(radius)} (m)`);

        SearchData({
            x: center.lng,
            y: center.lat,
            radius: parseInt(radius),
        });
    }
});
```

建立繪圖事件（L.Draw.Event.CREATED），在繪圖完成後，將繪圖的圓心及中心點坐標，做為參數並呼叫 SearchData 函式，即能在繪圖完成時搜尋資料。

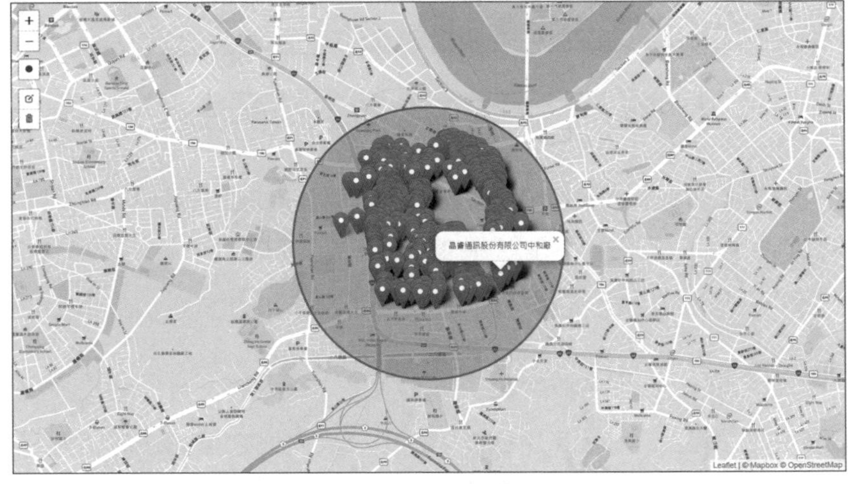

圖 6-36　繪圖結合圓形環域查詢結果（鄰近工廠查詢）

6.3.3 繪圖結合面環域

除了圓形環域以外，也可以依據多邊形幾何形狀，來做面環域的查詢。與圓形環域不同的是，多邊形帶有很多個坐標點，不單單只是圓心跟半徑兩個參數而已，因此通常會定義一個面資料的傳遞格式，利用字串格式以逗號區別每個點坐標，以空格分隔經緯度，並且傳遞至後端時，後端會解析這一串坐標資料，進而做空間分析及環域查詢。

繪圖結合環域查詢四步驟：

Step 01 繪圖工具列

```
    <link rel="stylesheet" href="https://cdnjs.cloudflare.com/ajax/libs/
leaflet.draw/0.4.2/leaflet.draw.css" />
    <script src="https://cdnjs.cloudflare.com/ajax/libs/leaflet.draw/0.4.2/
leaflet.draw.js"></script>
```

引入 Leaflet Draw 的 css 與 JavaScript 程式。

程式演練 6.8　環域查詢－繪圖結合面環域

```
const layers = L.layerGroup();
const drawItem = new L.FeatureGroup();
lMap.addLayer(drawItem);
```

程式演練下載網址：

https://github.com/PapaPerryLiao/WebGIS-and-JavaScript/tree/master/6/6.8

程式演練線上 Demo：

https://papaperryliao.github.io/WebGIS-and-JavaScript/6/6.8/index.html

透過 L.layerGroup 建立圖層管理群組，用以存放圖層；L.FeatureGroup 則是建立繪圖群組，用以存放繪圖的資料，並且把它加到地圖物件（lMap）上。

```
const option = {
    position: "topleft",
    edit: {
        featureGroup: drawItem,
    },
    draw: {
        polyline: false,
        circle: false,
        rectangle: false,
        marker: false,
    },
};
```

繪圖工具的相關設定（option），其中額外設定了 draw 屬性，可以設定繪圖工具列中，分別要隱藏哪些工具，這裡要做的是多邊形面環域的查詢，因此把線段、圓、矩形面、標記點等等繪圖工具均隱藏。

```
const drawControl = new L.Control.Draw(option);
lMap.addControl(drawControl);
```

透過 L.Control.Draw 建立繪圖工具列，並且透過 addControl 方法把工具列加到地圖物件（lMap）上。

Step 02 畫圖函式

接下來，建立面環域所需要用到的繪製向量資料圖徵的函式。繪製多重點（ShowMultiPoint）。

```
const ShowMultiPoint = (dataList = [], layers) => {
    if (dataList.length > 0) {
        dataList.forEach((item) => {
            const marker = L.marker([item.y, item.x]).bindPopup(item.
content);
```

```
            layers.addLayer(marker);
        });
    }
};
```

建立一個名為 ShowMultiPoint 的函式，可以把多重點資料秀在地圖上。輸入參數為點資料陣列（dataList）、圖層管理群組（layers）。透過迴圈把每一個點資料都透過 L.marker 建立點資料圖徵，並綁定資訊視窗（bindPopup），最後再透過 addLayer 把點資料圖徵加到圖層管理群組中。

Step 03 環域搜尋

建立完繪製向量資料圖徵的工具之後，接下來只要建立呼叫 API 的函式，並做相對應的資料處理。

```
<script src="https://cdnjs.cloudflare.com/ajax/libs/axios/0.20.0/axios.
js"></script>
```

這邊呼叫 API 的方法使用的是 axios，需引入 axios 的 JavaScript 程式，也可以根據讀者的愛好使用 ajax、fetch 等等其它方式。

呼叫 API 格式，由於 local 端開發，使用代理伺服器的方式來避免 CORS 問題，這邊使用開源函式庫 Local-cors-proxy 來實現。

我要成為高手

Local-cors-proxy

https://github.com/garmeeh/local-cors-proxy

經濟地理圖資中心的鄰近重要地標查詢 API：

https://egis.moea.gov.tw/MoeaEGFxData_WebAPI_Inside/InnoServe/LandMark

使用 proxy 呼叫：

http://localhost:8010/proxy/MoeaEGFxData_WebAPI_Inside/InnoServe/LandMark

```
const SearchData = ({ polyStr }) => {
    axios({
        method: "post",
        url: `http://localhost:8010/proxy/MoeaEGFxData_WebAPI_Inside/
InnoServe/LandMark`,
        // url: `https://egis.moea.gov.tw/MoeaEGFxData_WebAPI_Inside/
InnoServe/LandMark`,
        data: {
            PolygenStr: polyStr,
            respType: "geojson",
        },
    }).then((response) => {
        console.log(response);
        let data = response.data;
        data = data.features.map((item) => ({
            x: item.geometry.coordinates[0],
            y: item.geometry.coordinates[1],
            content: item.properties.LandMark,
        }));

        ShowMultiPoint(data, layers);
        layers.addTo(lMap);
    });
};
```

建立一個名為 SearchData 的函式，參數可以輸入點坐標組（polyStr），它們是可變動的，回傳格式（restype）則是固定以 json 格式。呼叫 API 並搜尋完成後把取得的資料透過陣列的 map 方法重組，讓陣列的每一個位置都是一個物件，並且有屬性 x 及 y，表示經緯度，以及屬性 content，表示資訊視窗要顯示的內容。呼叫 API 並做完資料處理後，最後再透過 ShowMultiPoint 把所有的點坐標展在地圖上。

Step 04 繪圖事件

環域查詢的函式 SearchData 建立後，接下來只要把它與繪圖事件做串聯。

```
lMap.on(L.Draw.Event.CREATED, (e) => {
    const layer = e.layer;
    const type = e.layerType;
    drawItem.addLayer(layer);

    if (type === "polygon") {
        const arr = layer.getLatLngs();
        console.log(arr);
        let polyList = [...new Set(arr[0].map((item) => `${item.lng}
${item.lat}`))];

        //陣列最後再加入第一個點，形成頭尾相連
        console.log(polyList);
        polyList.push(polyList[0]);

        SearchData({
            polyStr: polyList.join(","),
        });
    }
});
```

建立繪圖事件（ L.Draw.Event.CREATED ），在繪圖完成後，將繪圖的多邊形點坐標組，把它們去除重複並透過逗號組合（ join ）後，做為參數傳入 SearchData 函式，即能在繪圖完成時搜尋資料。

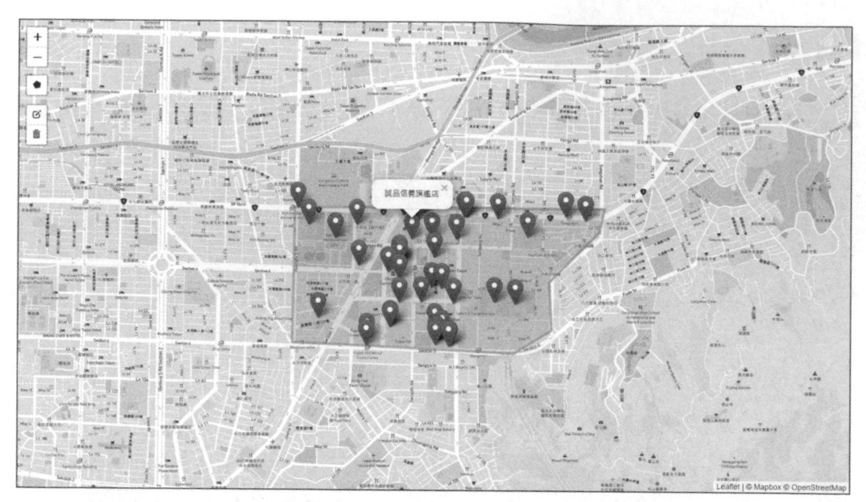

圖 6-37　繪圖結合多邊形面環域查詢結果（台北市信義區鄰近重要地標查詢）

6.3.4　繪圖結合矩形環域

延續上一小節的繪圖結合多邊形面環域，其實多邊形面資料的本質與矩形資料是相同的，都是多個點資料連接起來形成一個面，只是矩形被規定是四個點，且必須是平行四邊形。延續上一小節的範例，從繪圖、資料處理、環域查詢，可以完全套用在矩形之中；唯一不同的是繪圖事件，必須加上 type === “rectangle” 的判斷，免得因為繪圖類型不同而被篩選掉。

繪圖結合環域查詢四步驟：

Step 01 繪圖工具列

與章節 6.3.3 繪圖結合面環域步驟完全相同

Step 02 畫圖函式

與章節 6.3.3 繪圖結合面環域步驟完全相同

Step 03 環域搜尋

與章節 6.3.3 繪圖結合面環域步驟完全相同

Step 04 繪圖事件

程式演練 6.9　環域查詢－繪圖結合矩形環域

```
lMap.on(L.Draw.Event.CREATED, (e) => {
    const layer = e.layer;
    const type = e.layerType;
    drawItem.addLayer(layer);

    if (type === "polygon" || type === "rectangle") {
        const arr = layer.getLatLngs();
        console.log(arr);
        let polyList = arr[0].map((item) => {
            return `${item.lng} ${item.lat}`;
        });

        // 陣列最後再加入第一個點，形成頭尾相連
        // console.log(polyList);
        polyList.push(polyList[0]);

        SearchData({
            polyStr: polyList.join(","),
        });
    }
});
```


程式演練下載網址：

https://github.com/PapaPerryLiao/WebGIS-and-JavaScript/tree/master/6/6.9

程式演練線上 Demo：

https://papaperryliao.github.io/WebGIS-and-JavaScript/6/6.9/index.html

繪圖事件（L.Draw.Event.CREATED）觸發後，將繪圖的資料透過陣列的 map 方法重組後，把它們去除重複並透過逗號組合（join）後，做為參數傳入 SearchData 函式，即能在繪圖完成時搜尋資料。

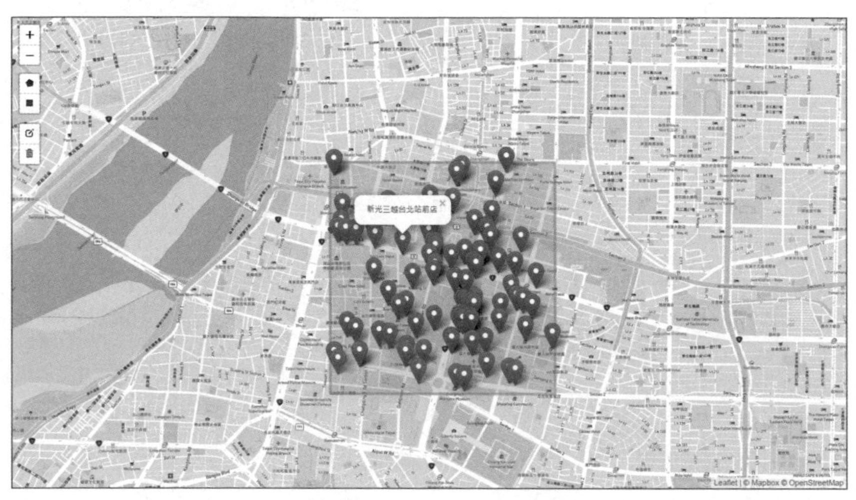

圖 6-38　繪圖結合矩形環域查詢結果（台北車站鄰近重要地標查詢）

可以看到矩形環域與多邊形面環域基本大同小異，但矩形的環域查詢卻還有另個特別的環域搜尋方法。

面資料的環域查詢是透過後端 API 及 SQL Spatial 的空間運算，當查詢的面資料幾何圖形越龐大或複雜時，查詢速度也會隨之較慢。然而，矩形環域查詢卻可透過它平行四邊形且具備四個直角的特點去做其它的運算方式。所有的環域查詢的點坐標，必須在四個邊界範圍之內，也就是說最右邊的邊界為 X 坐標最大值，最左邊為 X 坐標最小值；同理，最上面的邊界為 Y 坐標最大值，最下面的邊界為 Y 坐標最小值。如下圖所示。

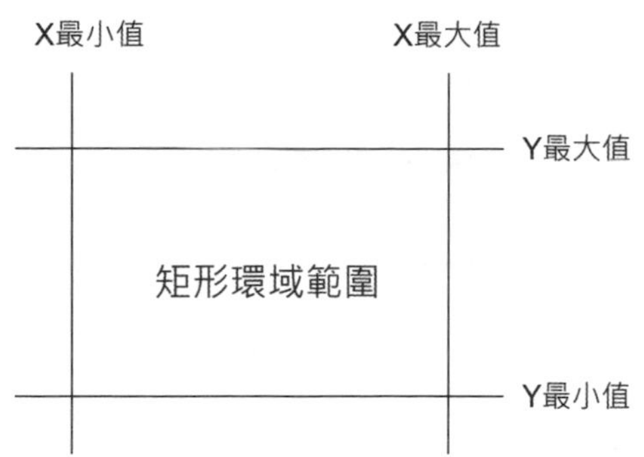

圖 6-39　矩形環域查詢範圍及 X 坐標、Y 坐標最大最小值邊界

讓我們透過這個思路，再實作一次環域查詢，我們呼叫交通部 TDX API 的取得所有觀光景點資料服務，並且透過 X 坐標、Y 坐標最大最小值邊界來進行篩選。

告訴你一個小祕密！

大規模資料的篩選及環域查詢，建議是在伺服器端進行操作，本小節範例在前端做大規模資料篩選雖説排除了圖台效能的問題，但對前端記憶體空間仍然存在極大的負擔，實務上還是建議在後端去做資料的篩選。

我要成為高手

交通部　TDX 運輸資料流通服務

https://tdx.transportdata.tw/api-service/swagger

Step 01 繪圖工具列

與章節 6.3.3 繪圖結合面環域步驟完全相同

Step 02 畫圖函式

與章節 6.3.3 繪圖結合面環域步驟完全相同

Step 03 環域搜尋

程式演練 6.10　環域查詢－繪圖結合矩形環域（2）

```
const SearchData = ({ minX, minY, maxX, maxY }) => {
    axios({
        method: "get",
        url: `https://ptx.transportdata.tw/MOTC/v2/Tourism/ScenicSpot?%24
top=1000&%24format=JSON`,
    }).then((response) => {
        console.log(response);
        let data = response.data;
        data = data
            .filter(
                (item) =>
                    item.Position.PositionLon < maxX &&
                    item.Position.PositionLon > minX &&
                    item.Position.PositionLat < maxY &&
                    item.Position.PositionLat > minY
            )
            .map((item) => ({
                x: item.Position.PositionLon,
                y: item.Position.PositionLat,
                content: `名稱：${item.ScenicSpotName}, 地址：${item.
Address}`,
            }));

        ShowMultiPoint(data, layers);
        layers.addTo(lMap);
    });
};
```

程式演練下載網址：

https://github.com/PapaPerryLiao/WebGIS-and-JavaScript/tree/master/6/6.10

程式演練線上 Demo：

https://papaperryliao.github.io/WebGIS-and-JavaScript/6/6.10/index.html

建立一個名為 SearchData 的函式，參數可以輸入 X 最小值（minX）、Y 最小值（minY）、X 最大值（maxX）、Y 最大值（maxY）。呼叫 TDX API 取得所有的觀光景點資料，接著把取得的資料透過陣列的 filter 方法進行篩選，只取出 X 坐標在 minX 與 maxX 範圍內，及 Y 坐標在 minY 與 maxY 範圍內的資料。

最後透過陣列的 map 方法進行重組，讓陣列的每一個位置都是一個物件，並且有屬性 x 及 y，表示經緯度，以及屬性 content，表示資訊視窗要顯示的內容。呼叫 API 並做完資料處理後，最後再透過 ShowMultiPoint 把所有的點坐標展在地圖上。

Step 04 繪圖事件

```
lMap.on(L.Draw.Event.CREATED, (e) => {
    const layer = e.layer;
    const type = e.layerType;
    drawItem.addLayer(layer);
    console.log("type", type);
    console.log(e);
    if (type === "rectangle") {
        const arr = layer.getLatLngs();
        console.log(arr);
        let xList = arr[0].map((item) => item.lng);
        let yList = arr[0].map((item) => item.lat);

        SearchData({
            maxX: Math.max(...xList),
            minX: Math.min(...xList),
            maxY: Math.max(...yList),
            minY: Math.min(...yList),
        });
```

```
    }
});
```

建立繪圖事件（L.Draw.Event.CREATED），在繪圖完成後，將繪圖的矩形坐標點分類，分為存放 X 坐標的陣列（xList）與存放 Y 坐標的陣列（yList）。透過 Math.max 方法與 Math.min 方法，並結合 ES6 的擴展運算子（Spread Operator），可以分別取出陣列中的最大最小值，並且把 X 坐標的最大最小值與 Y 坐標的最大最小值做為參數傳入 SearchData 函式，即能在繪圖完成時透過矩形的邊界去搜尋資料。

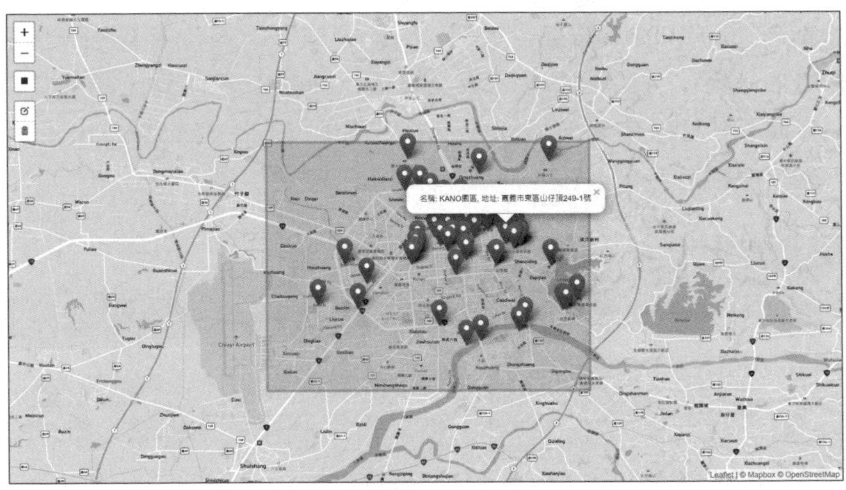

圖 6-40　矩形環域查詢（嘉義市區觀光景點）

PART IV

高手雲集的殿堂

CH07　SQL Spatial 空間查詢

CH08　進階視覺化功能

07 Chapter

SQL Spatial 空間查詢

本章學習重點：

- 認識 SQL Spatial 的空間資料格式
- 了解 MSSQL 的幾何運算及空間查詢的使用方式

前一章節介紹了 WebGIS 的環域查詢功能，在展點數量過於龐大時，對於前端圖台效能有很大的挑戰，在使用者體驗上也容易失焦，難以從圖台上直接找到目標，因此才有了環域查詢的篩選機制。有各式各樣幾何形狀的篩選方式，其中包括了圓形、多邊形、矩形等等……。然而，前一章節的範例中，使用的都是第三方的 API 資料，大多都是 API 本身就提供篩選功能，供我們輸入篩選的圓心、半徑作為篩選條件。那麼，這些 API 是怎麼實作環域篩選的呢？

如果今天手上有一批原始資料，可能透過動態方式持續更新進資料庫中，同時前端也要透過這批資料去進行篩選及呈現，也就是說 API 端的程式需要我們自己來撰寫。那要如何依照空間資料去做環域的篩選呢？我們透過特定資料庫提供的一些空間查詢運算方法，去組出 SQL 查詢語法（ query ），可以在資料庫就直接篩選，當筆數龐大時，不必撈出全部的資料，只需撈出篩選後的資料，有效提升資料庫查詢的速度。

本章節會介紹MSSQL（Microsoft SQL Server）的空間查詢語法（SQL Spatial），從資料庫面的資料格式說起，以及距離、面積等等的運算方式，再介紹Buffer（圓形環域）及Intersect（交疊）等等相關的空間搜尋方式……。

7.1 MSSQL 環境安裝

學習難度 ★☆☆☆☆

Microsoft SQL Server 為微軟公司發行的資料庫，常被簡稱為MSSQL、SQL Server。

圖 7-1　Microsoft SQL Server

> 我要成為高手
>
> **Microsoft SQL Server 下載連結**
>
> https://www.microsoft.com/zh-tw/sql-server/sql-server-downloads

本章節範例使用的是目前最新的SQL Server 2019，Express版本，Windows環境則是10跟11（本書撰寫過程恰逢Windows 11更新）。如果是第一次使用MSSQL的讀者們，可能會有疑問，要下載Developer版本還是Express版本？Express版本是可以上架的，Developer版本是只供測試使用，如果應用程式是需要發佈的話，可以下載免費的Express版本。然而，Express版本還是有它的容量限制的，資料庫大小限制10GB，如果要處理大型的商業資料，往往是不夠用的，但個人使用還是綽綽有餘的，商業使用付費也合理。

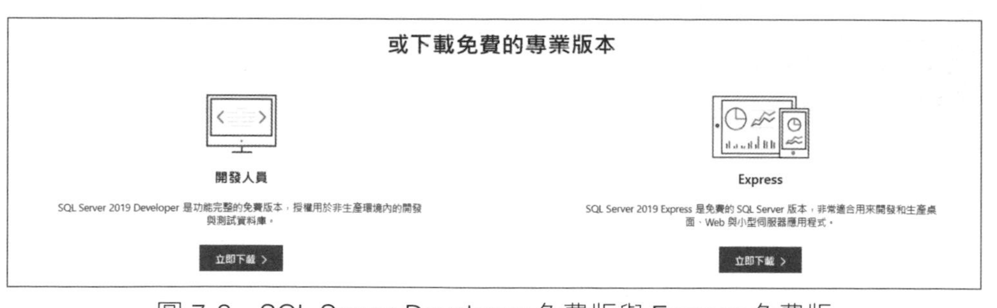

圖 7-2　SQL Server Developer 免費版與 Express 免費版

除了免費的版本外，還有 Azure 雲端版本，與自架伺服器使用的專業版本。環境方面，有分成 Windows 版本，及 Linux 版本，如果是 MacBook 的用戶，會建議使用虛擬化技術，包裝成 Docker Image 來執行，比較不會出現環境問題。

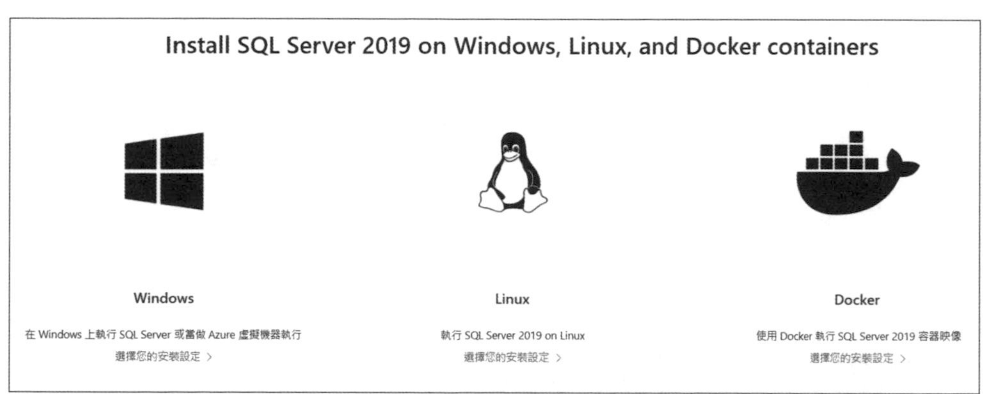

圖 7-3　SQL Server 各種環境安裝示意圖

下載完 SQL Server 後，接著要下載圖形化介面工具 SSMS，在操作上非常方便。如果是初學 SQL 的讀者們別忘記了 SQL Server 及 SSMS 都要下載，有的人可能會只下載 SSMS 而忘記下載 SQL，可能會發現開啟 SSMS 後 local 怎麼連資料庫都連不上。

我要成為高手

下載 SQL Server Management Studio (SSMS)

https://docs.microsoft.com/zh-tw/sql/ssms/download-sql-server-management-studio-ssms?view=sql-server-ver15

告訴你一個小祕密！

MSSQL 空間資料要 SQL Server 2008 R2 以後的版本才有支援，如果讀者的開發環境是比較早期的 SQL 版本，可能要檢查一下 SQL 版本是否符合。檢查版本的語法如下：

```
SELECT @@VERSION AS version
```

	version
1	Microsoft SQL Server 2019 (RTM) - 15.0.2000.5 (X...

圖 7-4　SQL VERSION

7.2　空間資料格式

學習難度 ★★☆☆☆

安裝完 SQL Server 後，接下來要介紹資料庫的地理空間格式。

資料庫存放地理空間資料格式，支援以下兩種格式，為開放式地理空間協會 (OGC) 所定義。

- WKB (well-known binary)
- WKT (well-known text)

從字面上的意思可以知道，一種是文字（text）的格式，一種是二進位（binary）的格式。文字的格式是使用者寫入的，當資料庫進行空間查詢的時候，需要讀取的是二進位的格式，所以需要將文字格式轉為二進位格式給資料庫讀取；當從資料庫取出空間資訊時，取出的是二進位格式，這個時候就需要將二進位格式轉換為文字格式，以供使用者可以去閱讀。

7.2.1 WKT(Well-known text)

WKT 就是以文字來表示，並儲存空間資訊的格式，依照不同的資料型態分為：

- POINT 點
- LINESTRING 線
- POLYGON 面

還有幾種綜合點線面的組合：

- MULTIPOINT 多重點
- MULTILINESTRING 多重線
- MULTIPOLYGON 多重面
- GEOMETRYCOLLECTION 地理空間資訊集合

Geometry primitives (2D)

Type	Examples	
Point		POINT (30 10)
LineString		LINESTRING (30 10, 10 30, 40 40)
Polygon		POLYGON ((30 10, 40 40, 20 40, 10 20, 30 10))
		POLYGON ((35 10, 45 45, 15 40, 10 20, 35 10),(20 30, 35 35, 30 20, 20 30))

圖 7-5　WKT 資料型態一覽表（資料來源：維基百科）

Multipart geometries (2D)

Type	Examples
MultiPoint	MULTIPOINT ((10 40), (40 30), (20 20), (30 10))
	MULTIPOINT (10 40, 40 30, 20 20, 30 10)
MultiLineString	MULTILINESTRING ((10 10, 20 20, 10 40), (40 40, 30 30, 40 20, 30 10))
MultiPolygon	MULTIPOLYGON (((30 20, 45 40, 10 40, 30 20)), ((15 5, 40 10, 10 20, 5 10, 15 5)))
	MULTIPOLYGON (((40 40, 20 45, 45 30, 40 40)), ((20 35, 10 30, 10 10, 30 5, 45 20, 20 35), (30 20, 20 15, 20 25, 30 20)))
GeometryCollection	GEOMETRYCOLLECTION (POINT (40 10), LINESTRING (10 10, 20 20, 10 40), POLYGON ((40 40, 20 45, 45 30, 40 40)))

圖 7-5　WKT 資料型態一覽表（資料來源：維基百科）（續）

看到這邊，讀者們是否產生好奇，為什麼不同種資料型態小括號的數量都不一樣？其實每一層小括號都有不同的涵義。

第一層小括號(最內層)，可以存放一個點或多個點，存放一個點時視為 POINT(點資料型態)；若存放多個點時會把多個點連線，視為 LINESTRING(線資料型態)。

第二層小括號，如果第一層小括號有 LINESTRING(線資料型態)，會把連線區域的內部填滿，形成 POLYGON(面資料型態)；如果小括號內有多組第一層小括號的線資料，則會形成多個面資料，如果面資料彼此有重疊的部分，則會挖空重疊的部份。

最外層小括號，通常只會出現在 Multi 開頭的組合，或是 GeometryCollection 的集合。這個最外層的小括號表示多種組合的意思，括號內通常會有一個以上的幾何圖形。

除此之外，WKT 格式輸入給資料庫讀取的時候，必須把它轉換為 WKB 格式，資料庫才能辨別它的空間幾何形狀，轉換的方式如下：

```
DECLARE @p geometry;
SET @p = geometry::STGeomFromText('POLYGON ((30 20, 45 40, 10 40, 30 20))'
, 0);
SELECT @p AS geo
```

用 DECLARE 語法宣告名為 @p 的變數，變數的資料型別為 geometry，它是一種地理空間資料的型別，在後面章節 7.2.3 會詳細說明。接著可以透過 STGeomFromText 這個 MSSQL 內建的函式，將輸入的 WKT 字串，轉換為 WKB 格式，並且賦值給 @p，最後透過 SELECT 語法展示。

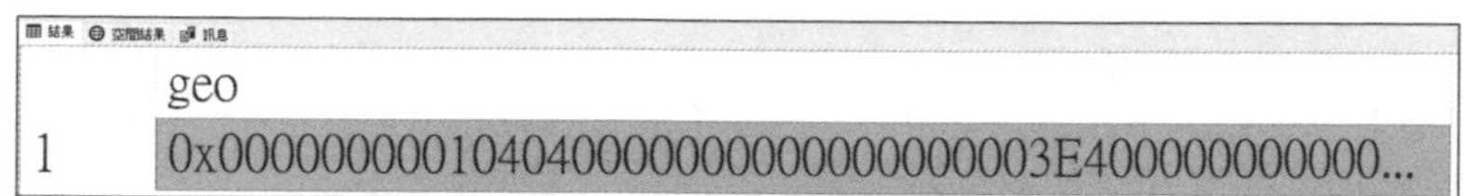

圖 7-6　方格顯示結果

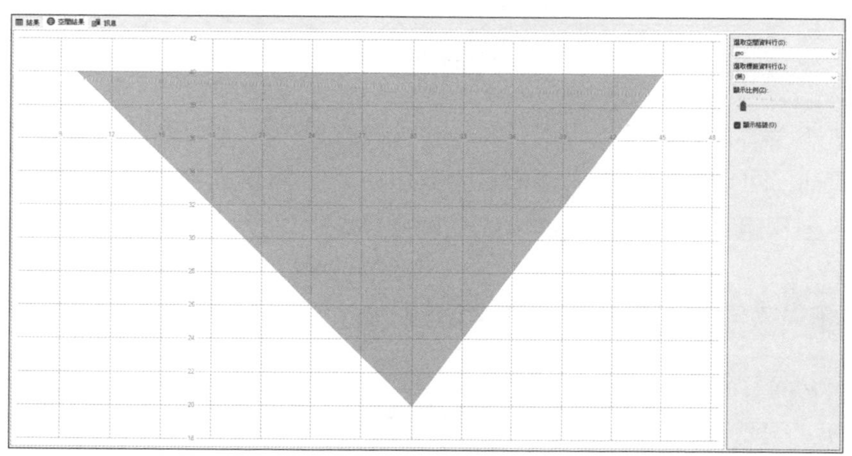

圖 7-7　空間結果

7.2.2　WKB(Well-known binary)

WKB 就是以二進位來表示，供資料庫儲存空間資訊的格式，它的空間資訊會是一連串數字及英文混合，憑肉眼無法直接看出它是什麼樣的幾何圖形。然而，MSSQL 在執行查詢（Query）時，會有空間結果預覽，可以觀看空間結果大致看出幾何形狀，如果要取得坐標組，必須透過相關的函式轉換成 WKT 格式。

從 GIS Server 匯出資料進 SQL Server 時，會以二進位的格式存放。結果如下：

OBJECTID	Geometry	COUNTYNAME	TOWNNAME
1	0x000000000104A414000020C05B60ECE11041B09465005934...	桃園市	蘆竹區
2	0x000000000104FF100000708104857899114148２EFFA91B284...	桃園市	龜山區
3	0x00000000010467140000８0C0CA61BCCB1041647FD9ED4B...	桃園市	龍潭區
4	0x0000000001047014000010AC1C1AC8091241EC73B55DD3E...	桃園市	復興區
5	0x0000000001045D0E0000900F7A36FD36104190ED7C5FAE2...	桃園市	觀音區
6	0x000000000104AE13000090FD65373B101141FC187387A209...	桃園市	大溪區
7	0x000000000104580B0000D04D6250D0D810419C33A294A60...	桃園市	八德區
8	0x00000000010480150000６0B3EA33A366104138AB3E3FCF1...	桃園市	中壢區
9	0x000000000104BE0B000050E3A51BF81D1141107A36C3262...	桃園市	桃園區
10	0x00000000010457140000E0F97E2A84C210414CA60AE69933...	桃園市	大園區
11	0x000000000104AE110000A02A18D5E13B1041941804B68110...	桃園市	新屋區
12	0x0000000001046A12000000197397A02E1041B415FB53FA0E...	桃園市	楊梅區
13	0x000000000104A1120000C08F317769A110419CA22321180F...	桃園市	平鎮區

圖 7-8　桃園市各區邊界二進位空間資料

如圖所示，已存在資料表中的 WKB 格式的資料，無法直接從肉眼看出它的空間資訊，可以從資料表其他欄位得知，這是一個桃園市各區邊界的資料，欲取得坐標組，還需要將其轉換成 WKT 格式。

程式演練 7.1　WKB(Well-known binary)

```
DECLARE @p geometry;
SET @p = geometry::STGeomFromText('POLYGON ((30 20, 45 40, 10 40, 30 20),
(15 5, 40 10, 10 20, 5 10, 15 5))', 0);
SELECT @p AS geo;

DECLARE @p_text varchar(MAX);
SET @p_text = @p.STAsText();
SELECT @p_text AS wkt;
```

假設 @p 是我們目前已有的 WKB 格式資料，我們可以透過 **@p.STAsText()**，將它轉換成 WKT 資料，並且把它賦值給另一個宣告的變數 @p_text。展示結果如下：

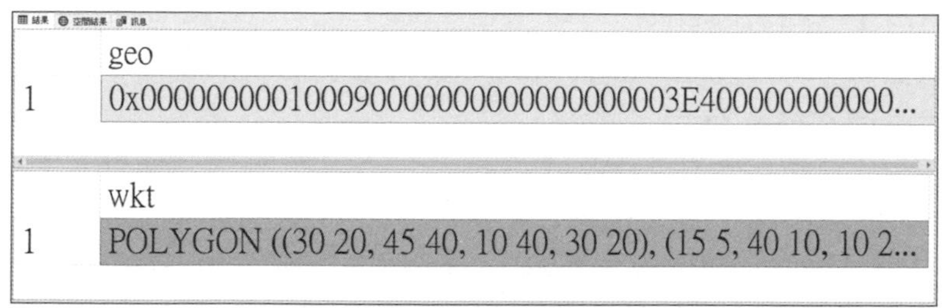

圖 7-9　WKB 格式透過函式 STAsText 轉換為 WKT 格式

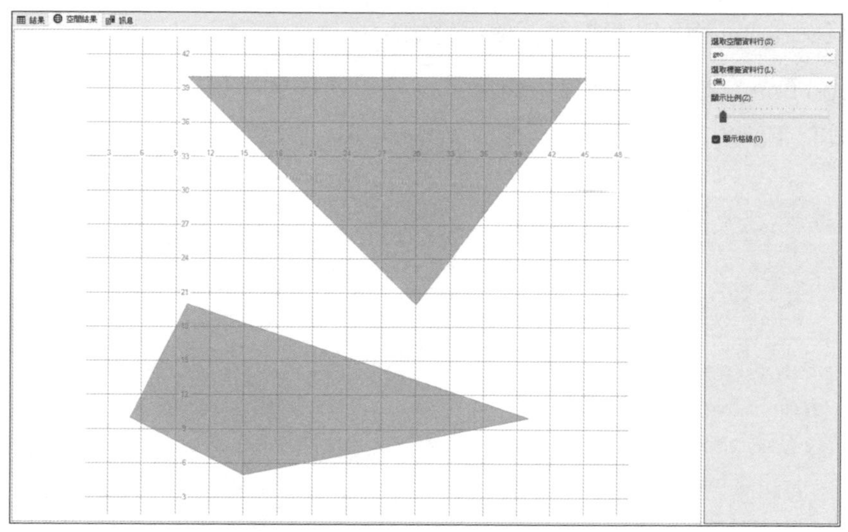

圖 7-10　WKB 格式空間查詢結果

7.2.3 平面與球體

SQL Server 空間資料格式，分為 WKT 格式及 WKB 格式。WKB 格式依地理空間資訊的概念又分為 geometry 型別及 geography 型別。這兩個都是地理空間資訊上常見的名詞，那麼它們又有什麼區別呢？當我們要計算距離、周長及面積時，地球是一個橢球，無法在平面地圖上直接計算兩個點之間的距離。然而，16 世紀地理學家麥卡托（Gerardus Mercator），透過他投影的理論及計算，將空間壓縮成了平面，一連串的演算來簡化誤差。

簡單來説，geography 計算的是球體，geometry 計算的是平面。在 WKT 的第二個參數中，輸入的參數是 spatial_reference_id，也就是我們前幾章節常常講到的坐標系統的參考代碼，geography 使用的是 4326，而台灣常用的二度分帶坐標系則是 3826。

```
geometry::STGeomFromText(obj,srs)    -- obj: WKTString
geography::STGeomFromText(obj,srs)   -- srs: 座標系統，EX: 4326、3826、3857、0
```

空間資訊欄位型別的 geometry 跟 geography 之分：

- geography 適用球體運算，使用經緯度坐標，空間資訊代碼填 4326。
- geometry 適用平面運算，適用經過投影過後的坐標，台灣常見的坐標格式有 TWD97 二度分帶。

程式演練 7.2　坐標系統參考代碼

```
SELECT spatial_reference_id
    , well_known_text
    , unit_of_measure
    , unit_conversion_factor
FROM sys.spatial_reference_systems
```

透過這個系統的查詢語法，可以查出各種坐標系統的參考代碼，如圖 7-11 所示，EPSG:4326，WGS84 坐標系統，大地基準面為 World Geodetic System 1984。

spatial...	well_known_text	unit_of_measure
4319	GEOGCS["KUDAMS", DATUM["Kuwait Utility", ELLIPS...	metre
4322	GEOGCS["WGS 72", DATUM["World Geodetic System 197...	metre
4324	GEOGCS["WGS 72BE", DATUM["WGS 72 Transit Broadca...	metre
4326	GEOGCS["WGS 84", DATUM["World Geodetic System 198...	metre
4600	GEOGCS["Anguilla 1957", DATUM["Anguilla 1957", ELLI...	metre
4601	GEOGCS["Antigua 1943", DATUM["Antigua 1943", ELLIP...	metre
4602	GEOGCS["Dominica 1945", DATUM["Dominica 1945", EL...	metre

圖 7-11　SQL 坐標系統參考代碼

7.2.4 點線面與資料集合

介紹完 SQL Server 的各種空間資料格式後，我們要來實際操作常見的 WKT 格式的幾何資料，包含點、線、面，及各種多重（Multi）資料格式與地理空間資料集合（GEOMETRYCOLLECTION）。

程式演練 7.3　點線面與資料集合

■ 點資料

```
DECLARE @p geometry;
SET @p = geometry::STGeomFromText('POINT (30 10)', 0);
SELECT @p AS geo
```

宣告一個坐標為（30, 10）的點資料，@p 格式為 geometry。透過 SELECT 語法查詢結果如下：

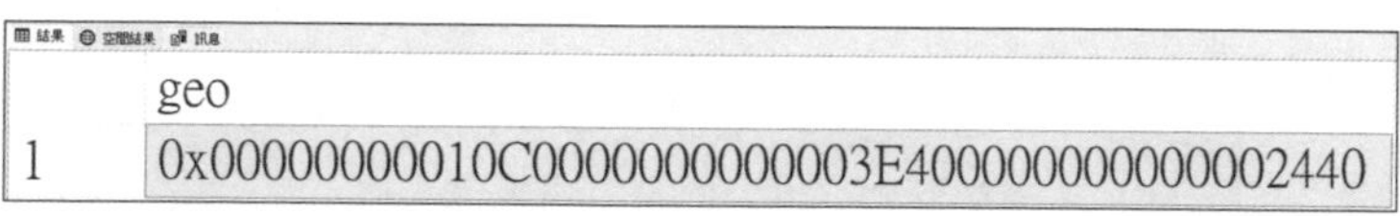

	geo
1	0x00000000010C0000000000003E400000000000002440

圖 7-12　SQL 點資料查詢結果（方格顯示結果）

圖 7-13　SQL 點資料查詢結果（空間結果）（點資料真的就只有一個點，在 SQL 空間結果較不明顯）

■ 線資料

```
DECLARE @p geometry;
SET @p = geometry::STGeomFromText('LINESTRING (30 10, 10 30)', 0);
SELECT @p AS geo
```

宣告一個線資料，線資料以兩個點所組成，坐標分別為(30, 10)、(10, 30)，@p 格式為 geometry。透過 SELECT 語法查詢結果如下：

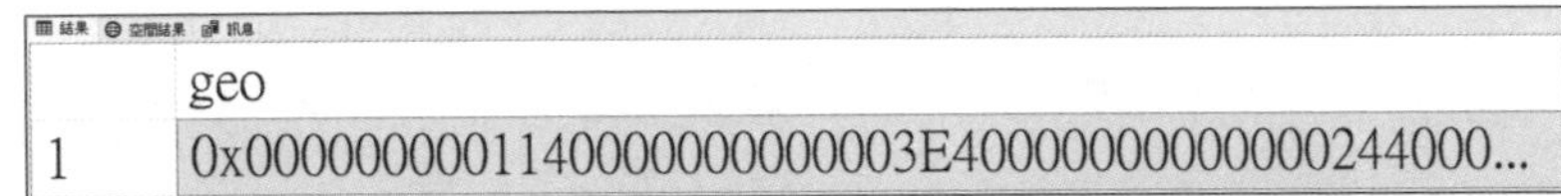

	geo
1	0x0000000001140000000000003E400000000000000244000...

圖 7-14　SQL 線資料查詢結果（方格顯示結果）

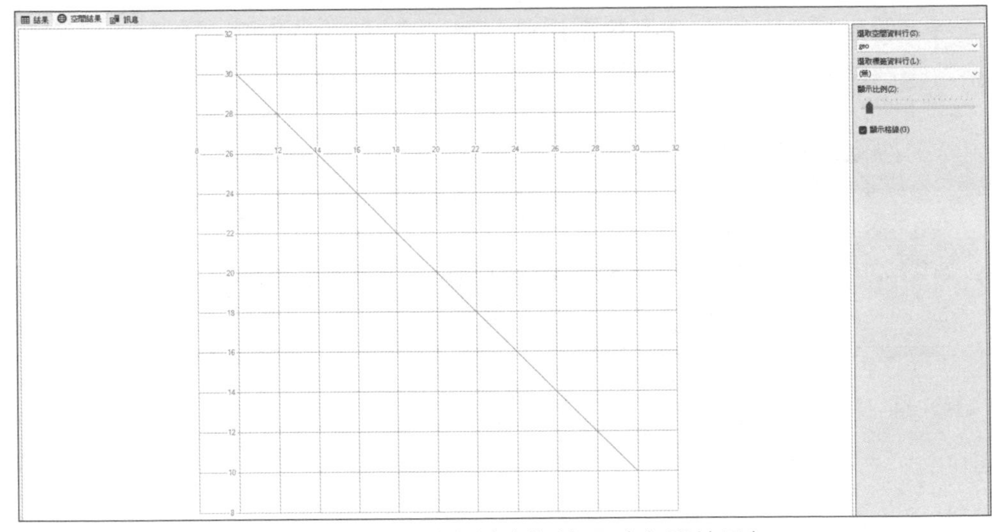

圖 7-15　SQL 線資料查詢結果（空間結果）

■ 面資料

```
DECLARE @p geometry;
SET @p = geometry::STGeomFromText('POLYGON ((30 20, 45 40, 10 40, 30 20))'
, 0);
SELECT @p AS geo
```

宣告一個面資料，面資料以多個點連線所組成，@p 格式為 geometry。透過 SELECT 語法查詢結果如下：

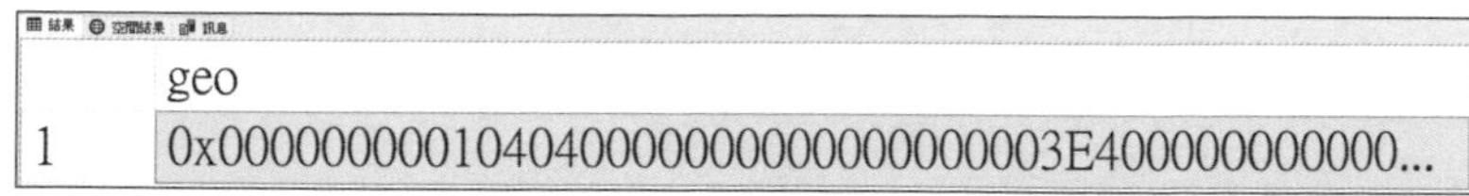
	geo
1	0x00000000010404000000000000000000003E400000000000...

圖 7-16　SQL 面資料查詢結果（方格顯示結果）

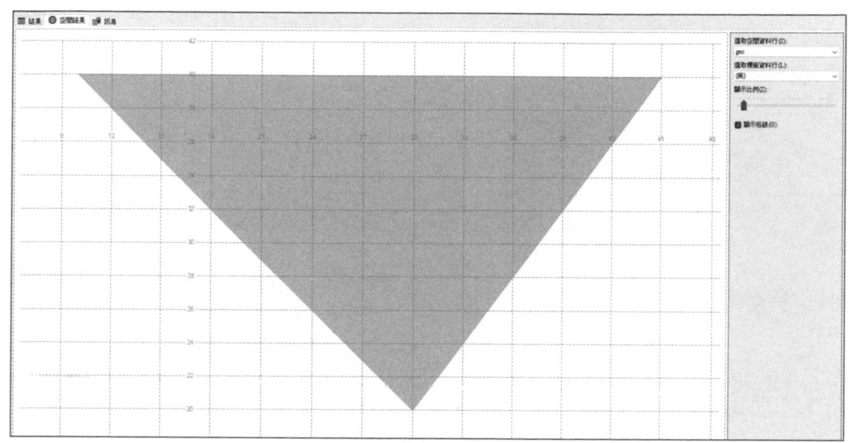

圖 7-17　SQL 面資料查詢結果（空間結果）

■ 多重面

```
DECLARE @p geometry;
SET @p = geometry::STGeomFromText('POLYGON ((30 20, 45 40, 10 40, 30 20),
(15 5, 40 10, 10 20, 5 10, 15 5))', 0);
SELECT @p AS geo
```

宣告一個面資料，同一個面資料（polygon）中也可以塞多個面資料，每個面資料以多個點所組成，面與面之間則由小括號來區隔。@p 格式為 geometry。透過 SELECT 語法查詢結果如下：

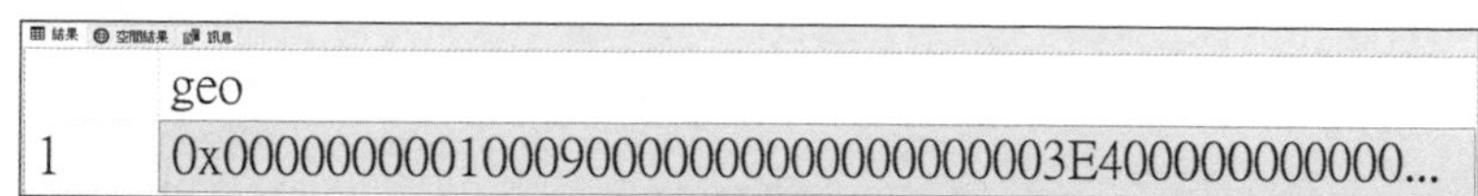
	geo
1	0x00000000010009000000000000000000003E400000000000...

圖 7-18　SQL 多重面資料查詢結果（方格顯示結果）

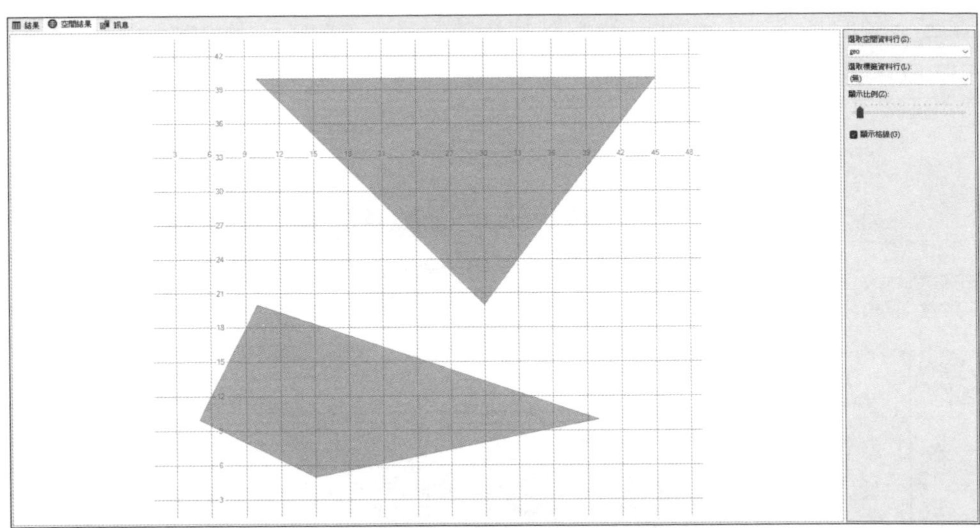

圖 7-19　SQL 多重面資料查詢結果（空間結果）

■ 面（挖空）

```
DECLARE @p geometry;
SET @p = geometry::STGeomFromText('POLYGON ((35 10, 45 45, 15 40, 10 20,
35 10),(20 30, 35 35, 30 20, 20 30))', 0);
SELECT @p AS geo
```

宣告一個面資料，當面資料中有多個面時，如果彼此之間沒有重疊部分，會形成多重面；如果面與面之間有重疊的部分，則會互相抵銷，形成挖空。@p 格式為 geometry。透過 SELECT 語法查詢結果如下：

	geo
1	0x00000000010409000000000000000080414000000000000...

圖 7-20　SQL 面資料（挖空）查詢結果（方格顯示結果）

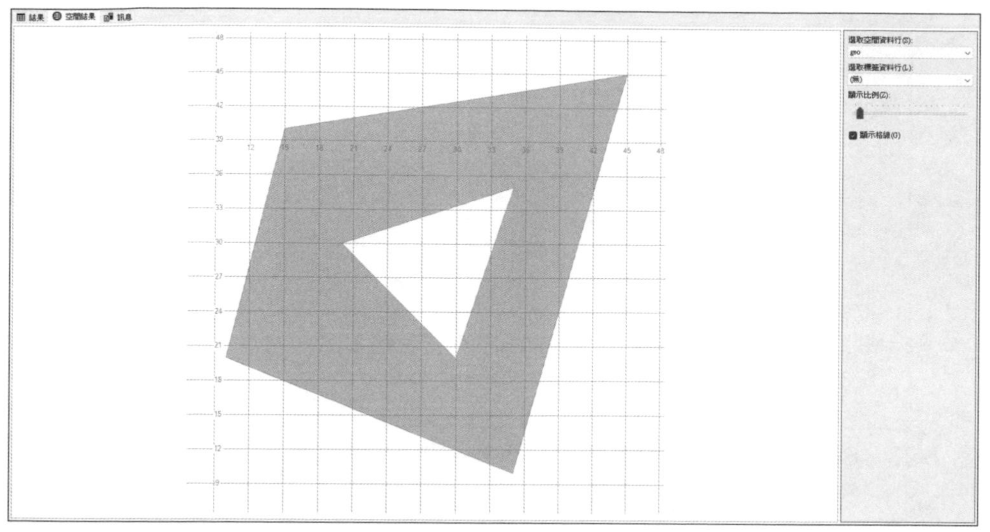

圖 7-21　SQL 面資料（挖空）查詢結果（空間結果）

■ 多重點

```
DECLARE @p geometry;
SET @p = geometry::STGeomFromText('MULTIPOINT ((10 40), (40 30), (20 20),
(30 10))', 0);
SELECT @p AS geo
```

宣告一個多重點資料（MULTIPOINT），資料由多個點所組成，@p 格式為 geometry。透過 SELECT 語法查詢結果如下：

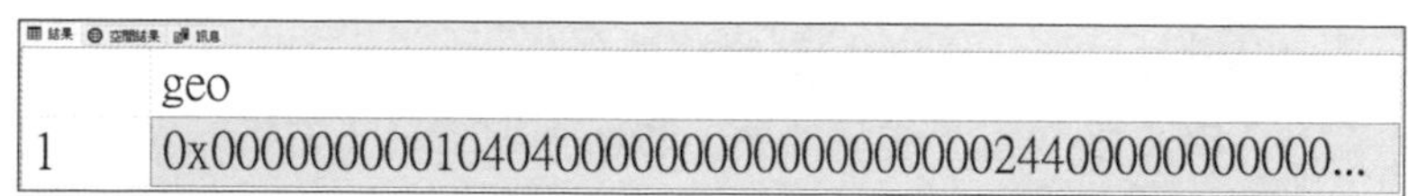

圖 7-22　SQL 多重點資料查詢結果（方格顯示結果）

圖 7-23　SQL 多重點資料查詢結果（空間結果）（點資料真的就只有一個點，在 SQL 空間結果較不明顯）

- 多重點（省略括號）

```
DECLARE @p geometry;
SET @p = geometry::STGeomFromText('MULTIPOINT (10 40, 40 30, 20 20, 30 10)'
, 0);
SELECT @p AS geo
```

多重點資料（MULTIPOINT）每個點的括號可以省略，結果相同。透過 SELECT 語法查詢結果如下：

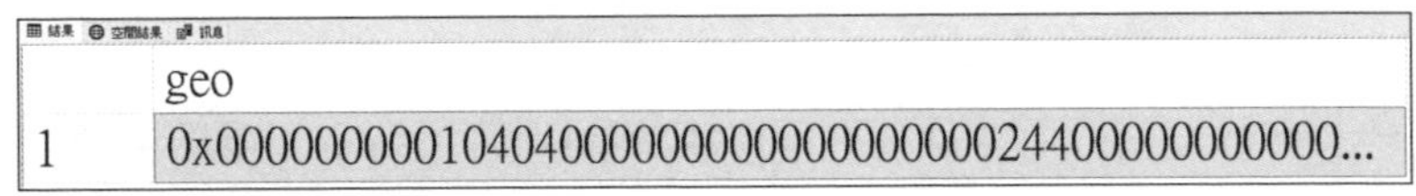

	geo
1	0x00000000010404000000000000000000000024400000000000...

圖 7-24　SQL 多重點（省略括號）資料查詢結果（方格顯示結果）

可以看出 WKB 二進位資料，結果完全相同。

- 多重線

```
DECLARE @p geometry;
SET @p = geometry::STGeomFromText('MULTILINESTRING ((10 10, 20 20, 10 40),
(40 40, 30 30, 40 20, 30 10))', 0);
SELECT @p AS geo
```

宣告一個多重線資料（MULTILINESTRING），資料由多個線資料所組成，每個線資料間有小括號做區隔，@p 格式為 geometry。透過 SELECT 語法查詢結果如下：

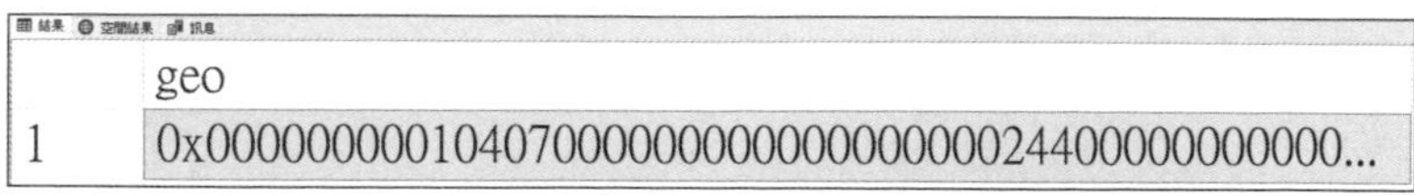

	geo
1	0x0000000001040700000000000000000000244000000000000...

圖 7-25　SQL 多重線資料查詢結果（方格顯示結果）

圖 7-26　SQL 多重線資料查詢結果（空間結果）

可以從空間結果觀察得知，查詢一個 WKB 資料有多個線資料。

- 多重面

```
DECLARE @p geometry;
SET @p = geometry::STGeomFromText('MULTIPOLYGON (((30 20, 45 40, 10 40, 30 20)),
((15 5, 40 10, 10 20, 5 10, 15 5)))', 0);
SELECT @p AS geo
```

宣告一個多重面資料（MULTIPOLYGON），資料由多個面資料所組成，每個面資料間有兩個小括號做區隔，@p 格式為 geometry。透過 SELECT 語法查詢結果如下：

	geo
1	0x000000000104090000000000000000003E400000000000...

圖 7-27　SQL 多重面資料查詢結果（方格顯示結果）

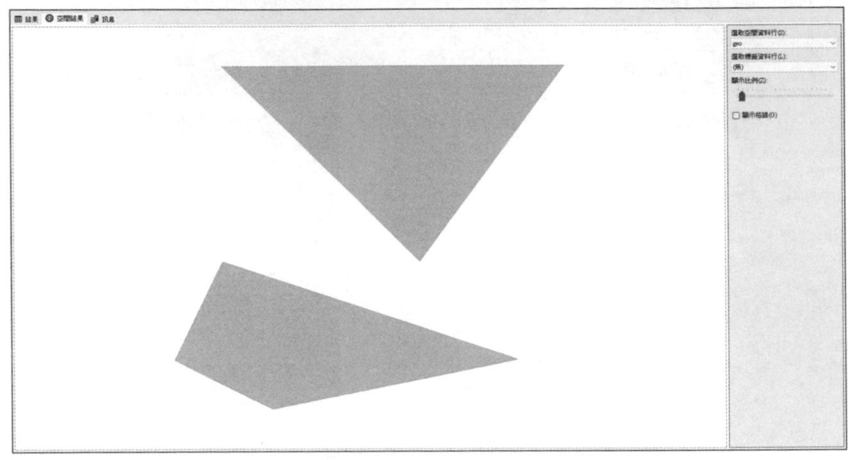

圖 7-28　SQL 多重面資料查詢結果（空間結果）

可以從空間結果觀察得知，查詢一個 WKB 資料有多個面資料。

- 多重面（POLYGON）

```
DECLARE @p geometry;
SET @p = geometry::STGeomFromText('POLYGON ((30 20, 45 40, 10 40, 30 20),
(15 5, 40 10, 10 20, 5 10, 15 5))', 0);
SELECT @p AS geo
```

多重面資料除了用 MULTIPOLYGON 外，也可以用 POLYGON 組成多重面，不同的是，每個面資料間由一個小括號做區隔，@p 格式為 geometry。透過 SELECT 語法查詢結果如下：

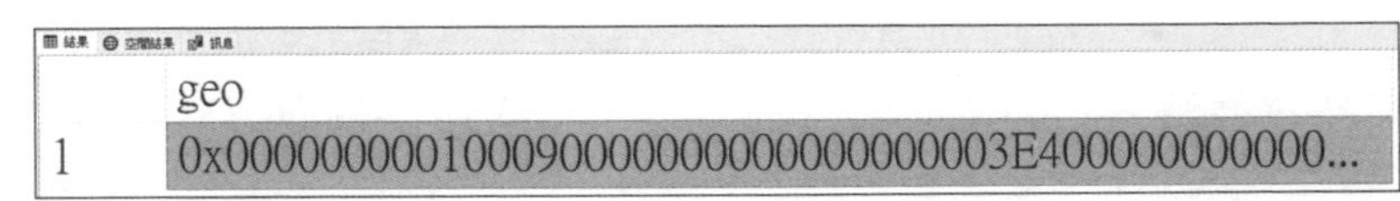

	geo
1	0x000000000100090000000000000000003E400000000000...

圖 7-29　SQL 多重面（POLYGON）資料查詢結果（方格顯示結果）

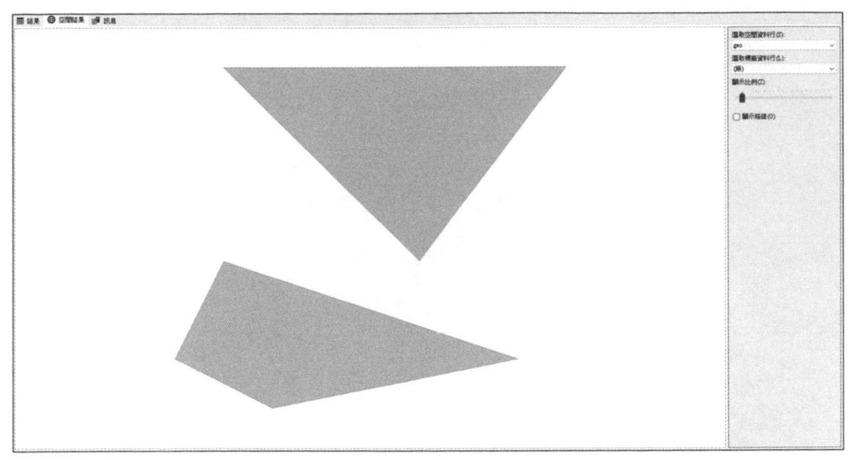

圖 7-30　SQL 多重面（POLYGON）資料查詢結果（空間結果）

■ 多重面與挖空面

```
DECLARE @p geometry;
SET @p = geometry::STGeomFromText('MULTIPOLYGON (((40 40, 20 45, 45 30, 40
40)),
((20 35, 10 30, 10 10, 30 5, 45 20, 20 35),
(30 20, 20 15, 20 25, 30 20)))', 0);
SELECT @p AS geo
```

多重面資料（MULTIPOLYGON），面與面之間以兩個小括號區隔，在每個面中，還可以透過單層小括號區隔不同的環，環與環之間重疊則形成挖空。如上述程式演練，有一個面以外，還有一個挖空的面，並存在於一個多重面資料中。@p 格式為 geometry。透過 SELECT 語法查詢結果如下：

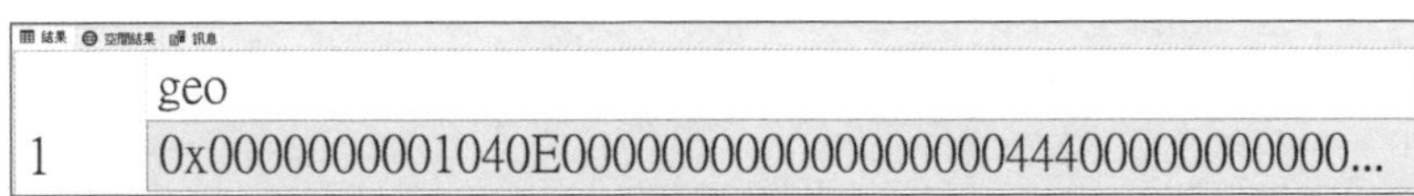

	geo
1	0x000000000104 0E000000000000000000004440000000000000...

圖 7-31　SQL 多重面與挖空面資料查詢結果（方格顯示結果）

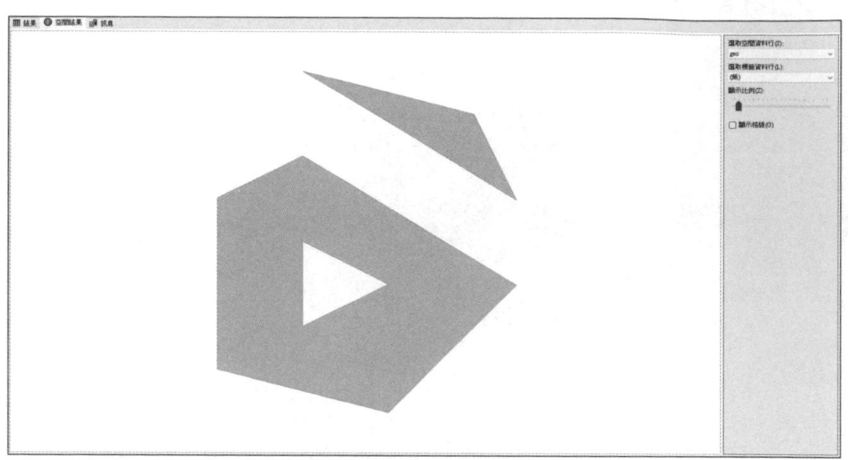

圖 7-32　SQL 多重面與挖空面資料查詢結果（空間結果）

多重面與挖空面的使用時機？

在不同的需求及使用情境，會有不一樣的資料格式及使用方式。例如：礦業法中明訂，一個礦區對應多個礦業用地，多個礦業用地可能就會以多重面（MULTIPOLYGON）的方式來儲存資料；有的礦業用地的確也有挖空的情況發生，可能是礦業用地中有一塊是私有地，或是其他用途的土地。

■　地理幾何集合

```
DECLARE @p geometry;
SET @p = geometry::STGeomFromText('GEOMETRYCOLLECTION (POINT (40 10),
LINESTRING (10 10, 20 20, 10 40),
POLYGON ((40 40, 20 45, 45 30, 40 40)))', 0);
SELECT @p AS geo
```

GEOMETRYCOLLECTION 可以存放多種幾何資料類型，包括點、線、面、挖空面等等……，並且把它們集合起來一次呈現。@p 格式為 geometry。透過 SELECT 語法查詢結果如下：

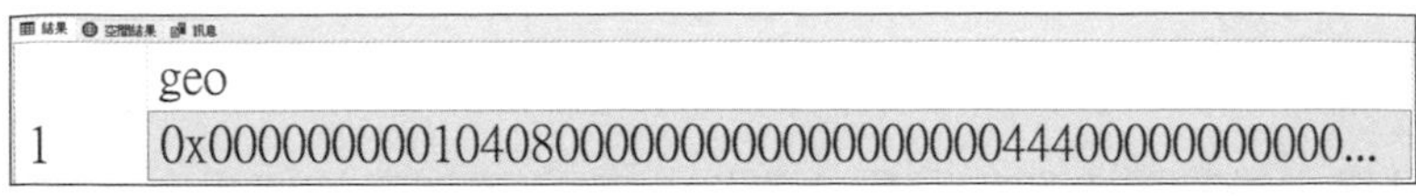

圖 7-33　SQL 地理幾何集合查詢結果（方格顯示結果）

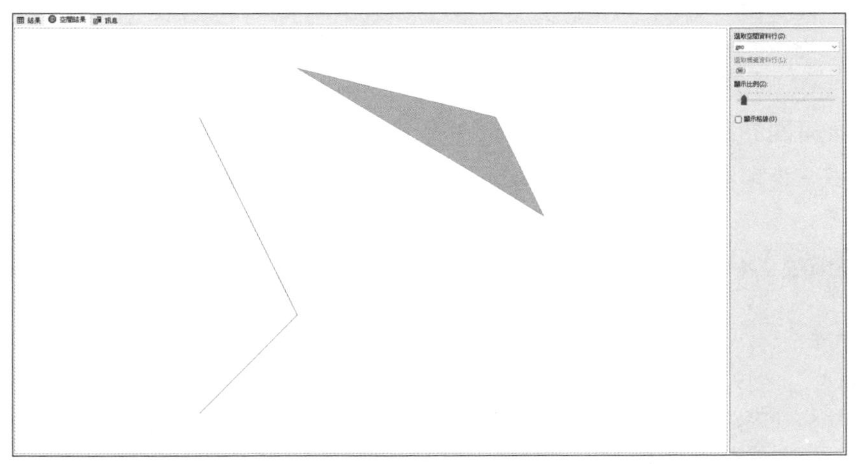

圖 7-34　SQL 地理幾何集合查詢結果（空間結果）

7.3　幾何運算

學習難度 ★★☆☆☆

地理空間資料除了儲存空間的幾何形狀外，時常也會計算幾何圖形的面積、長度的情境。舉個例子，美食外送員在送餐的時候，車機或手機定期回傳行徑的軌跡及坐標，如果要換算一個外送員一天的里程時，就可以透過 SQL Spatial 的線資料長度計算去得到答案；都市計畫及都市更新的土地重劃區的範圍，也可以利用 SQL Spatial 的面資料面積及周常計算，計算出它的重劃面積大小。

上一小節介紹了各種 MSSQL 的空間資料格式及使用方式，在本節中會介紹這些資料的幾何運算的方法，例如：點與點間的距離、線資料計算長度、面資料計算面積及周長等等……。

7.3.1 距離

距離的計算，最常讓人聯想到點與點之間的距離，它的使用者情境可能是，我們想要去一家餐廳，我們會搜尋我們與那家餐廳的距離多遠，但這個計算的是直線距離，實務上可能要加入路網資訊，考慮行徑路線上的真實距離。

然而，除了點與點的距離外，點與線的距離、點與面的距離、線與線的距離、線與面的距離、面與面的距離，都是實務上可能會發生的情境。在本小節會一一把所有的使用情境、SQL 程式及範例結果一次通通展現。

程式演練 7.4　距離

```
DECLARE @polygon1 geometry;
DECLARE @polygon2 geometry;
DECLARE @polygon3 geometry;
DECLARE @polygon_mix12 geometry;
DECLARE @polygon_mix13 geometry;

DECLARE @linestring1 geometry;
DECLARE @linestring2 geometry;
DECLARE @linestring3 geometry;

DECLARE @point1 geometry;
DECLARE @point2 geometry;
```

宣告多個點、線、面資料，後續會因應各種情境（相交、重疊等），去做不同的結果展現。

```
-- polygon1 比較大，polygon2 較小，polygon1 包含 polygon2, polygon3 則是在外圍與其他兩者都不相交
-- polygon_mix 則是把後面兩個編號的 polygon 合成一個展示
SET @polygon1 = geometry::STGeomFromText('POLYGON ((283892 2772902, 304382 2772199, 292846 2782791, 283892 2772902))', 0);
SET @polygon2 = geometry::STGeomFromText('POLYGON ((285892 2773902, 300382 2773199, 292846 2782591, 285892 2773902))', 0);
SET @polygon3 = geometry::STGeomFromText('POLYGON ((185892 1773902, 200382
```

```
1773199, 192846 1782591, 185892 1773902))', 0);
SET @polygon_mix12 = geometry::STGeomFromText('POLYGON ((283892 2772902,
304382 2772199, 292846 2782791, 283892 2772902), (285892 2773902, 300382
2773199, 292846 2782591, 285892 2773902))', 0);
SET @polygon_mix13 = geometry::STGeomFromText('POLYGON ((283892 2772902,
304382 2772199, 292846 2782791, 283892 2772902), (185892 1773902, 200382
1773199, 192846 1782591, 185892 1773902))', 0);
```

三個面資料中，polygon1 與 polygon2 部分重疊，polygon1 比較大，polygon2 比較小，polygon1 包含 polygon2，polygon3 則是獨立在外圍與其他兩者都不相交。

```
-- linestring1 跟 linestring2 沒有交集， linestring1 跟 linestring3 相交一個點
SET @linestring1 = geometry::STGeomFromText('LINESTRING (283892 2772902,
304382 2772199, 292846 2782791)', 0);
SET @linestring2 = geometry::STGeomFromText('LINESTRING (283592 2772901,
104282 2772199, 192746 2782791)', 0);
SET @linestring3 = geometry::STGeomFromText('LINESTRING (283892 2772902,
304282 2872199, 192746 2882791)', 0);
```

三個線資料中，linestring1 跟 linestring2 沒有交集 , linestring1 跟 linestring3 相交於一個點。

```
SET @point1 = geometry::STGeomFromText('POINT (283892 2772902)', 0);
SET @point2 = geometry::STGeomFromText('POINT (383892 2772902)', 0);
```

兩個點資料中，point1 與其他線與面資料多有重疊，point2 則無。

結果展示：

```
SELECT @point1 AS point1
```

結果 空間結果 訊息

	point1
1	0x00000000010C00000000D053114100000000D3274541

圖 7-35　point1 查詢結果（方格顯示結果）

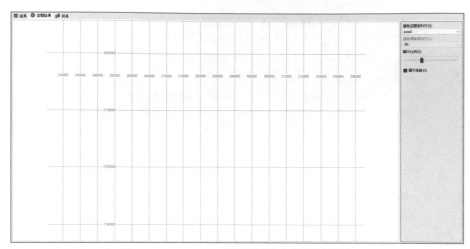

圖 7-36　point1 查詢結果（空間結果）

```
SELECT @point2 AS point2
```

	point2
1	0x00000000010C00000000506E174100000000D3274541

圖 7-37　point2 查詢結果（方格顯示結果）

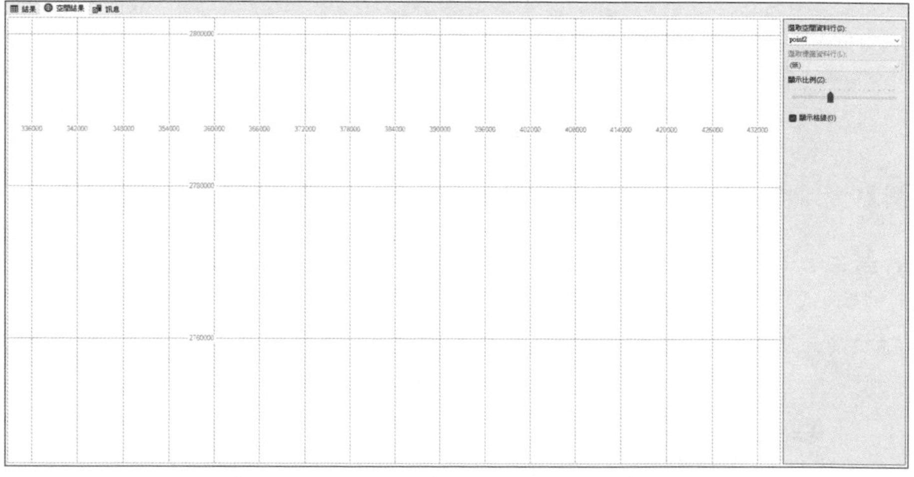

圖 7-38　point2 查詢結果（空間結果）

```
SELECT @linestring1 AS linestring1
```

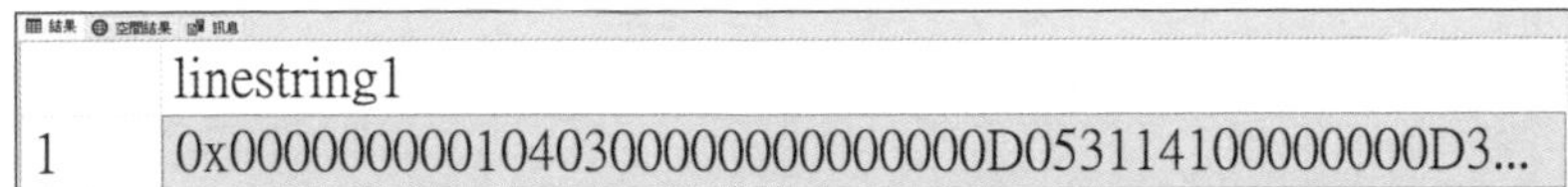

	linestring1
1	0x000000000104030000000000000000D05311410000000D3...

圖 7-39　linestring1 查詢結果（方格顯示結果）

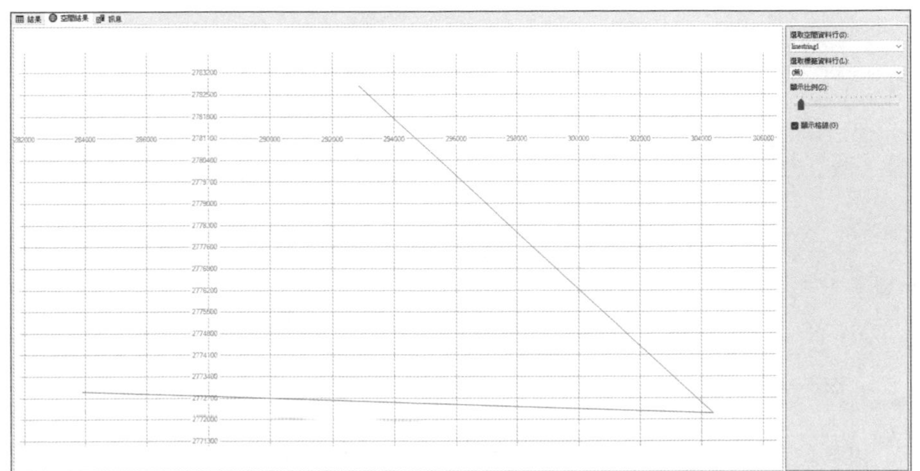

圖 7-40　linestring1 查詢結果（空間結果）

```
SELECT @linestring2 AS linestring2
```

	linestring2
1	0x000000000104030000000000000000204F114100000080D2...

圖 7-41　linestring2 查詢結果（方格顯示結果）

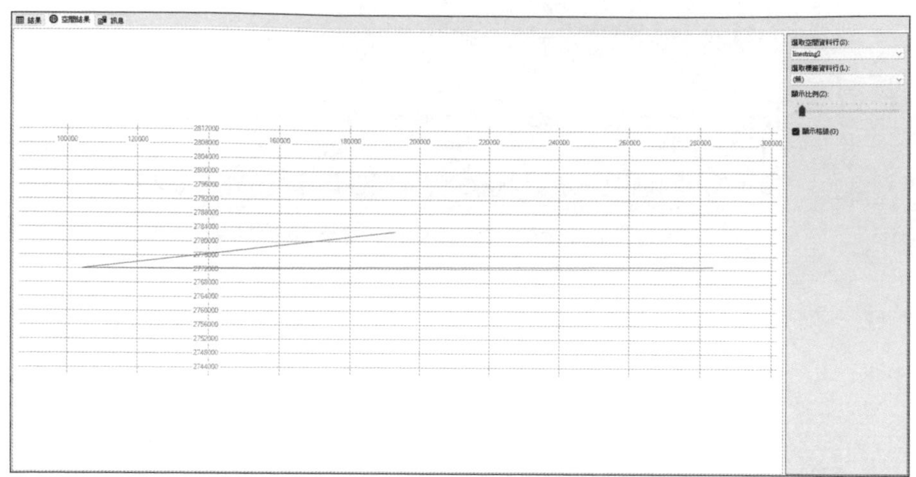

圖 7-42　linestring2 查詢結果（空間結果）

```
SELECT @linestring3 AS linestring3
```

	linestring3
1	0x0000000001040300000000000000D053114100000000D3...

圖 7-43　linestring3 查詢結果（方格顯示結果）

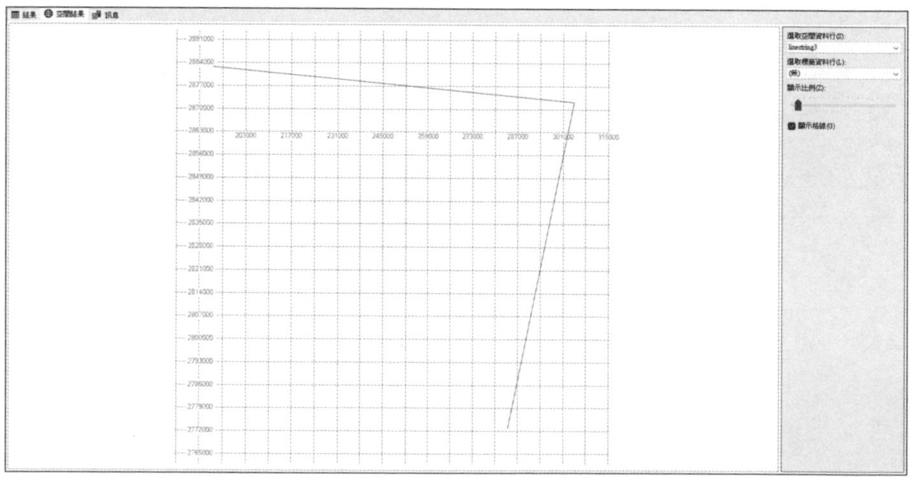

圖 7-44　linestring3 查詢結果（空間結果）

```
SELECT @polygon1 AS polygon1
```

	polygon1
1	0x00000000010404000000000000000D053114100000000D3...

圖 7-45　polygon1 查詢結果（方格顯示結果）

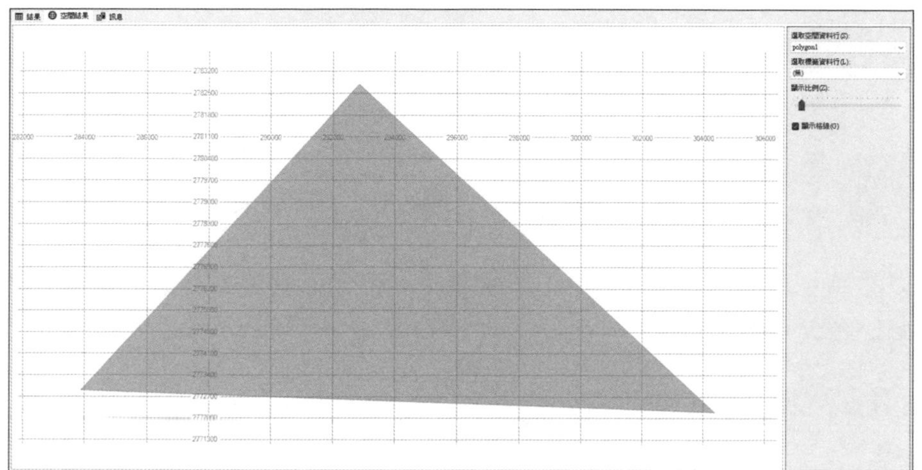

圖 7-46　polygon1 查詢結果（空間結果）

```
SELECT @polygon2 AS polygon2
```

	polygon2
1	0x000000000104040000000000000001073114100000000C7...

圖 7-47　polygon2 查詢結果（方格顯示結果）

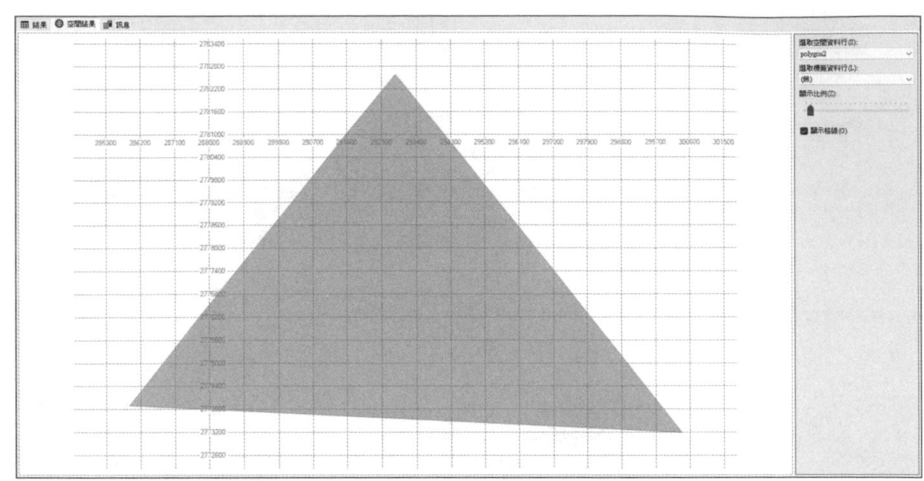

圖 7-48　polygon2 查詢結果（空間結果）

可以看到 polygon2 與 polygon1 形狀相近，但仔細看坐標格線的話會發現，一個比較大一個比較小。

```
SELECT @polygon3 AS polygon3
```

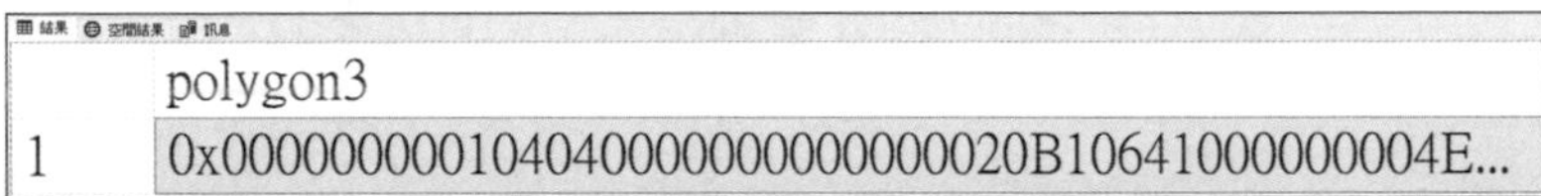

	polygon3
1	0x000000000104040000000000000020B10641000000004E...

圖 7-49　polygon3 查詢結果（方格顯示結果）

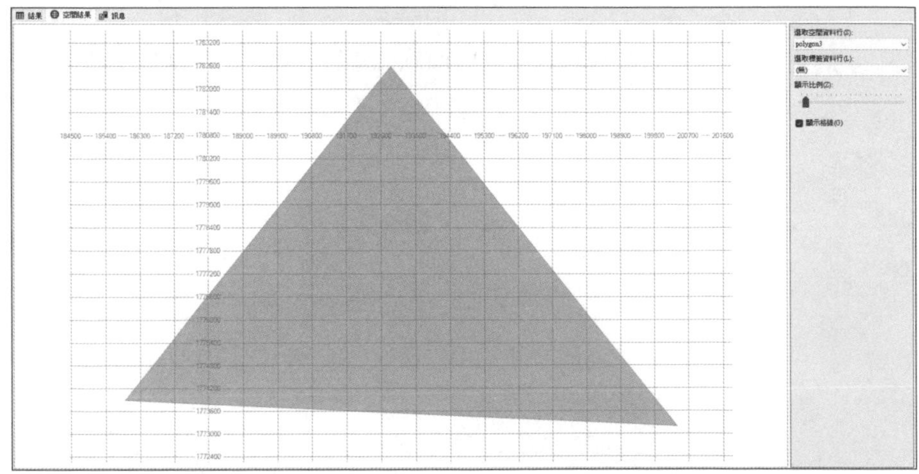

圖 7-50　polygon3 查詢結果（空間結果）

因為 SQL Server 空間顯示結果不能多個欄位同時顯示在一起，geometry 型別也不支援 UNION 語法，為了讓讀者們看清楚 polygon1、polygon2、polygon3 之間的關係，因此特別把他們組合在一起，以 Multi 的方式觀察他們之間的距離及交疊情況。

```
SELECT @polygon_mix12 AS polygon_mix12
```

結果　空間結果　訊息

	polygon_mix12
1	0x00000000010408000000000000000D053114100000000D3...

圖 7-51　polygon1 與 polygon2 結合查詢結果（方格顯示結果）

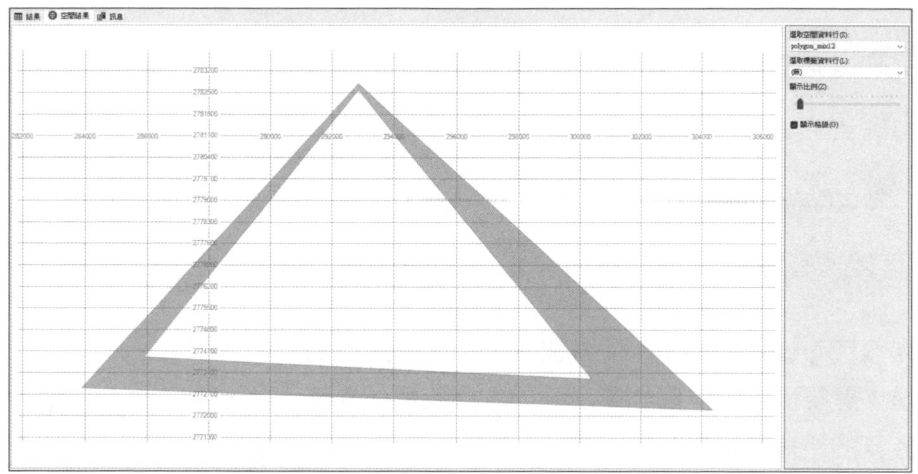

圖 7-52　polygon1 與 polygon2 結合查詢結果（空間結果）

可以看出 polygon2 在 polygon1 之中，在 Multi 的結合下才會完全挖空。

```
SELECT @polygon_mix13 AS polygon_mix13
```

結果　空間結果　訊息

	polygon_mix13
1	0x00000000010008000000000000000D053114100000000D3...

圖 7-53　polygon1 與 polygon3 結合查詢結果（方格顯示結果）

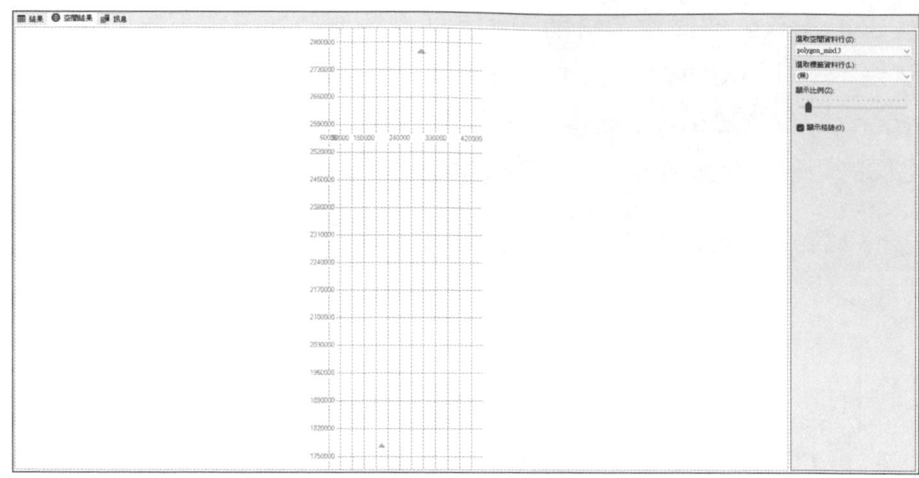

圖 7-54　polygon1 與 polygon3 結合查詢結果（空間結果）

可以看出 polygon1 與 polygon3 為兩個距離很遠的面資料。

距離計算：

- 點與點的距離

```
SELECT @point2.STDistance(@point1) AS Distance
```

透過 STDistance 可以計算兩個 WKB 格式資料的距離，需要使用同一個坐標系統，絕大多數坐標系統計算的距離結果單位為公尺。

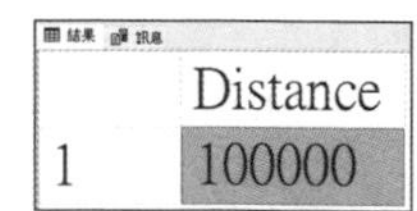

	Distance
1	100000

圖 7-55　點與點的距離查詢結果

告訴你一個小祕密！

圓形環域與距離計算的聯繫？

點與點間的距離計算，其實就是拿來實作圓形環域的方法。試想如果我們有一批點資料，我們想要篩選以某個坐標點為中心，一定距離為半徑內的資料，換個角度來看，這個問題其實可以簡化為，判斷圓心與資料點的距離，是否小於半徑，如果小於半徑則為我們要的圓形環域篩選結果的資料。

距離實作圓形環域示意如下：

```
SELECT [點資料] FROM [資料表]
WHERE [點資料].STDistance([圓心]) < [半徑]
```


■ 點與線的距離

```
SELECT @point2.STDistance(@linestring1) AS Distance
```

點與線的距離計算，則是會找出兩者之間的垂直距離。在生活中，假如我們開車想要找尋某一條省道接上去，我們會搜尋我們的所在的點與省道之間最近的垂直距離，當然，還要考慮路網去做路線的修正。

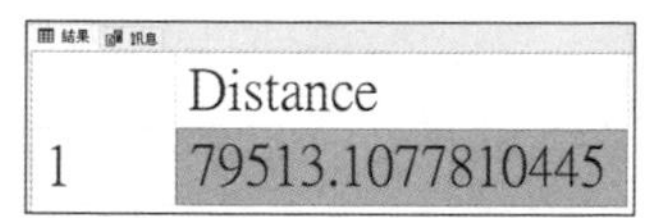

	Distance
1	79513.1077810445

圖 7-56　點與線的距離查詢結果

■ 點與線的距離（有重疊）

```
SELECT @point1.STDistance(@linestring1) AS Distance
```

當點與線有重疊時，也就是坐標點就落在這條線段上時，距離為 0。假如想要判斷點是否在某條軌跡上時可以使用，舉個例子，公車有固定的行經路線，想要知道公車有無偏離行經軌跡，可以讓公車車機定期回傳坐標資訊，在跟公車路線的線資料去做距離的運算，如果計算結果非趨近於 0，則代表公車離開了原本的路線，可以再結合推播、警示等功能即時傳送警訊。

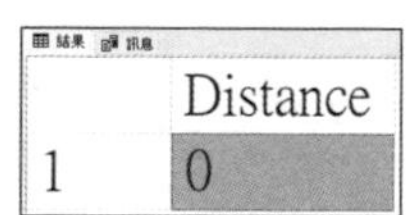

	Distance
1	0

圖 7-57　點與線有重疊時，距離查詢結果

■ 點與面的距離

```
SELECT @point2.STDistance(@polygon1) AS Distance
```

點與面的距離計算，一樣是算出點與面的最近距離，也等同於點與該面最近的一條邊的垂直距離。可以判斷坐標點到某一塊區域的最短距離，舉個例子，如果我們搭台北捷運到達圓山站，想要走到花博園區，但是花博園區是一大片的區域，並不是一個點，因此可以藉由圓山站的坐標點與花博園區的面資料做距離運算，就能知道從捷運站走到園區所需的最短距離。

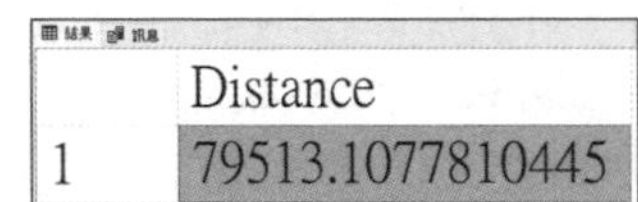

	Distance
1	79513.1077810445

圖 7-58 點與面的距離查詢結果

■ 點與面的距離（有重疊）

```
SELECT @point1.STDistance(@polygon1) AS Distance
```

當坐標點落在面資料之中時，距離則為 0。在實務應用上可以判斷點是否落在某一塊區域之中。舉個例子，環保局的稽查人員如果接獲民眾舉報噪音污染，可能會帶著噪音計去實地稽查，稽查的結果假設是 60 分貝（dB），這個標準在一般噪音管制區中的第一類住宅區可能是超標的，但是在第四類管制區卻是在合格範圍內。除了測量噪音分貝數外，還需要透過稽查人員當時的坐標得知是屬於第幾類噪音管制區，及該土地的用地類型，都有不一樣的管制標準。因此，可以透過稽查人員回傳的坐標點，與資料表中的噪音管制區面資料做距離的計算，取出距離為 0 的就是該坐標點所在的管制區域。

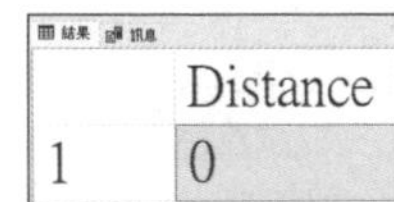

	Distance
1	0

圖 7-59 點與面有重疊時，距離查詢結果

■ 線與線的距離（沒有交集）

```
SELECT @linestring1.STDistance(@linestring2) AS Distance
```

線與線的距離也是判斷兩條線段的最短距離。在實務上的線段多為交通工具的運行軌跡，可能是兩個班機編號的實際飛行軌跡，可以藉由兩條飛航線資料距離來判斷是否符合安全距離，是否存在飛安的風險。

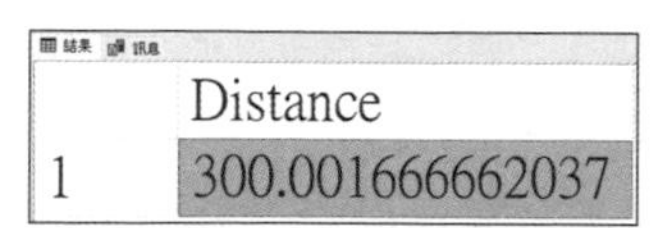

圖 7-60　線與線的距離查詢結果

■ 線與線的距離（有交集）

```
SELECT @linestring1.STDistance(@linestring3) AS Distance
```

線與線的距離運算，只需要有相交，距離則為 0。實務上如果要透過公車從一地到另一地，除了直達公車外，要計算公車轉乘路線，因為公車轉乘必須要下車，然後再上另一台公車，因此公車軌跡通常在某一站會接近或者相交，可以透過線資料間的距離運算，如果距離趨近於 0，可以進一步判斷公車路線之間有無轉乘的可能性。

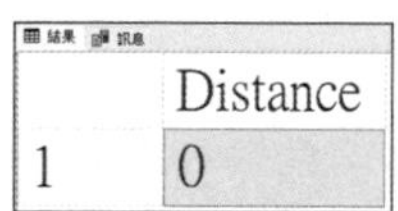

圖 7-61　線與線有交集時，距離查詢結果

■ 線與面的距離（沒有交集）

```
SELECT @linestring2.STDistance(@polygon1) AS Distance
```

線與面的距離，也是計算線與面之間的最近距離。假如我們要搭公車去台北市的大安森林公園，台北公車路線幾百條，要計算出搭哪一條公車前往最為合適，可以透過北市公車路線線資料與大安森林公園的面資料去做距離

的運算，再將運算的結果由距離近到遠來排序，即能找出在公園附近停靠的所有公車路線，再依據所在位置、轉乘時間等等……，從其中選取最合適的公車路線搭乘。

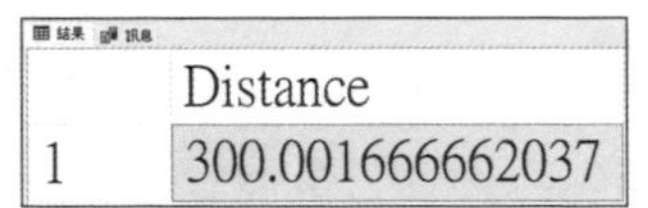
	Distance
1	300.001666662037

圖 7-62　線與面的距離查詢結果

- 線與面的距離（有交集）

```
SELECT @linestring1.STDistance(@polygon1) AS Distance
```

當線與面彼此有交集時，距離為 0。在實務上可以判斷線資料有無穿越面資料。舉個例子，大卡車在進行工程砂石運輸作業時，行徑路線不得進入自然保留區或濕地核心保育區等等……，可以藉由行徑軌跡與相關保護區面資料進行距離計算，可以監測砂石運輸中有無行徑路線的違規事項。

	Distance
1	0

圖 7-63　線與面有交集時，距離查詢結果

- 面與面的距離（有交集）

```
SELECT @polygon1.STDistance(@polygon2) AS Distance
```

面與面的距離計算，如果有交集，則距離為 0，可以以此反映出面與面之間有無交集，是最基礎的是否交疊的判斷方式。然而，面與面之間如果有交疊，通常還會想要計算出交疊的區域，甚至計算交疊的面積及周長，以反映實務上的需求。在後面的章節 7.4 中會詳細介紹交集（Intersect）的應用。

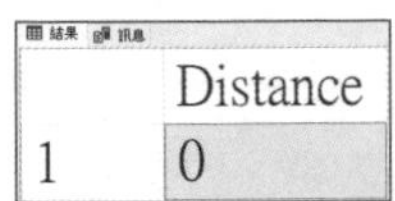
	Distance
1	0

圖 7-64　面與面有交集時，距離查詢結果

■ 面與面的距離（沒有交集）

```
SELECT @polygon1.STDistance(@polygon3) AS Distance
```

當沒有交集時，也能判斷面與面之間的最短距離。在實務上可以拿來做區域與區域之間的規劃。舉個例子，台北市信義計畫區有劃定五分埔商圈及六張犁商圈，住宅區可以根據與商圈的距離來簡單評估生活機能的方便性。

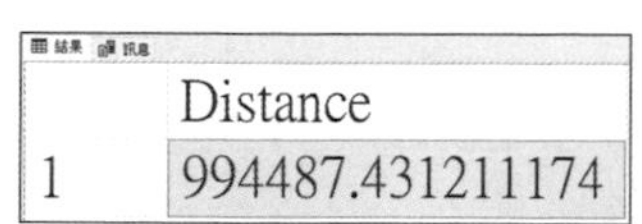

	Distance
1	994487.431211174

圖 7-65　面與面的距離查詢結果

7.3.2　長度

除了幾何形狀之間的距離計算外，也可以計算幾何形狀本身的長度。點資料沒有長度、線資料則是計算線段長度、面資料則是計算周長。

程式演練 7.5　長度

```
DECLARE @polygon geometry;
DECLARE @linestring1 geometry;
DECLARE @linestring2 geometry;
DECLARE @point geometry;
```

宣告點、線、面資料，之後會拿來示範計算長度。

```
SET @polygon = geometry::STGeomFromText('POLYGON ((283892 2772902, 304382 2772199, 292846 2782791, 283892 2772902))', 0);
SET @linestring1 = geometry::STGeomFromText('LINESTRING (283892 2772902, 304382 2772199, 292846 2782791)', 0);
SET @linestring2 = geometry::STGeomFromText('LINESTRING (292846 2782791, 283892 2772902)', 0);
SET @point = geometry::STGeomFromText('POINT (292846 2782791)', 0);
```

給這些點、線、面賦值。可以看到 @linestring1 的尾巴（最後一點）與 @linestring2 的頭（第一點）相同，而把 @linestring1 與 @linestring2 相連，就會圍成 @polygon，我們可以利用計算長度來驗證。

```
SELECT  @polygon.STLength() AS polygon
SELECT  @linestring1.STLength() AS linestring1
SELECT  @linestring2.STLength() AS linestring2
SELECT  @point.STLength() AS point
```


透過呼叫 geometry 格式的 STLength 方法，可以得到該地理幾何形狀的長度，這個方法在點、線、面均適用。在實務上，在都市計畫或區域計畫中，可能會拿來計算快速道路線資料的總長度、土地重劃區面資料的周長以及面積。

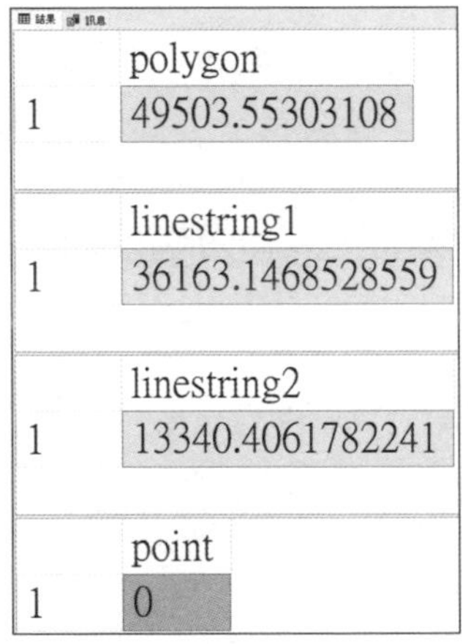

	polygon
1	49503.55303108

	linestring1
1	36163.1468528559

	linestring2
1	13340.4061782241

	point
1	0

圖 7-66　SQL 長度查詢（STLength）結果

可以從結果中看出，@polygon 計算的周常 49503 公尺，大約等於 @linestring1 的長度 36163 公尺與 @linestring2 的長度 13340 公尺的加總；另外，@point 的長度則為 0 公尺，可以看出點資料計算長度時為 0。

7.3.3 面積

除了長度以外，還能計算幾何形狀的面積。面積計算僅僅在面資料時會有值，點資料及線資料計算面積時則為 0。

程式演練 7.6　面積

```
DECLARE @polygon geometry;
DECLARE @linestring geometry;
DECLARE @point geometry;
```

宣告點、線、面資料，之後會拿來示範計算面積。

```
SET @polygon = geometry::STGeomFromText('POLYGON ((281255.9725000015 276
5700.5133999996, 281238 2765729.0083000008, 281240.6249000017 2765743.00
83000008, 281242.9375 2765756.0083000008, 281232.34379999992 2765772.2583
000008, 281215.375 2765798.7583000008, 281212.7593000003 2765797.2094,
281177.17169999983 2765776.1368000004, 281192.25289999973 2765734.4545000
009, 281200.2526000024 2765719.6403, 281199.63779999968 2765719.28449999
91, 281200.84049999993 2765717.6061000004, 281202.9161000003 2765715.076
8999998, 281205.1529000001 2765712.6888999995, 281207.5409000037 2765710.
4520999994, 281210.0701000013 2765708.3764999993, 281212.7297 2765706.47
06999995, 281215.5081000021 2765704. 7429000009, 281218.3936999999 27657
03.2005000003, 281221.3739 2765701.8500999995, 281224.43609999958 2765700.
6976999994, 281227.5673000023 2765699.7479, 281230.7537000023 2765699.
0048999991, 281233.9819 2765698. 4718999993, 281237.2379000007 2765698.
1513, 281240.5081000021 2765698. 0440999996, 281243.7783000035 2765698.
1513, 281247.0345000007 2765698.4718999993, 281250.26269999985 2765699.
0048999991, 281253.44909999985 2765699.7479, 281255.9725000015 2765700.
5133999996))', 0)
SET @linestring = geometry::STGeomFromText('LINESTRING (292846 2782791,
283892 2772902)', 0);
SET @point = geometry::STGeomFromText('POINT (292846 2782791)', 0);
```

給予點、線、面資料賦值。

```
SELECT @polygon AS polygon
```

查詢 @polygon，先來看看 @polygon 的形狀。

圖 7-67　@polygon 查詢結果（方格結果）

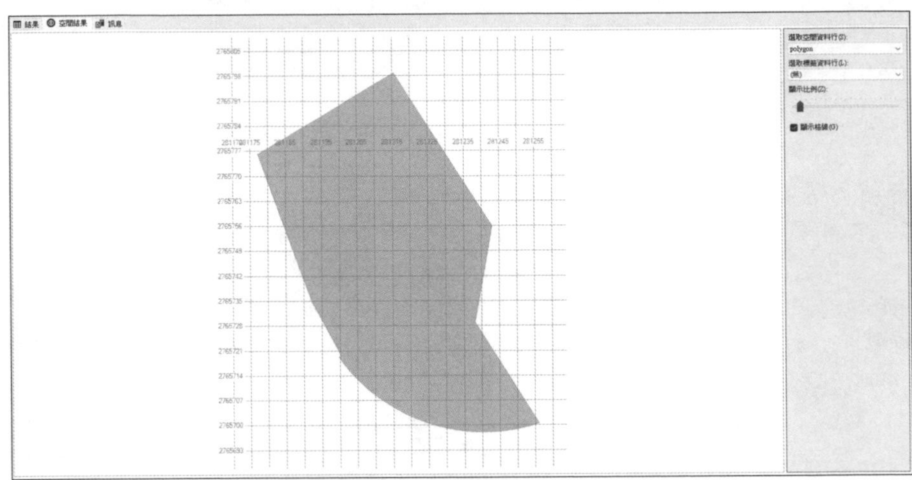

圖 7-68　@polygon 查詢結果（空間結果）

可以從空間結果中，看出 @polygon 的面資料的幾何形狀。

```
SELECT @polygon.STArea() AS polygon_Area
SELECT @linestring.STArea() AS linestring_Area
SELECT @point.STArea() AS point_Area
```

我們可以透過呼叫 geometry 型別的 STArea 方法來計算面積。在實務上的使用情境，舉個例子，都市計畫在農業用地的使用中，可以在部分的農業用地中興建農舍，但依法規定農舍用地面積不得超過農業用地面積之 10%。因此，主管機關可以透過農業用地面資料的面積計算及農舍面資料的面積計算，去查核農舍的使用是否合法。

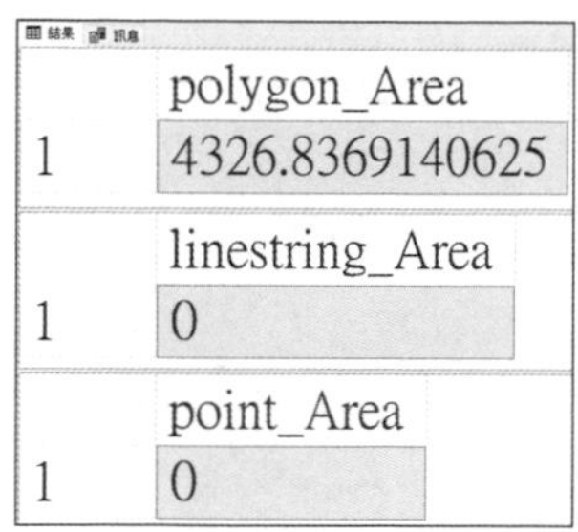

圖 7-69　SQL 面積查詢（STArea）結果

可以看到 @polygon 的面積查詢結果為 4326 平方公尺，線資料 @linestring 與點資料 @point 面積查詢結果則為 0。

7.4　空間查詢

學習難度 ★★☆☆☆

上一章節講述了幾何形狀的距離、長度、面積等等的計算，雖然我們可以透過點到點的距離的計算方式，來模擬出圓形環域(buffer)的查詢，也可以透過點與面的距離來計算點是否在面的區域之中，距離計算其實變相就能解決諸多空間查詢的問題。

然而，假如面與面有相交，如果想要計算出面與面的重疊區域的範圍，以及重疊區域的面積究竟有多大，這類型更進階的空間查詢則是要依賴更多的空間查詢的方法才能達成。本節會針對面資料的空間查詢，介紹面與面之間的包含、重疊、交集等等進階的空間查詢方法。

7.4.1　包含（Contain）

包含的使用情境為，較大的幾何資料包含較小的幾何資料，除了交集的判定外，還需要經過比大小的判定，通常是面資料包含點、線、面資料；點及線資料即便與其它幾何資料有重疊，也不會被判定成包含其他幾何資料。

程式演練 7.7　包含（Contain）

```
DECLARE @polygon1 geometry;
DECLARE @polygon2 geometry;
DECLARE @point geometry;
DECLARE @linestring geometry;
```

宣告點、線、面資料，之後會示範以包含來查詢交集情形。

```
SET @polygon1 = geometry::STGeomFromText('POLYGON ((283892 2772902,
304382 2772199, 292846 2782791, 283892 2772902))', 0);
SET @polygon2 = geometry::STGeomFromText('POLYGON ((285892 2773902,
300382 2773199, 292846 2782591, 285892 2773902))', 0);
SET @point = geometry::STGeomFromText('POINT (294000 2776200)', 0);
SET @linestring = geometry::STGeomFromText('LINESTRING (294000 2776200,
298000 2773400)', 0);
```

給予點、線、面資料賦值，這邊的 @polygon1 為較大的面，@polygon2 則為較小的面。

```
-- 面包含點
SELECT @polygon1.STContains(@point) AS IsContain

-- 面包含線
SELECT @polygon1.STContains(@linestring) AS IsContain

-- 面包含面
SELECT @polygon1.STContains(@polygon2) AS IsContain

-- 線包含點（錯誤）
SELECT @linestring.STContains(@point) AS IsContain
```

透過呼叫 geometry 型別的 STContains 可以以包含的方式查詢交集的情形。

	IsContain
1	1

	IsContain
1	1

	IsContain
1	1

	IsContain
1	0

圖 7-70 SQL 空間查詢（包含）（STContains）

```
-- 面（較大）包含面（較小）
SELECT @polygon1.STContains(@polygon2) AS IsBigContainSmall

-- 面（較小）包含面（較大）
SELECT @polygon2.STContains(@polygon1) AS IsSmallContainBig
```

包含（Contain）除了能判斷交集情形外，還能判斷面與面之間的大小，必須為較大的面包含較小的面，查詢的結果才會回傳正確。如下結果展示。

	IsBigContainSmall
1	1

	IsSmallContainBig
1	0

圖 7-71　面（較大）包含面（較小）及面（較小）包含面（較大）查詢結果

7.4.2　重疊（Within）

重疊是判斷兩個幾何形狀是否完全相同時所使用，如果兩個幾何形狀有所差異，即便差異很小，也不會被視為重疊。這個方法在實務上使用率較低，一般而言，我們測量坐標的方法是透過 GPS 去實地進行測量，即便再精確的 GPS 都很可能有幾公尺的誤差，因此測量結果的坐標很難與預期的完全一致。

除了坐標完全相同外，線資料及面資料存在連線的順序，當連線的順序相反時，只要點坐標完全相同，就會判定為重疊，因此這個方法無法判定坐標連線順序是否相同。

程式演練 7.8　重疊（Within）

```
DECLARE @point1 geometry;
DECLARE @point2 geometry;
DECLARE @linestring1 geometry;
DECLARE @linestring2 geometry;
DECLARE @polygon1 geometry;
DECLARE @polygon2 geometry;
```

宣告點、線、面資料，之後會示範以重疊的方式來查詢交集情形。

```
SET @point1 = geometry::STGeomFromText('POINT (283892 2772902)', 0);
SET @point2 = geometry::STGeomFromText('POINT (283892 2772902)', 0);

SET @linestring1 = geometry::STGeomFromText('LINESTRING (283892 2772902,
304382 2772199)', 0);
SET @linestring2 = geometry::STGeomFromText('LINESTRING (304382 2772199,
283892 2772902)', 0);

SET @polygon1 = geometry::STGeomFromText('POLYGON ((283892 2772902,
304382 2772199, 292846 2782791, 283892 2772902))', 0);
SET @polygon2 = geometry::STGeomFromText('POLYGON ((283892 2772902,
292846 2782791, 304382 2772199, 283892 2772902))', 0);
```

給予點、線、面賦值。可以看到，@point1 與 @point2 點坐標完全相同；@linestring1 與 @linestring2 則是兩條坐標相同，但順序相反的線資料；@polygon1 與 @polygon2 也是兩個坐標相同，但順序相反的面資料。

```
SELECT @point1.STWithin(@point2) AS IsWithin
SELECT @linestring1.STWithin(@linestring2) AS IsWithin
SELECT @polygon1.STWithin(@polygon2) AS IsWithin
```

呼叫 geometry 型別的 STWithin 方法，可以查詢幾何形狀的重疊情形。在實務上，公車路線通常都有去程及返程，去程及返程的路線可能相同也有可能不同，如果我們擁有去程及返程路線的線資料，我們可以透過重疊查詢的特性，即便去返程的方向不同，但只要坐標完全相同，就會回傳 true，也就代表去返程的停靠站牌完全相同。

告訴你一個小祕密！

想要比對去程及返程的停靠站是否完全相同，除了可以依靠 SQL 的重疊查詢外，也可以依靠 JavaScript 程式陣列操作的方式。我們可以依靠程式把 wkt 資料去除括號後，利用分割（split）分成很多坐標點的陣列，再利用排序（sort）去把陣列有依據的排列，最後再比對兩個陣列內的值是否完全相同。

	IsWithin
1	1

	IsWithin
1	1

	IsWithin
1	1

圖 7-72　SQL 空間查詢（重疊）（STWithin）

觀察重疊查詢結果，可以發現，@point1 與 @point2 完全相同，結果回傳 true，預料之中。@linestring1 與 @linestring2 兩者坐標相同、順序不同，也是回傳 true。@polygon1 與 @polygon2 抑是坐標相同、順序不同，結果也是回傳 true。可以得知，重疊查詢只會判斷坐標是否相同，並不受順序影響。

7.4.3　交集（Intersect）

交集查詢是多個面與面相交，或者線與面相交時，最常使用的方法之一。原因是交集查詢並不僅僅只查詢出是否相交，還會把相交的區域回傳。

在實務上，如果我們想要知道旅途中的某一段山路是否安全，是否有發生山崩或是地滑的疑慮，我們可以把該區域的山崩及地滑的災害潛勢面資料，與道路線資料做交集的查詢，最終即可得知某幾段山坡地的道路可能存在著山崩及地滑的潛在危機，進而提供主管機關是否進行土壤穩固的工法，抑或是部分路段以加固隧道施工，降低災害發生的風險。

程式演練 7.9　交集（Intersect）

```
DECLARE @polygon1 geometry;
DECLARE @polygon2 geometry;
DECLARE @linestring geometry;
```

宣告線、面資料，之後會示範交集查詢。

```
SET @polygon1 = geometry::STGeomFromText('POLYGON((282402 2765483, 317348
2761734, 320177 2781022, 289425 2780566, 282402 2765483))', 0);
SET @polygon2 = geometry::STGeomFromText('POLYGON ((283892 2772902,
304382 2772199, 292846 2782791, 283892 2772902))', 0);
SET @linestring = geometry::STGeomFromText('LINESTRING (283892 2772902,
304382 2772199, 292846 2782791, 283892 2772902)', 0);
```

給予線及面資料賦值。接著我們先透過查詢語法，來看看它們的幾何形狀。

```
SELECT @polygon1 AS polygon1
```

結果　空間結果　訊息

	polygon1
1	0x00000000010405000000000000000883C11410000008055...

圖 7-73　@polygon1 查詢結果（方格結果）

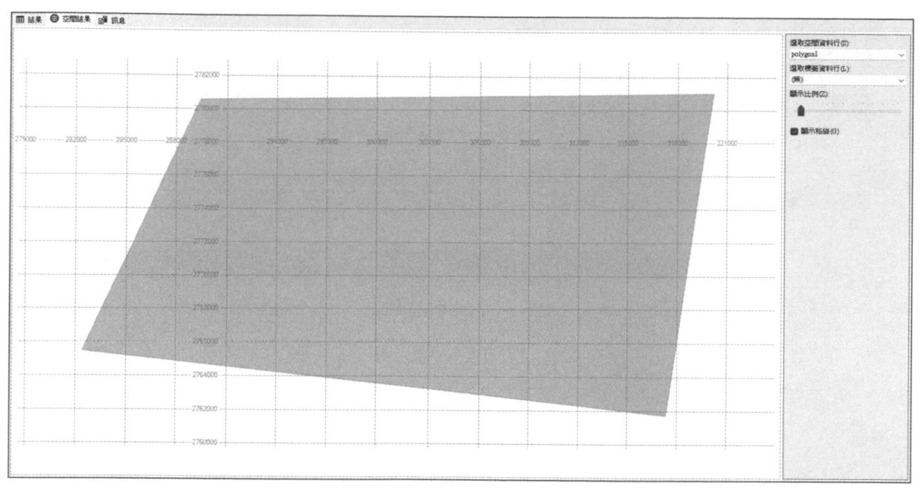

圖 7-74　@polygon1 查詢結果（空間結果）

可以看出 @polygon1 是一個四邊形。

```
SELECT @polygon2 AS polygon2
```

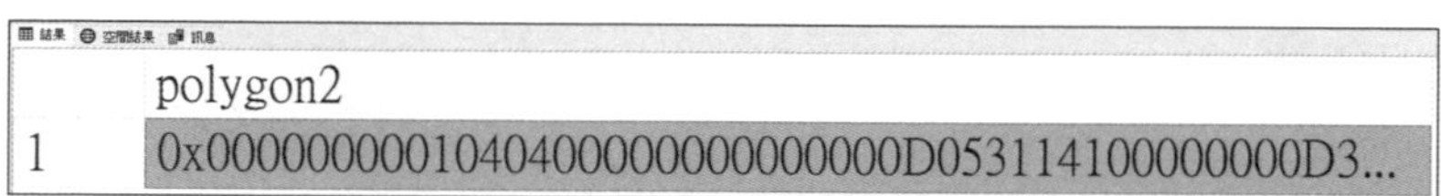

	polygon2
1	0x00000000010404000000000000000D053114100000000D3...

圖 7-75　@polygon2 查詢結果（方格結果）

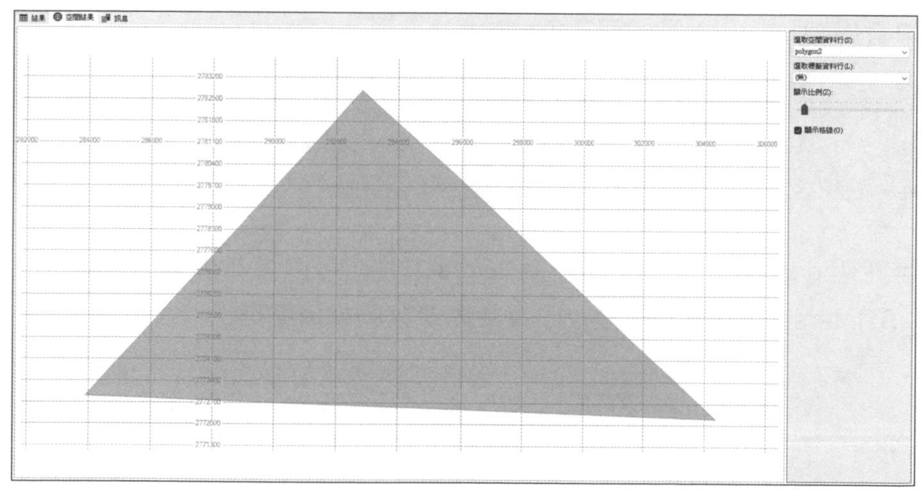

圖 7-76　@polygon2 查詢結果（空間結果）

可以看出 @polygon1 是一個三角形。

```
SELECT @linestring AS linestring
```

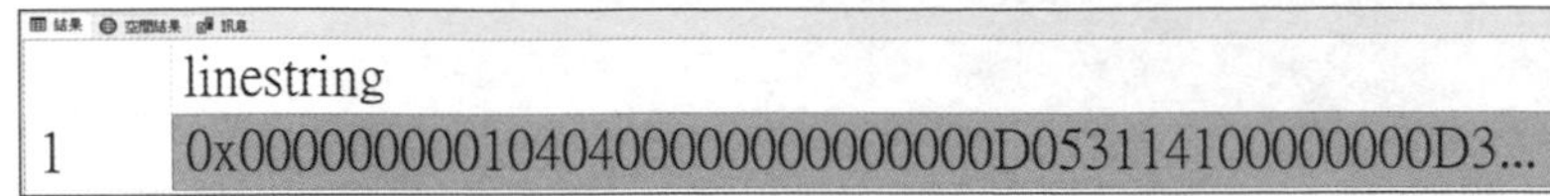

圖 7-77　@linestring 查詢結果（方格結果）

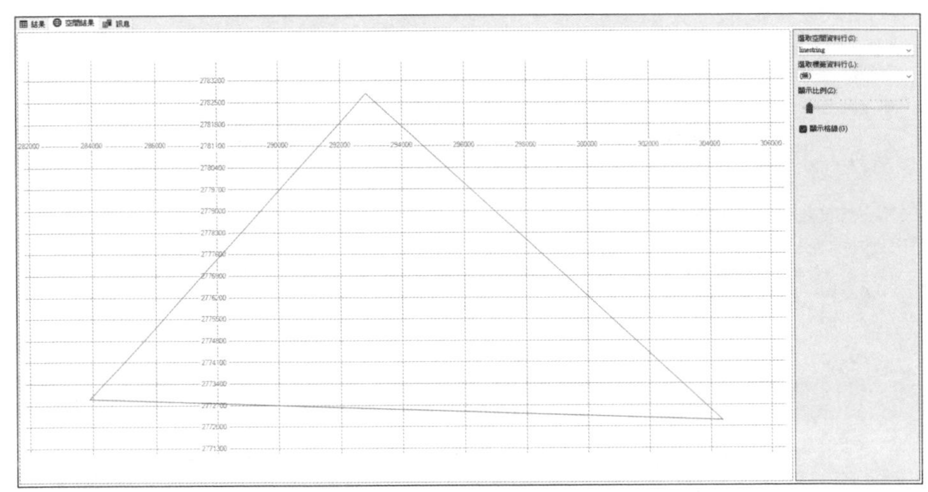

圖 7-78　@linestring 查詢結果（空間結果）

可以看出 @linestring 是一個三角形的線。

```
-- 面與面交集
SELECT @polygon1.STIntersection(@polygon2) AS IntersectionResult
SELECT @polygon1.STIntersects(@polygon2) AS IsIntersect
```

透過呼叫 geometry 型別的 STIntersects 方法，可以得知幾何形狀是否有交集；STIntersection 方法則是會回傳交集部分的幾何圖形。

	IntersectionResult
1	0x00000000010406000000000000000F89312410000008073...

	IsIntersect
1	1

圖 7-79　@polygon1 與 @polygon2 交集查詢結果（方格結果）

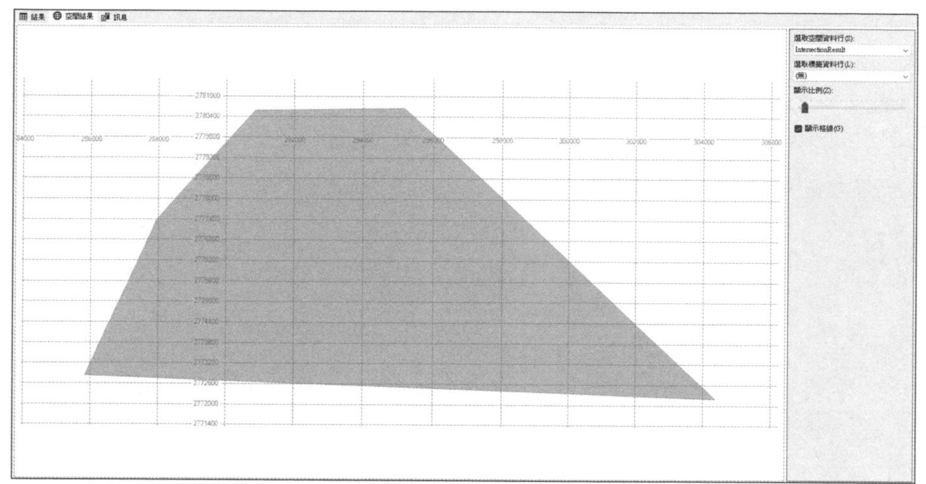

圖 7-80　@polygon1 與 @polygon2 交集查詢結果（空間結果）

可以看出 @polygon2 左邊及上面的角被 @polygon1 給切掉，交集的區域形成新的幾何圖形。

```
-- 面與線交集
SELECT @polygon1.STIntersection(@linestring) AS IntersectionResult
SELECT @polygon1.STIntersects(@linestring) AS IsIntersect
```

如果面與線的部分相交，則會回傳重疊部分的線資料。接著，來觀察 @polygon1 與 @linestring 的交集情形。

結果 空間結果 訊息

	IntersectionResult
1	0x000000000104050000001CB5440C8AC011410885A791D5...

	IsIntersect
1	1

圖 7-81 @polygon1 與 @linestring 交集查詢結果（方格結果）

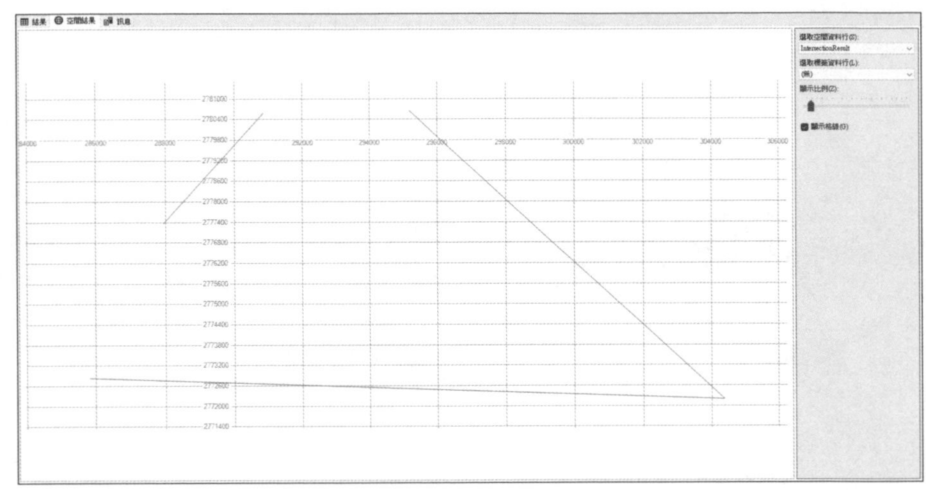

圖 7-82 @polygon1 與 @linestring 交集查詢結果（空間結果）

可以看出 @polygon1 與 @linestring 交集後，交集的區域形成新的幾何圖形，並且它們被切割成一條一條的線段。

7.5 常見錯誤

學習難度 ★★☆☆☆

SQL Spatial 空間查詢，初學者可能會遇到一些錯誤，這些錯誤有一部分並不是 SQL 語法打錯，而是地理幾何資料在進行空間查詢，數值資料轉成空間資料時，所發生的資料錯誤，本章節會把常見的錯誤整理，並提供實務上的解決方案。

7.5.1 頭尾不相連

面資料轉為 geometry 或 geography 格式時，坐標組的頭（第一點）與坐標組的尾（最後一點）必須相同，才能形成面。如程式演練 7.10 所示，展示發生 SQL 頭尾不相連的錯誤。

程式演練 7.10　SQL Spatial 頭尾不相連（面資料）

```
--頭尾不相同（面資料）

-- 面資料
DECLARE @a1 geometry;
DECLARE @a2 geometry;

--  Error: 起始坐標與終點坐標不相同
SET @a1 = geometry::STGeomFromText('POLYGON((282402 2765483, 317348
2761734, 320177 2781022, 289425 2780566))', 0);

--  正常
SET @a2 = geometry::STGeomFromText('POLYGON ((283892 2772902, 304382
2772199, 292846 2782791, 283892 2772902))', 0);

SELECT @a1 AS polygon_error
SELECT @a2 AS polygon_correct
```

宣告 @a1 與 @a2，@a1 是頭尾不相連的面資料；@a2 則是正常頭尾相同的面資料。

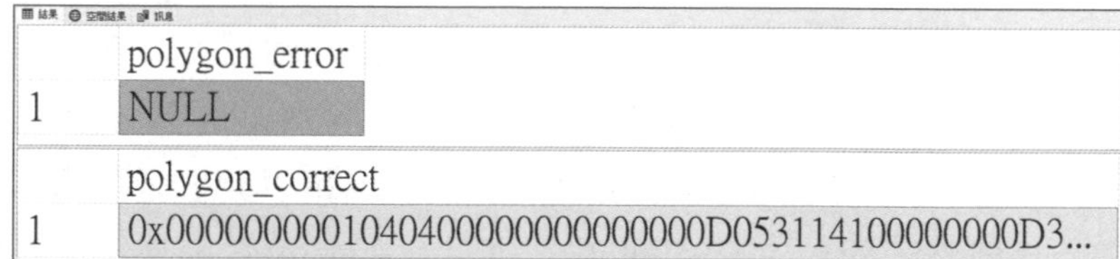

	polygon_error
1	NULL

	polygon_correct
1	0x000000000104040000000000000D053114100000000D3...

圖 7-83　頭尾不相連（error）及頭尾相同查詢（correct）結果（方格結果）

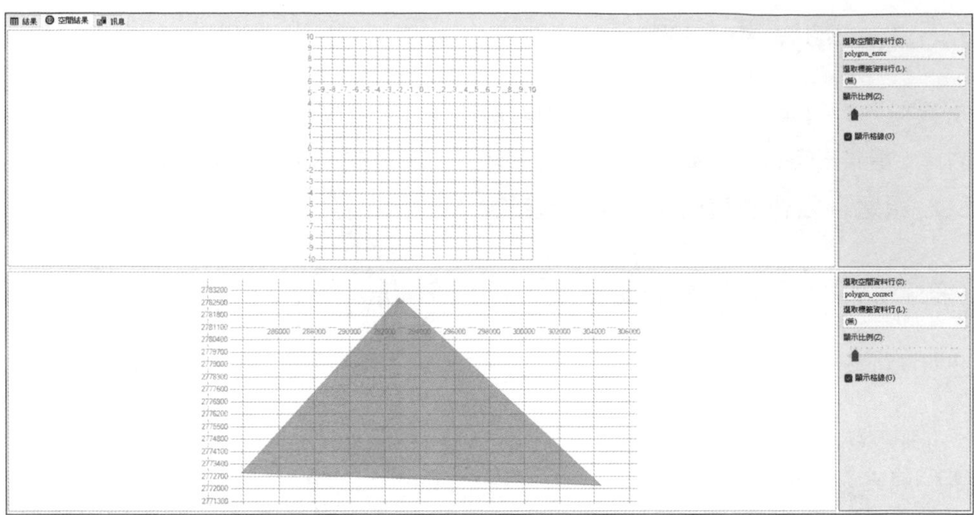

圖 7-84　頭尾不相連（error）及頭尾相同查詢（correct）結果（空間結果）

```
結果  空間結果  訊息
訊息 6522，層級 16，狀態 1，行 8
執行使用者自訂常式或彙總 "geometry" 時，發生 .NET Framework 錯誤:
System.FormatException: 24119: Polygon 輸入無效，因為外通道的起點和終點不相同。每個多邊通道的起點和終點必須相同。
System.FormatException:
   於 Microsoft.SqlServer.Types.GeometryValidator.ValidatePolygonRing(Int32 iRing, Int32 cPoints, Double firstX, Double firstY,
   於 Microsoft.SqlServer.Types.Validator.Execute(Transition transition)
   於 Microsoft.SqlServer.Types.ForwardingGeoDataSink.EndFigure()
   於 Microsoft.SqlServer.Types.WellKnownTextReader.ParseLineStringText()
   於 Microsoft.SqlServer.Types.WellKnownTextReader.ParsePolygonText()
   於 Microsoft.SqlServer.Types.WellKnownTextReader.ParseTaggedText(OpenGisType type)
   於 Microsoft.SqlServer.Types.WellKnownTextReader.Read(OpenGisType type, Int32 srid)
   於 Microsoft.SqlServer.Types.SqlGeometry.GeometryFromText(OpenGisType type, SqlChars text, Int32 srid)
```

圖 7-85　面資料頭尾不相連時產生的 error

當面資料頭尾不相連時，會產生 .NET Framework 錯誤，Polygon 外通道的起點和終點不相同。

7.5.2　方向錯誤

在 geography 型別的資料格式，面資料則是具有方向性。因為 geography 空間資料，代表著是地球上的經緯度坐標，把面資料的經緯度坐標點連線時，除了坐標連線內部的區域外，面的外部區域也可以算做是面資料。方向不同時，結果截然不同，在 MSSQL 中，逆時針的點資料順序，代表面的內部區域；順時針則代表著面的外部範圍。

程式演練 7.11　SQL Spatial 方向錯誤（面資料）

```
--方向錯誤
DECLARE @a1 geography;
DECLARE @a2 geography;

-- 順時針
SET @a1 = geography::STGeomFromText('POLYGON((120.68683027895389 24.24663
4330503618,120.76373461443319 24.19090153130943,120.67653059116645 24.167
724543536114,120.68683027895389 24.246634330503618))', 4326);

-- 逆時針
SET @a2 = geography::STGeomFromText('POLYGON((120.68683027895389 24.24663
4330503618,120.67653059116645 24.167724543536114,120.76373461443319 24.19
090153130943,120.68683027895389 24.246634330503618))', 4326);
SELECT @a1 AS polygon_clockwise
SELECT @a2 AS polygon_counterclockwise
```

宣告兩個 geography 型別的面資料並查詢，兩個面資料的坐標相同，但方向相反，查詢結果則截然不同，如下所示。

	polygon_clockwise
1	0xE6100000022404000007A956F6D233F38409C80FC06F5...

	polygon_counterclockwise
1	0xE6100000010404000007A956F6D233F38409C80FC06F5...

圖 7-86　面資料順時針及逆時針查詢結果（方格結果）

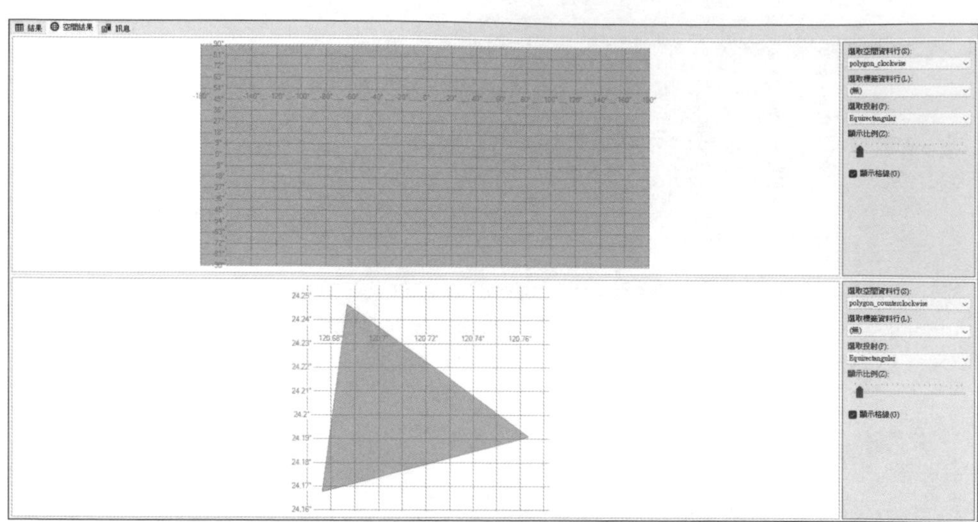

圖 7-87　面資料順時針及逆時針查詢結果（空間結果）

可以觀察出，順時針的 @a1，它的形狀是一個矩形，但仔細看坐標格線會發現，@a1 橫跨西經 180 度到東經 180 度的全部範圍，顯然這個結果是有問題的，它擷取到的是三角形範圍外的地球上的全部區域；@a2 則是三個點連成的三角形面資料，才是我們所需的正確資料。

因此，在 geography 型別下的空間面資料，必須為逆時針，如果順序搞反，會得到截然不同的結果。如果因為資料錯誤，導致環域查詢結果有誤，影響決策者的判斷，那損失可是無法衡量的。因此，筆者提供大家一個方法，寫一個修正資料順序的 SQL 函式，讓面資料經過這個函式轉換後，都能獲得正確的坐標順序。讓我們接著來看看這個 SQL 純量值函式。

程式演練 7.12　switchclockwise

```
CREATE function [switchclockwise](@p geography)
RETURNS geography
AS
BEGIN
    IF @p.EnvelopeAngle() = 180
    BEGIN
        SET @p = @p.ReorientObject()
```

```
    END
    RETURN @p
END
```

首先我們要先介紹兩個 geography 型別的方法。其一，EnvelopeAngle 這個方法，會傳回面中心點與幾何形狀中各個點之間的最大角度 (以度為單位)，如果面資料為順時針，計算到的是面以外的外部區域時，因為面資料橫跨半球，這個角度會回傳 180 度；反之，面資料為逆時針時，則小於 180 度。其二，ReorientObject 這個方法可以幫助我們直接將幾何資料的順序反轉，無論順時針或是逆時針。

接著我們建立一個 SQL 純量值函式，這個函式命名為 switchclockwise，輸入的參數 @p 為 geography 型別，這個函式會回傳一個 geography 型別的值。透過 IF 的判斷，將 @p 呼叫 EnvelopeAngle 這個方法，如果這個角度回傳 180 度，則代表面資料橫跨半球，為順時針順序，就會執行 BEGIN 中的程式，呼叫 ReorientObject 函式進行順序反轉，並且複寫進 @p 中。如果角度不等於 180 度，則為逆時針順序，為正確的面資料，則不會進到 BEGIN 的程式中，最後再將修正後的 @p 回傳。

```
SELECT  [dbo].[switchclockwise](@a1) AS polygon_clockwise
SELECT  [dbo].[switchclockwise](@a2) AS polygon_counterclockwise
```

將剛剛的 @a1 及 @a2 呼叫 switchclockwise 進行修正後，結果如下。

	polygon_clockwise
1	0xE6100000010404000000 7A956F6D233F38409C80FC06F5...

	polygon_counterclockwise
1	0xE6100000010404000000 7A956F6D233F38409C80FC06F5...

圖 7-88　面資料順時針與逆時針套用修正方法 switchclockwise 查詢結果（方格結果）

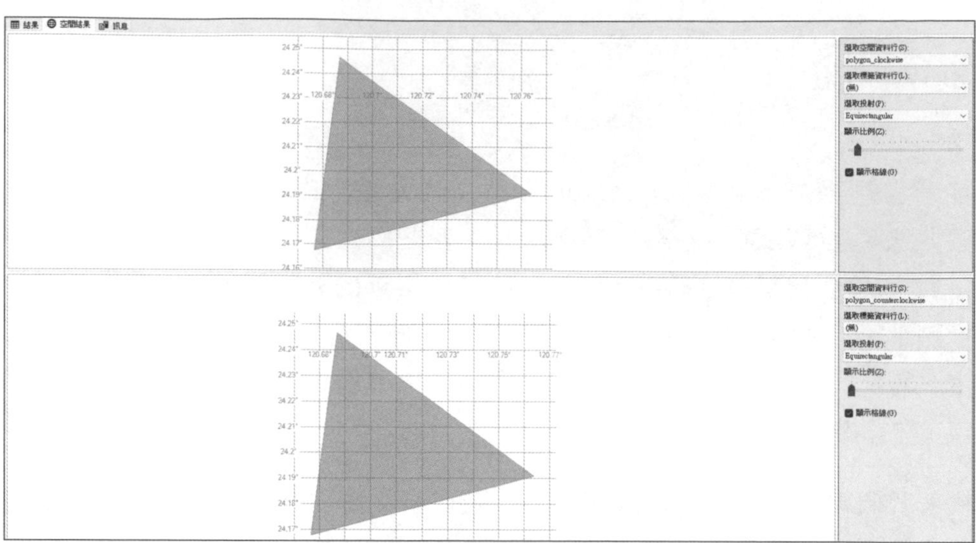

圖 7-89　面資料順時針與逆時針套用修正方法 switchclockwise 查詢結果（空間結果）

可以觀察出，不論順時針還是逆時針，經過這個修正方法後，都能得到正確的逆時針的結果。如果我們的面資料是已知的資料，並存在資料庫中，那麼它們是可控的，可以在開發階段就檢查空間資料有無順序的問題。如果使用者情境為使用者可以透過網站自由上傳面資料的坐標，難保使用者上傳的坐標不會出現順序錯誤的問題，因此需要透過這些額外的方法進行檢查及修正。

我要成為高手

SQL 版本號對應

https://docs.microsoft.com/zh-TW/troubleshoot/sql/general/determine-version-edition-update-level

08 Chapter

進階視覺化功能

本章學習重點：

- ✓ 了解展點數量龐大時的群聚呈現方式
- ✓ 認識熱區、Marker 動畫等進階視覺化的饗宴

GIS 除了空間資料分析外，還有其中一個重要的特色為資料視覺化，對於非具備專業知識背景的人，不可能拿一串專業且艱澀資料的報表來分析。然而，透過工具的輔助，將龐大的數值資料轉為圖像，繁瑣的空間資料轉為地圖上的元素，再透過色彩、大小、形狀等等的表示方式，將資料視覺化，讓使用者一眼能夠看出資料所要傳達的意涵。

本章節將會透過 Leaflet Plugins 為範例來介紹 WebGIS 常見的資料視覺化的應用。

8.1　群聚

學習難度 ★★★☆☆

在第 6 章我們講述了展點，把龐大的點資料全部秀在地圖上，可以綜觀所有的資料。然而，展點存在著兩個問題，其一，過於龐大的資料可能會讓使用

者失焦，找不到真正的目標點；其二，每一個點都是一個圖台物件，當點的數量過大時，會造成記憶體的負擔，對前端圖台的效能有所影響，進而造成使用者體驗的不佳。

因此，第 6 章節還講述了環域查詢，透過各種幾何範圍的篩選方式，讓資料呈現更加集中，也大幅度降低了記憶體的負擔，接著第 7 章節也介紹了環域查詢在資料庫層面的實作方式。然而，如果今天上級長官來視察，必須要一眼綜觀全台灣的資料呢？無法用環域篩選的方式，那麼就用群聚的表示方式吧！

相信大家中學課本都有看過台灣人口密度點子圖，一個點代表著 10 萬個人口，可以從點子圖中看出台灣的人口分布，這也是一種群聚的呈現方式。群聚（Marker Cluster），原理為把多個點用一個點來代替，透過點與點之間距離的遠近來決定是否要融合成一個點，再以融合點的數量透過大小、顏色、數字等方式，讓使用者一目了然，透過少少的點來呈現綜觀的資料，並且還能展現出點資料的密集程度。

8.1.1 亂數產生點

地圖初始化以後，我們想要展示群聚的呈現方式，由於群聚的使用情境為點的數量較為龐大時使用。首先，我們要先來創造這樣的使用情境，那就寫一個亂數坐標點產生器吧！

程式演練 8.1　亂數產生點

```
const random = (min, max) => {
    return Math.random() * (max - min) + min;
};
```

程式演練下載網址：

https://github.com/PapaPerryLiao/WebGIS-and-JavaScript/tree/master/8/8.1

程式演練線上 **Demo**：

https://papaperryliao.github.io/WebGIS-and-JavaScript/8/8.1/index.html

建立一個名為 random 的函式，函式的輸入參數為亂數的最小值（min）及最大值（max），輸出為一個亂數數值，它介於最大值及最小值之間。

透過 Math.random 方法，可以亂數產生介於 0 到 1，且具備小數點的數值。我們把這個亂數數值作為最小到最大值之間的縮放比例，越靠近 1 就越接近最大值，越靠近 0 則值越接近最小值。再透過最大值與最小值的差做為變量，把變量乘上縮放比例，再加上最小值，即能獲得介於範圍間的亂數點。

```
const CreatePoint = (count) => {
    const arr = [];
    // count 為產生的點數量
    for (let i = 0; i < count; i++) {
        const longitude = random(120.5, 121.4); // 經度介於 120.5~121.4
        const latitude = random(23, 24.6); // 緯度介於 23~24.6

        arr.push({ x: longitude, y: latitude });
    }

    return arr;
};
```

接著建立一個名為 CreatePoint 的函式，它的輸入參數為數量（count），代表欲產生多少個亂數點，輸出參數則是一個陣列，存放所有產生的坐標亂數點。

其中，使用剛剛寫好的 random 函式來亂數產生坐標點的經緯度，經度介於 120.5 度到 121.4 度之間，緯度介於 23 度到 24.6 度之間。再透過迴圈產生指定數量的亂數點，最後再把產生的亂數點存放至陣列中輸出。

```
const randomPoint = CreatePoint(1500);
console.log(randomPoint);
```

讓我們執行亂數點產生器，先試試看產生 1500 個點，透過 console.log 來看產生的點資料。如圖 8-1 所示。

```
                                                    index.js:19
▼Array(300) ℹ
  ▼[0 … 99]
    ▶0: {x: 121.0136102636607, y: 23.444995625164783}
    ▶1: {x: 121.19013721480762, y: 23.70647620145543}
    ▶2: {x: 121.26260142154553, y: 23.071122099839872}
    ▶3: {x: 121.22897582069865, y: 23.380155748804107}
    ▶4: {x: 120.69448898936227, y: 24.58681029557145}
    ▶5: {x: 120.51427587590564, y: 23.922988780034444}
    ▶6: {x: 121.19415433301282, y: 23.739512467795038}
    ▶7: {x: 120.90382832074057, y: 23.202865055933486}
    ▶8: {x: 121.32634844215474, y: 24.057673527497293}
    ▶9: {x: 121.3753596969479, y: 23.481630346761964}
    ▶10: {x: 121.15365112335859, y: 24.082699651905237}
    ▶11: {x: 121.1036600795801, y: 23.168659422133427}
    ▶12: {x: 121.30902133071925, y: 23.954775694107344}
```

圖 8-1　console.log 亂數產生點

接下來我們把這些坐標點秀在地圖上。

```
randomPoint.map((item) => L.marker(new L.LatLng(item.y, item.x))).forEach
((item) => lMap.addLayer(item));
```

透過剛剛的點坐標陣列，利用陣列的 map 方法去重組為 Leaflet API 的點資料物件，再透過迴圈把它們秀在地圖上。

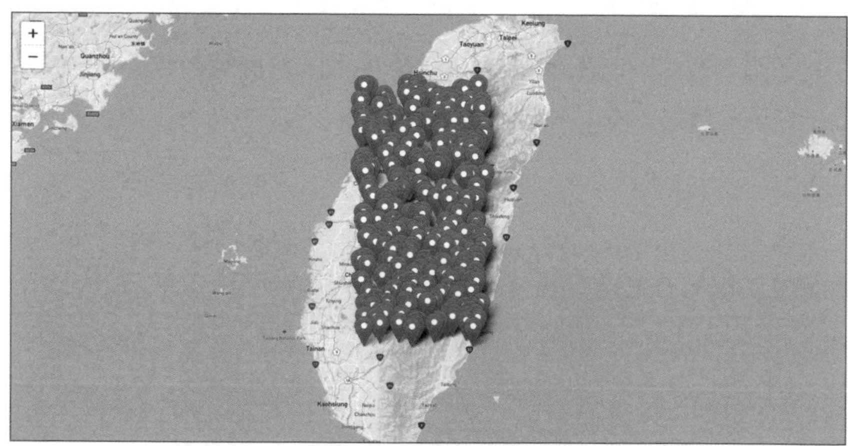

圖 8-2　亂數產生點

看到這許多密密麻麻的點，使用者在圖台操作上，很難找到想要的點，點與點之間互相覆蓋的情形也很嚴重，視覺上較不直觀。

8.1.2 群聚（Leaflet MarkerCluster）

上一小節產生了 1500 個密密麻麻的亂數點坐標，我們要想辦法透過群聚的方式，讓這些資料更加美觀以及直覺。而群聚的方式，也就是把較接近的點融合成一個點，再以數字來表示融合了多少個點。本小節會透過 Leaflet Plugins 中的 MarkerCluster 來做示範。


```
    <link rel="stylesheet" href="https://unpkg.com/leaflet.markercluster.
4.1/dist/MarkerCluster.Default.css" />
<script src="https://unpkg.com/leaflet.markercluster.4.1/dist/leaflet.
markercluster.js"></script>
```

載入群聚的 css 及 JavaScript 程式。

程式演練 8.2　群聚 (Leaflet MarkerCluster)

```
const markers = L.markerClusterGroup();
```

程式演練下載網址：

https://github.com/PapaPerryLiao/WebGIS-and-JavaScript/tree/master/8/8.2

程式演練線上 Demo：

https://papaperryliao.github.io/WebGIS-and-JavaScript/8/8.2/index.html

透過 L.markerClusterGroup 方法可以建立群聚坐標的群組，之後只要把點加入到這個群組中，都會成為點坐標融合的對象。

```
const addCluster = (arr) => {
    arr.map((item) =>
```

```
        L.marker(new L.LatLng(item.y, item.x)) // 新增 Marker
            .bindPopup(`<p>經度：${item.x}</p><p>緯度：${item.y}</p>`)
    ) // 資訊視窗
        .forEach((item) => markers.addLayer(item)); // 把 marker 加入
L.markerClusterGroup 中

    lMap.addLayer(markers);
};
```

建立一個名為 addCluster 的函式，它可以把輸入的點坐標陣列，通通加入群聚坐標群組（ markers ）中，並且把它們的經緯度資訊透過 bindPopup 方法綁定資訊視窗。最後再透過 addLayer 方法把群聚坐標群組（ markers ）顯示在地圖物件（lMap）上。

```
addCluster(randomPoint);
```

接下來，呼叫寫好的 addCluster 函式並且傳入剛剛 1500 個亂數點坐標的陣列（randomPoint）。

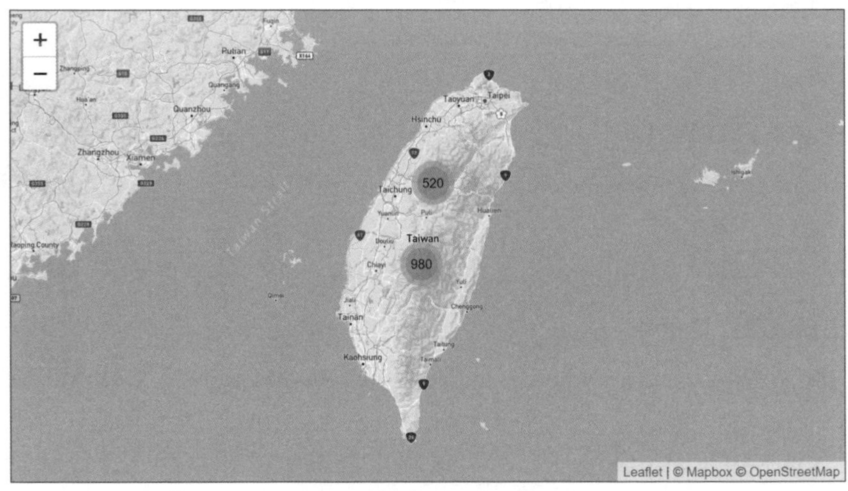

圖 8-3　亂數點坐標群聚結果（Leaflet API）

可以看到根據距離的遠近，點坐標群聚並融合成兩個點，其中一個點代表著 520 個點，另一個點代表著 980 個點。我們把這些亂數點坐標放大後，又可以細細拆成更多群聚點。如圖 8-4 所示。

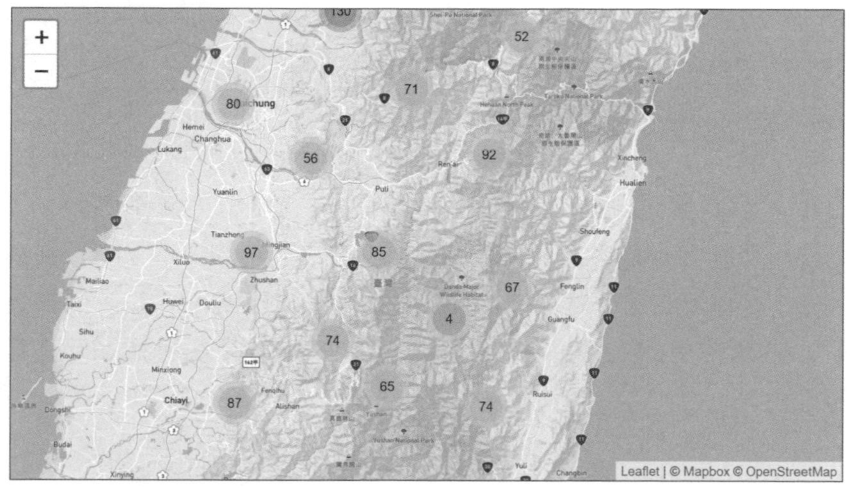

圖 8-4　亂數點坐標群聚結果 放大（Leaflet API）

再繼續放大後，會再拆成更多更小的群聚點，當不能再拆的時候，有可能會展現出原先的坐標點。如圖 8-5 所示。

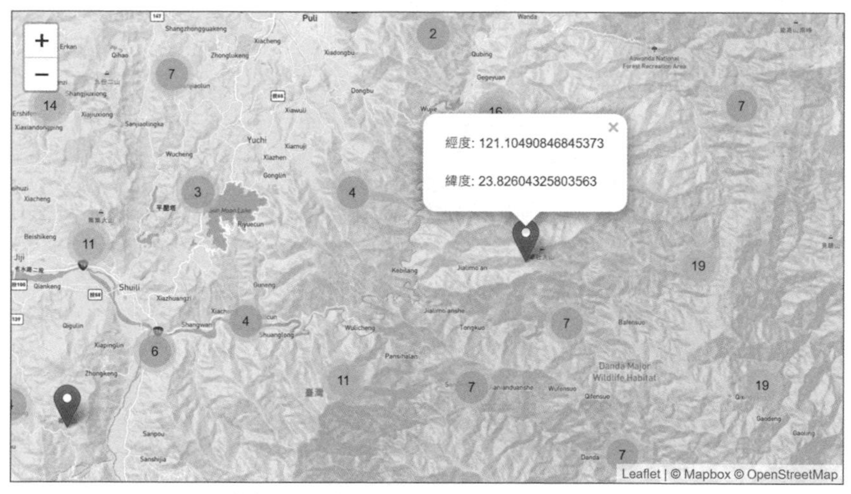

圖 8-5　亂數點坐標群聚結果 再放大（Leaflet API）

可以看到地圖上，放大到原先的坐標點出現時，點擊坐標點會出現原先已綁定的資訊視窗，並秀出它們的經緯度資訊。然而，點資料圖徵的 icon 樣式是可以任意指定的，那麼這些融合後的群聚點呢？它們的樣式是否也可以更改？下一小節，會介紹如何客製化這些群聚點的 icon，打造屬於自己專屬的地圖吧！

8.1.3 客製化 Icon

客製化 icon 有兩種方式，一種是使用圖片的方式來取代原本的 icon，另一種則是使用客製化 css 樣式來替代。然而，透過圖片的方式，除了要額外製作圖片外，對圖台的記憶體負擔也較重；透過 css 樣式則要花時間去製作多種不同 icon 所使用的 css 類別（ class ）。本章節會介紹透過 css 來客製化 icon 的方式。

```
    <link rel="stylesheet" href="cluster.css" />
    <link rel="stylesheet" href="https://unpkg.com/leaflet.markercluster.
4.1/dist/MarkerCluster.Default.css" />
```

首先要把原先 Leaflet API MarkerCluster 的 css 換成自己建立的 css 檔案：

加入

- 自己撰寫的 cluster.css

刪除

- unpkg.com/leaflet.markercluster.4.1/dist/MarkerCluster.Default.css

再來，撰寫一些 css 樣式，作為客製化 icon 使用。

cluster.css

```
.cluster {
    border: 2px solid grey;
    border-radius: 35px;
    display: flex;
```

```
    align-items: center;
    justify-content: center;
}

.cluster.cluster-green {
    background-color: green;
}

.cluster.cluster-yellow {
    background-color: yellow;
}

.cluster.cluster-red {
    background-color: red;
}
```

撰寫完 cluster.css 樣式檔後，之後只需要將 css 類別樣式名稱（className）加上 cluster-[顏色]，就可以秀出指定的綠色、黃色、紅色。

程式演練 8.3　群聚客製化 Icon

```
const markers = L.markerClusterGroup({
    iconCreateFunction: (cluster) => {
        const number = cluster.getChildCount();
        return L.divIcon({ html: number, className: "cluster cluster-
yellow", iconSize: L.point(25, 25) });
    },
});
```

程式演練下載網址：

https://github.com/PapaPerryLiao/WebGIS-and-JavaScript/tree/master/8/8.3

程式演練線上 Demo：

https://papaperryliao.github.io/WebGIS-and-JavaScript/8/8.3/index.html

透過 L.markerClusterGroup 方法建立群聚坐標的群組，之後只要把點加入到這個群組中，都會成為點坐標融合的對象。其中，iconCreateFunction 屬性可以設定客製化 icon 的函式，透過 callback 函式回傳的群聚資料（cluster），呼叫 getChildCount 方法，即可取得該群聚融合的點數量。最後透過 L.divIcon 可以建立 Leaflet API 的客製化 icon 物件，參數一的屬性設置中，有 icon 的內容（html）、css 類別樣式名稱（className）、icon 大小（iconSize）。這邊我們樣式先統一設定同一種大小及顏色。


```
const addCluster = (arr) => {
    arr.map((item) =>
        L.marker(new L.LatLng(item.y, item.x)) // 新增 Marker
            .bindPopup(`<p> 經度 : ${item.x}</p><p> 緯度 : ${item.y}</p>`)
    ) // 資訊視窗
        .forEach((item) => markers.addLayer(item)); // 把 marker 加入
L.markerClusterGroup 中

    lMap.addLayer(markers);
};
```

建立一個名為 addCluster 的函式，它可以把輸入的點坐標陣列，通通加入群聚坐標群組（markers）中，並且把它們的經緯度資訊透過 bindPopup 方法綁定資訊視窗。最後再透過 addLayer 方法把群聚坐標群組（markers）顯示在地圖物件（lMap）上。

```
addCluster(randomPoint);
```

接下來，呼叫寫好的 addCluster 函式並且傳入剛剛 1500 個亂數點坐標的陣列（randomPoint）。

結果展示：

圖 8-6　自定義 icon

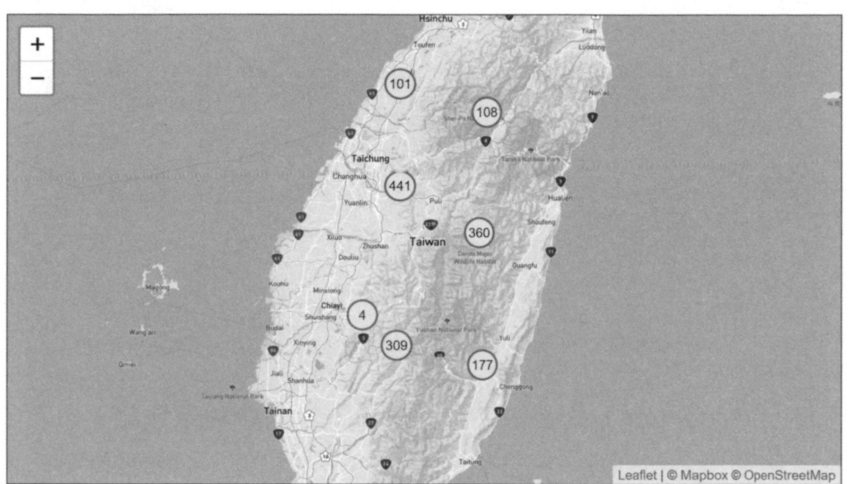

圖 8-7　放大

如圖 8-6、8-7 所示，我們可以看到群聚坐標的 icon，已經透過我們的 css 樣式檔客製化，但這個結果並不如意。GIS 的視覺化展現，應該再加入大小、顏色等等元素。我們用比較深的紅色代表著群聚比較擁擠的情況，黃色次之，綠色則是代表比較鬆散沒有明顯群聚現象；群聚 icon 的大小也要有所不同，可以建立一個群聚邏輯，在不同數量級的情境下使用不同大小的

icon。如此一來，使用者即可透過大小及顏色，更快速地辨識出目前資料的群聚狀態及空間分布的情形。

```
const IconLogic = (number) => {
    // 數量
    let className = "cluster";
    let point;

    if (number < 100) {
        className += " cluster-green";
        point = L.point(25, 25);
    } else if (number < 200) {
        className += " cluster-yellow";
        point = L.point(30, 30);
    } else {
        className += " cluster-red";
        point = L.point(35, 35);
    }

    return {
        className,
        point,
    };
};
```

建立一個名為 IconLogic 的函式，它用來計算自定義群聚邏輯，輸入參數為群聚點的數量（ number ），輸出參數格式為一個物件，帶有具備不同大小的點資料圖徵（ point ）及 css 類別樣式名稱（ className ）。這裡我們簡單分三個數量級，數量小於 100 的群聚點，icon 為綠色，寬高則是 25px；數量介於 100 到 200 間的群聚點，icon 為黃色，寬高則是 30px；剩下數量大於 200 的群聚點，icon 為紅色，寬高則是 35px。

```
//加入樣式邏輯
const markers = L.markerClusterGroup({
    iconCreateFunction: (cluster) => {
        const number = cluster.getChildCount();
```

```
        const icon = IconLogic(number);

        return L.divIcon({ html: number, className: icon.className,
iconSize: icon.point });
    },
});
```


我們修改一下群聚坐標的群組（ markers ）的設定，並且加入樣式邏輯。透過 callback 函式取得的數量，我們將它傳入 IconLogic 函式中，即能依據數量級去做分類，並且將回傳的點資料圖徵（ point ）及 css 類別樣式名稱（className）傳入 L.divIcon 方法來建立 icon。

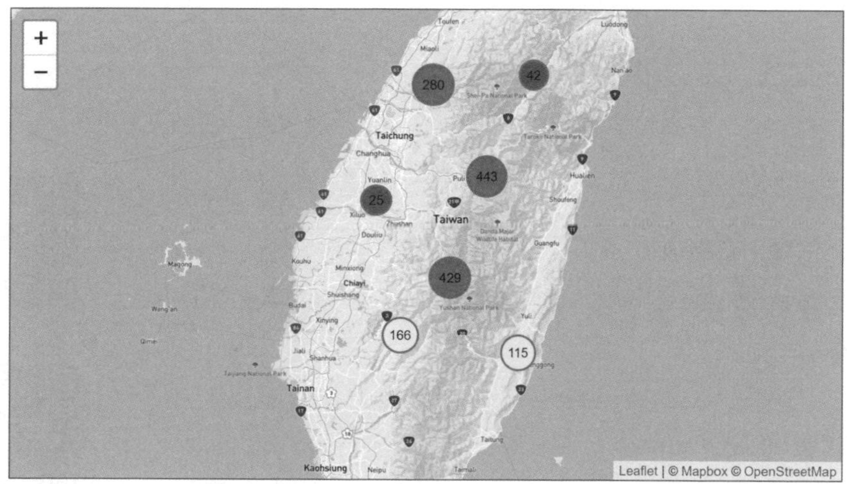

圖 8-8　群聚客製化 icon（Leaflet API）

可以看到地圖上的群聚點有顏色及大小的區別，一眼就能看出資料在空間的分布情形。

8.1.4　事件

除了客製化群聚點的樣式外，還可以對群聚點添加事件，跟一般幾何圖形不一樣的是，群聚點是由多個點融合而成的，因此觸發事件時，可以取得融合的所有點資料。

程式演練 8.4　群聚點事件

```
var polySelected;
markers.on("clusterclick", (e) => {
    const number = e.layer.getAllChildMarkers().length;

    if (polySelected) {
        // 如果有選取的邊界存在，先清除
        lMap.removeLayer(polySelected);
    }

    polySelected = L.polygon(e.layer.getConvexHull()); // 繪出邊界
    lMap.addLayer(polySelected);

    console.log(e.layer.getConvexHull());
    console.log("群聚數量：" + number);
});
```

程式演練下載網址：

https://github.com/PapaPerryLiao/WebGIS-and-JavaScript/tree/master/8/8.4

程式演練線上 **Demo**：

https://papaperryliao.github.io/WebGIS-and-JavaScript/8/8.4/index.html

對群聚點（markers）新增群聚點點擊事件（clusterclick），透過 e.layer.getAllChildMarkers 方法可以取得該群聚點融合前的所有點資料陣列，陣列長度（length）也就是群聚數量（number）。

此外，透過 e.layer.getConvexHull 方法可以取得該群聚點的邊界範圍，透過 L.polygon 方法將群聚邊界範圍建立面資料圖徵並把它存在 polySelected 這個全域變數中，在每次點擊時會清除再重新建立群聚邊界範圍的面圖徵。

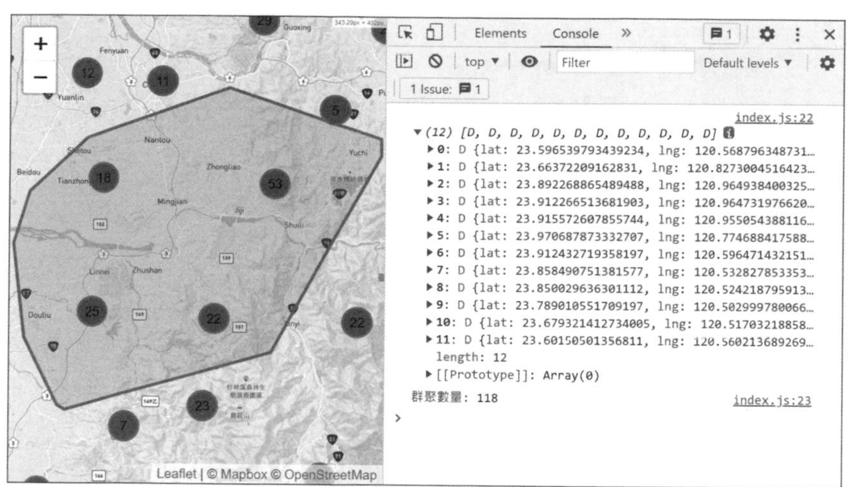

圖 8-9　群聚點擊事件與群聚邊界範圍

> **告訴你一個小祕密！**
>
> **何謂群聚邊界範圍？**
>
> 群聚點的群聚邊界範圍為融合範圍內的所有點的邊界，使用的演算法為 Convex Hull，中文名為凸包。它會計算出包裹內部散布的點中，表面積及容積最小的一個外殼，而最小的外殼一定是凸多邊形。

8.1.5　群聚蜘蛛網

Leaflet API 在群聚的視覺呈現上，還有一個很有趣的功能為群聚蜘蛛網（spiderfy），它可以把群聚中心點與群聚內所有融合的點坐標同時呈現，並且做連線，形成一種放射狀的視覺效果。

程式演練 8.5　群聚蜘蛛網

```
var polySelected;
markers.on("clusterclick", (e) => {
    const number = e.layer.getAllChildMarkers().length;
```

```
    if (number < 100) {
        // 群聚數量小於 100 才繪製蜘蛛網
        e.layer.spiderfy();
    }

    if (polySelected) {
        lMap.removeLayer(polySelected);
    }

    polySelected = L.polygon(e.layer.getConvexHull());
    lMap.addLayer(polySelected);

    console.log(e.layer.getConvexHull());
    console.log("群聚數量：" + number);
});
```

程式演練下載網址：

https://github.com/PapaPerryLiao/WebGIS-and-JavaScript/tree/master/8/8.5

程式演練線上 Demo：

https://papaperryliao.github.io/WebGIS-and-JavaScript/8/8.5/index.html

對群聚點（ markers ）新增群聚點點擊事件（ clusterclick ），透過 e.layer.spiderfy 方法可以建立群聚蜘蛛網，但在視覺化呈現的考量下，把過多的原始點資料呈現會形成堆疊，並且也失去了群聚原本的意義，因此這邊設定當群聚數量小於 100 時，才會繪製群聚蜘蛛網，讀者們可以根據不同的使用者情境與需求，去調整群聚蜘蛛網的使用方式。

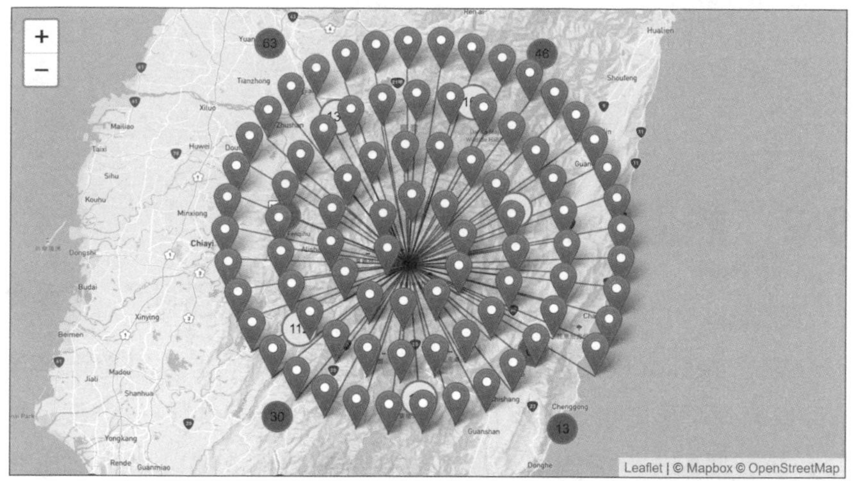

圖 8-10　群聚蜘蛛網

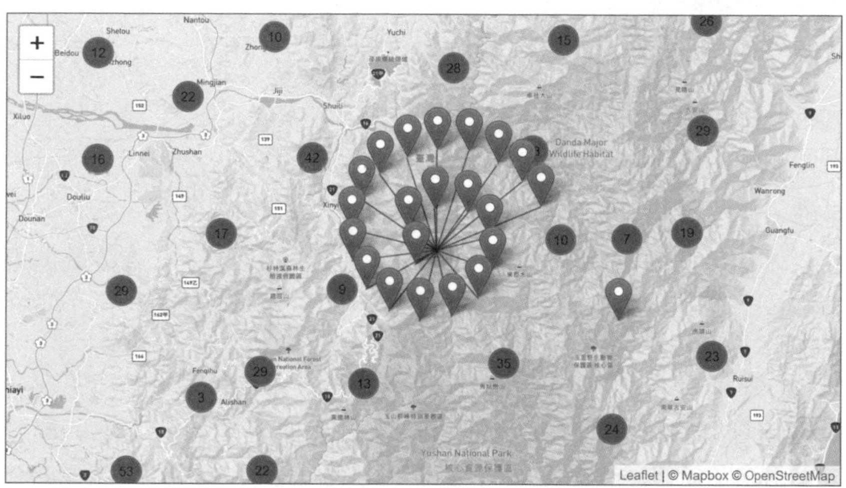

圖 8-11　群聚蜘蛛網 放大

L.markerClusterGroup 其他設定

- showCoverageOnHover：滑鼠移至群聚點時，顯示群聚區塊的面圖徵
- zoomToBoundsOnClick：點擊時放大至群聚點
- spiderfyOnMaxZoom：放到最大時顯示蜘蛛網
- removeOutsideVisibleBounds：群聚點及點坐標在可視範圍外不操作

- spiderLegPolylineOptions：設定蜘蛛網樣式，預設為 { weight: 1.5, color: '#222', opacity: 0.5 }

8.2 熱區

學習難度 ★★★☆☆

上一節介紹了 Leaflet Plugins 的 MarkerCluster 群聚，延續視覺化呈現的主題，本節要來介紹另個也是很有趣的功能，熱區地圖。相較於群聚是把很多個點融合成一個點，但每個點的權重比例是相同的；熱區則是把所有的點資料階層化，並且每個點資料的權重可以不同，再透過顏色的差異、色調或色彩強度的連續變化，去凸顯空間上的聚集或變化，有時還能看出空間上的移動性。最早的熱區圖就要從空間分析説起。

空間分析（Spatial Analysis），是 GIS 中的核心概念之一。最早最著名的空間分析，要從 19 世紀的英國倫敦説起。西元 1854 年 8 月 31 日，倫敦霍亂爆發事件，在短短三天內造成 127 人死亡，至 9 月 10 日時，死亡人數已超過 500 人。在那個細菌尚未被人們發現的年代，人們不知道霍亂的傳染途徑為何。

當時的內科醫生 John Snow 懷疑霍亂是依據「水」為傳播途徑，於是他把倫敦街頭的公共水泵畫在地圖上，並把感染者從住家到公共水泵的路線及活動範圍圈出來，並用點子圖呈現，最終發現感染途徑為以公共水泵為中心向外擴散，成為空間分析最早具有「熱區」概念的地圖。後來當局採用了醫生 John Snow 的説法，拆除了水泵閥，使得霍亂得以控制。John Snow 的貢獻也為流行病學及空間地理學有著重要的開端。

8.2.1 熱區（heatmap.js）

本小節使用的套件為 github 的開源套件 heatmap.js，它可以根據每個點的數值，通過數值及空間計算過後，並用 HTML5 canvas 畫出熱區圖。加入坐標的元素以後，heatmap.js 也可以套用在 Google 地圖或是 Leaflet 地圖上。

我要成為高手

heatmap.js / Github

https://github.com/pa7/heatmap.js/tree/develop

```
    <script src="https://unpkg.com/heatmap.js@2.0.5/build/heatmap.min.js">
</script>
```

把 heatmap.js 引用進網頁中，這邊使用的是壓縮後的版本 heatmap.min.js。

```
<div id="heatmap"></div>
```

新增 id 名稱為 heatmap 的 div 標籤，用以存放熱區圖。

程式演練 8.6　熱區 (heatmap.js)

```
const heatmapInstance = h337.create({
    container: document.querySelector("#heatmap"), // 存放 heatmap 的 div
});
```

程式演練下載網址：

https://github.com/PapaPerryLiao/WebGIS-and-JavaScript/tree/master/8/8.6

程式演練線上 Demo：

https://papaperryliao.github.io/WebGIS-and-JavaScript/8/8.6/index.html

透過 h337.create 方法可以建立熱區圖的 canvas 物件，其中 container 中放入剛剛建立用來存放熱區圖的 div 標籤。

```
const random = (min, max) => {
    return Math.random() * (max - min) + min;
};
```

建立一個名為 random 的函式，函式的輸入參數為亂數的最小值（min）及最大值（max），輸出參數則為一個亂數數值，它介於最大值及最小值之間。

透過 Math.random 方法，可以亂數產生介於 0 到 1，且具備小數點的數值。我們把這個亂數數值作為最小到最大值之間的縮放比例，越靠近 1 就越接近最大值，越靠近 0 則值越接近最小值。再透過最大值與最小值的差做為變量，把變量乘上縮放比例，再加上最小值，即能獲得介於範圍間的亂數點。

```
const CreatePoint = (count) => {
    let arr = [];
    for (let i = 0; i < count; i++) {
        let x = Math.floor(random(0, window.innerWidth));
        let y = Math.floor(random(0, window.innerHeight));
        let value = Math.floor(random(0, 100));

        arr.push({ x, y, value });
    }

    return arr;
};
```

接著建立一個名為 CreatePoint 的函式，它的輸入參數為數量（ count ），代表欲產生多少個亂數點，輸出參數則是一個陣列，分別產生螢幕寬高畫面中的 X 坐標及 Y 坐標，X 坐標範圍設定從 0 到畫面寬度，Y 坐標從 0 到畫面高度。這裡的 X 及 Y 坐標並非地圖的坐標，而是相對於網頁畫面的平面坐標，左上角為起始點，x 值向右為正，y 值向下為正。除了坐標以外，還有一個隨機 0 到 100 的值（value），代表著該點的權重。

```
var randomPoint = CreatePoint(300);
const data = {
    // 熱區繪製的資料格式
    max: 100,
    data: randomPoint,
};
console.log(data);
```

呼叫 CreatePoint 並建立帶有權重大小的 300 個點。

```
                                    index.js:28
▼Object ℹ
  ▼data: Array(300)
    ▼[0 … 99]
      ▶0: {x: 103, y: 395, value: 76}
      ▶1: {x: 72, y: 109, value: 86}
      ▶2: {x: 505, y: 258, value: 31}
      ▶3: {x: 26, y: 85, value: 74}
      ▶4: {x: 446, y: 367, value: 27}
      ▶5: {x: 117, y: 380, value: 42}
      ▶6: {x: 120, y: 47, value: 3}
      ▶7: {x: 366, y: 372, value: 45}
      ▶8: {x: 404, y: 211, value: 31}
      ▶9: {x: 131, y: 69, value: 40}
      ▶10: {x: 438, y: 48, value: 91}
      ▶11: {x: 362, y: 253, value: 49}
      ▶12: {x: 93, y: 212, value: 25}
      ▶13: {x: 134, y: 188, value: 15}
      ▶14: {x: 366, y: 260, value: 5}
      ▶15: {x: 747, y: 24, value: 28}
      ▶16: {x: 191, y: 3, value: 91}
      ▶17: {x: 43, y: 310, value: 10}
```

圖 8-12 亂數產生熱區圖使用的點（具備權重大小）

```
heatmapInstance.setData(data);
```

透過 setData 方法，把資料設定至熱區圖物件（heatmapInstance）上。

結果展示：

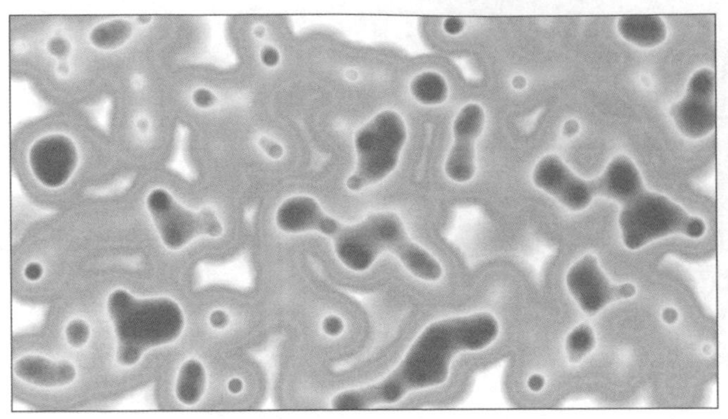

圖 8-13　熱區圖結果（亂數產生點）

8.2.2 熱區圖設定及滑鼠事件

學會了基本熱區圖的使用後，由於熱區圖重視的是空間資料視覺化的概念，因此客製化的樣式設定也是重要的功能之一，可以設定核密度半徑、背景顏色、梯度等等，來打造自己的熱區圖吧！

程式演練 8.7　熱區圖設定及滑鼠事件

```
const heatmapInstance = h337.create({
    container: document.querySelector("#heatmap"),
    backgroundColor: "rgba(0,0,0,.75)",
    //radius: 30,
    gradient: {
        ".5": "blue",
        ".8": "red",
        ".95": "yellow",
    },
    maxOpacity: 0.9,
    minOpacity: 0.3,
});
```

程式演練下載網址：

https://github.com/PapaPerryLiao/WebGIS-and-JavaScript/tree/master/8/8.7

程式演練線上 **Demo**：

https://papaperryliao.github.io/WebGIS-and-JavaScript/8/8.7/index.html

除了存放熱區圖的容器外（container），這邊還設定了背景顏色（backgroundColor）、梯度、最大透明度（maxOpacity）、最小透明度（minOpacity）。其中，梯度的設定在資料視覺化中尤為重要，顏色斷點及漸層的設定，可以把高密度區的資料模糊化，也可以把低密度區的資料營造出有聚集的效應。因此，熱區地圖雖然能表達空間的意涵，但熱區圖的製作方式很大程度的影響它的表現。

h337 的熱區圖設定

- container：存放 canvas 的容器
- backgroundColor：背景顏色
- radius：核密度半徑
- gradient：梯度及梯度顏色
- opacity：預設透明度
- minOpacity：最小數值的透明度
- maxOpacity：最大數值的透明度
- xField：x 坐標欄位名稱，預設為 "x"
- yField：y 坐標欄位名稱，預設為 "y"
- valueField：數值欄位名稱，預設為 "value"
- onExtremaChange：極值更新的 change 事件，用於動態算級距時改變圖例使用
- blur：模糊度，越高則邊界越順暢，預設為 0.85

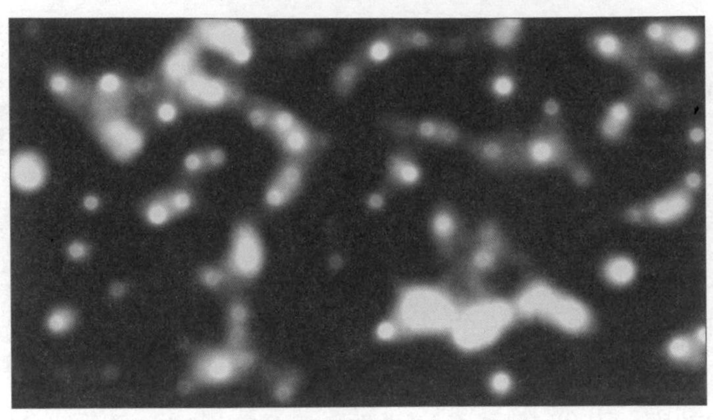

圖 8-14　熱區圖結果（自定義樣式）

因為 heatmap.js 熱區圖是一個 HTML5 的 canvas 畫布，因此也支援用滑鼠繪圖，動態產生熱區圖的功能，只需要在 canvas 畫布上添加滑鼠事件，雖然在實務上極少使用。

程式演練 8.7　熱區設定及滑鼠事件（2）

```
document.querySelector("#heatmap").onmousemove = (e) => {
    heatmapInstance.addData({
        x: e.layerX,
        y: e.layerY,
        value: 1,
    });
};
```

在存放熱區圖 canvas 畫布的 div 標籤添加滑鼠移動事件（mousemove），當滑鼠移動時就會觸發這個事件。每次滑鼠移動時，就在該滑鼠所在的坐標點中，加入 value 值為 1 的熱區資料，並把資料透過 addData 方法加至熱區圖物件（heatmapInstance）中。

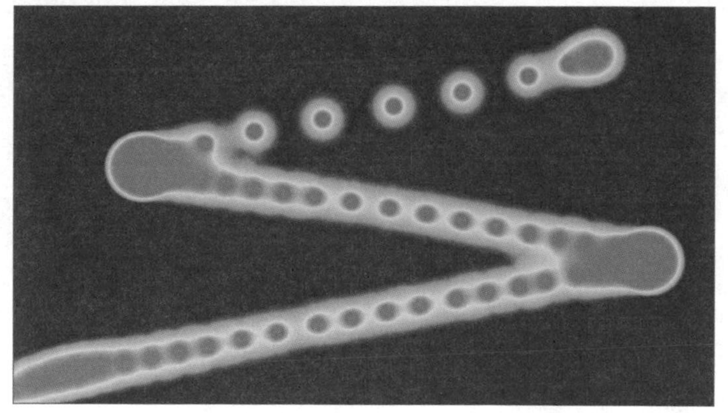

圖 8-15　熱區圖 mousemove 事件

8.2.3　熱區地圖（leaflet-heatmap.js）

前兩節介紹完基本的熱區圖使用後，只需要將它結合地圖坐標的概念，就能在 WebGIS 地圖上使用。Leaflet API 有提供一個 leaflet-heatmap.js 的開源函式庫可以使用，直接實作了 canvas 熱區圖在 Leaflet 地圖上的呈現。

```
    <script src="https://unpkg.com/heatmap.js@2.0.5/build/heatmap.min.js">
</script>
    <script src="https://unpkg.com/leaflet-heatmap@1.0.0/leaflet-heatmap.
js"></script>
```

引入 heatmap.js 外，還需要引入 leaflet-heatmap.js。接著我們來產生亂數點資料。

程式演練 8.8　熱區地圖（leaflet-heatmap.js）

```
const random = (min, max) => {
    return Math.random() * (max - min) + min;
};

const CreatePoint = (count) => {
    const arr = [];
    for (let i = 0; i < count; i++) {
```

```
        let x = random(120.5, 121.4);
        let y = random(23, 24.6);
        let value = Math.floor(random(0, 100));

        arr.push({ x, y, value });
    }

    return arr;
};

var randomPoint = CreatePoint(300);
```

程式演練下載網址：

https://github.com/PapaPerryLiao/WebGIS-and-JavaScript/tree/master/8/8.8

程式演練線上 **Demo**：

https://papaperryliao.github.io/WebGIS-and-JavaScript/8/8.8/index.html

產生 300 個亂數點坐標，作為熱區地圖的範例使用，其中，點資料的 X 坐標範圍為經度 120.5 度到 121.4 度之間，Y 坐標範圍為緯度 23 度到 24.6 度之間，值（value）權重範圍為 0 到 100。

初始化地圖以後，接著就可以做初始化熱區地圖及相關設定。

```
const option = {
    scaleRadius: false,
    radius: 50,
    useLocalExtrema: true,
    latField: "y",
    lngField: "x",
    valueField: "value",
    maxOpacity: 0.5,
};
```

leaflet-heatmap.js 使用 HeatmapOverlay 物件，比起 heatmap.js 的 h337 物件，多了三種設定：

- radius：核密度半徑
- scaleRadius：如果為 true 會根據地圖縮放層級來測量；如果為 false，不論縮放層級為何均以核密度半徑 (單位為 px) 來計算。
- useLocalExtrema：當前極值或定極值。如果為 false，使用全域極值，也就是固定的最大最小極距；如果為 true，則是使用當前最大數值及最小數值作為級距。


```
const heatmapLayer = new HeatmapOverlay(option);
```

透過 HeatmapOverlay 函式，建立熱區地圖物件（ heatmapLayer ），參數 option 為熱區地圖的設定。

```
const data = {
    max: 100,
    data: randomPoint,
};

heatmapLayer.setData(data);
```

把亂數資料透過 setData 方法設定至熱區地圖（heatmapLayer）中。

```
heatmapLayer.addTo(lMap);
```

透過 addTo 方法把熱區地圖（heatmapLayer）加至地圖物件（lMap）中。

結果展示：

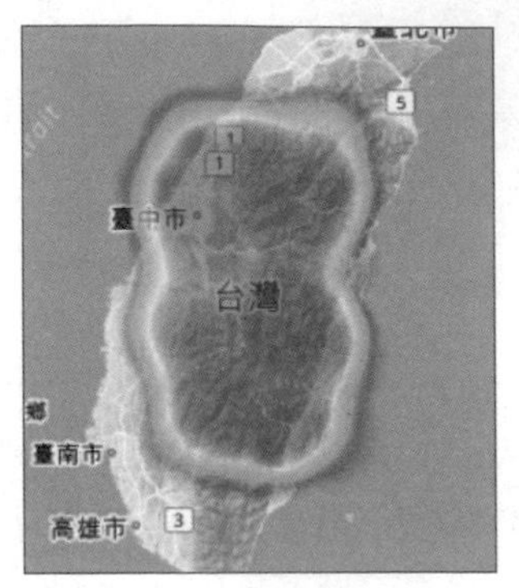

圖 8-16　熱區地圖（radius: 30）

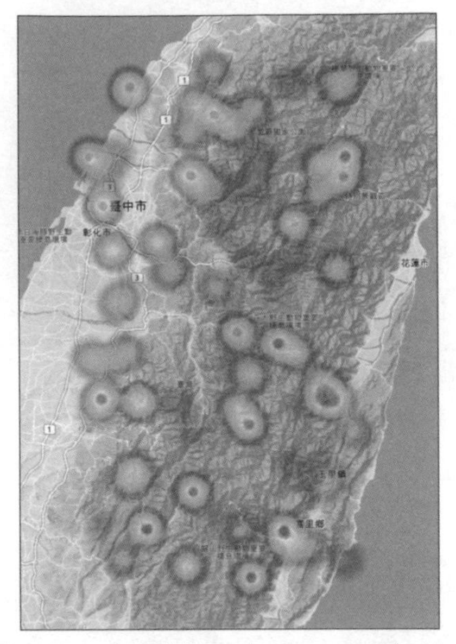

圖 8-17　熱區地圖（radius: 30）放大

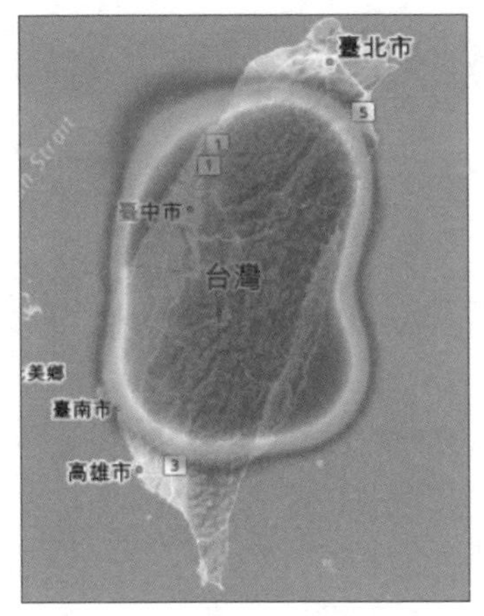

圖 8-18　熱區地圖（radius: 50）

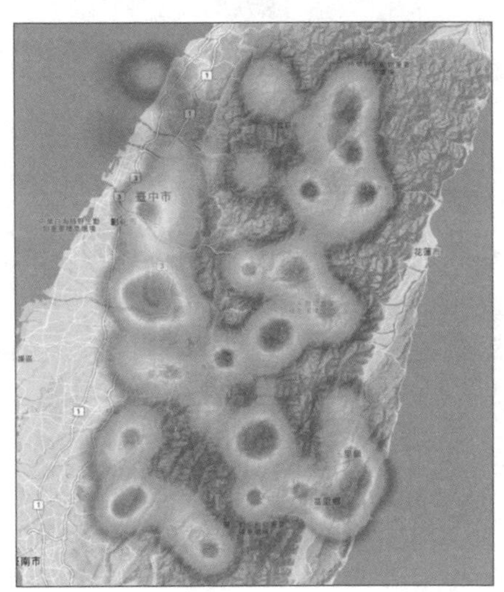

圖 8-19　熱區地圖（radius: 50）放大

可以發現在小比例尺時，差距較不明顯，中大比例尺時，半徑較大的，較能顯示核密度中心及其擴展性。然而，半徑太大又會全部混雜在一起。因此，根據不同的資料型態，要選擇不一樣的核密度半徑。

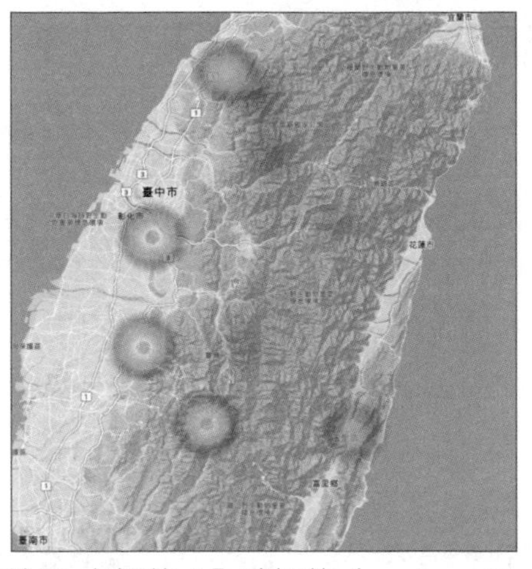

圖 8-20　熱區地圖 定極值 / 全域極值（useLocalExtrema: false）

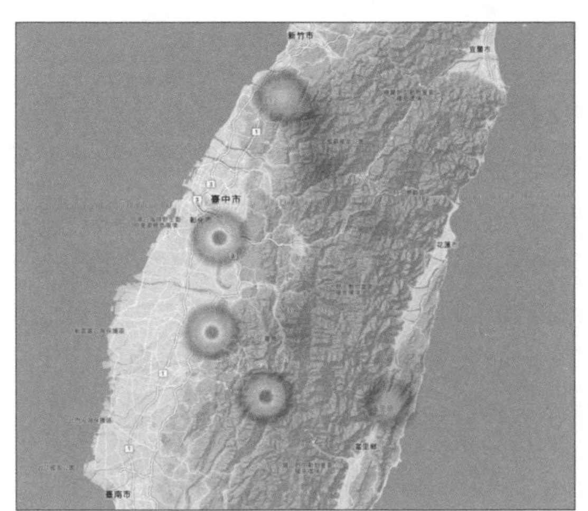

圖 8-21　熱區地圖 當前極值（useLocalExtrema: true）

可以發現使用當前極值，從當下的所有數值中找出極大極小值，較能看出它的顏色差異，可是級距變動下可能會混淆視聽，也要時常更動圖例。使用定極值(全域極值)，顏色差異較不明顯，視覺上熱區密度較不直觀，但級距固定，較不易混淆視聽。

8.3 讓 Marker 動起來

學習難度 ★★☆☆☆

上一節介紹了熱區地圖，透過熱區漸層的方式讓資料視覺化，並且以顏色的差異、色調、色彩強度的連續變化，讓使用者一目了然。然而，GIS 視覺化的展現中，除了靜態的展現外，也可以加入一些動畫強調視覺效果。本節會介紹 Leaflet Plugins 中的 MovingMarker 及 BounceMarker 來初步展示標記點的動畫效果。

8.3.1 會跳動的 Marker（bouncemarker）

Marker:「跟我一起動次動次動！」

地圖上有多個點資料圖徵時，當我們選取或是點擊標記點（ Marker ），通常會做強調（ Highlight ）的效果，讓目前地圖上強調的焦點更加清晰。一般而言，會使用更換 Icon 或是替換 Icon 的顏色來達到強調的效果。然而，除了 Icon 的強調效果外，也可以增加一些動畫，讓標記點聚焦的瞬間產生跳動，如此一來，聚焦的視覺化效果會更為鮮明。本小節會透過 Leaflet Plugins 中的 bouncemarker 來達成跳動的效果。

```
    <script src="https://maximeh.github.io/leaflet.bouncemarker/
bouncemarker.js"></script>
```

引入 bouncemarker 的 JavaScript 程式。

程式演練 8.9　會跳動的 Marker（bouncemarker）

```
const marker = new L.Marker([23.5, 121], {
    bounceOnAdd: true,
    bounceOnAddOptions: { duration: 1500, height: 200, loop: 1 },
}).addTo(lMap);
```

程式演練下載網址：

https://github.com/PapaPerryLiao/WebGIS-and-JavaScript/tree/master/8/8.9

程式演練線上 **Demo**：

https://papaperryliao.github.io/WebGIS-and-JavaScript/8/8.9/index.html

透過 L.Marker 可以建立點資料圖徵，如同一般的點資料圖徵的建立方式相同。不同的是，參數二可以加入讓點資料圖徵跳動的屬性，包含建立時跳動（bounceOnAdd）、跳動的相關設定（bounceOnAddOptions）等等……。

bouncemarker 設定

- bounceOnAdd：標記點建立時是否彈跳，預設為 false。
- bounceOnAddOptions：彈跳設定
- bounceOnAddCallback：彈跳結束後的 callback 函式

bounce 彈跳設定 (bounceOnAddOptions)

- duration：彈跳時間 (毫秒)，預設為 1000 毫秒 (1 秒)
- height：彈跳高度，預設從 y 坐標最高處開始落下
- loop：動畫重複播放次數，預設為 1 次

```
marker.on("click", () => {
    marker.bounce({ duration: 500, height: 200, loop: 1 });
});
```

還可以透過事件的方式，讓點資料圖徵在點擊時產生跳動，就會產生一種視覺化聚焦的效果。

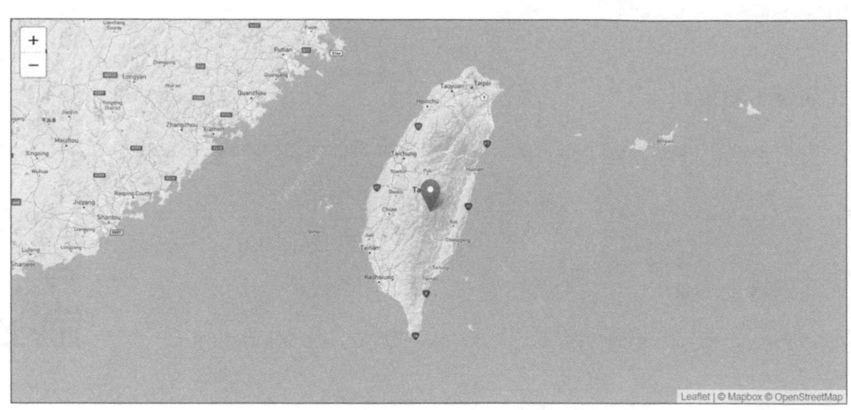

圖 8-22 點擊事件觸發點資料圖徵跳動

8.3.2 會移動的 Marker（MovingMarker）

➲ Marker:「我會彈跳還不夠！我還會移動！」

除了透過 bouncemarker 可以讓點資料圖徵跳動外，也可以透過 Leaflet Plugins 的 MovingMarker，讓點資料圖徵產生移動的效果。在實務上，例如公車動態系統，可以在地圖上實作移動中的公車標記點，讓使用者更能清楚掌握公車的行進路線與目前的位置。

```
<script src="https://ewoken.github.io/Leaflet.MovingMarker/MovingMarker.
js"></script>
```

引入 MovingMarker 的 JavaScript 程式。

```
<button id="btnMove">環島囉！</button>
<div id="lmap"></div>
```

在 UI 介面上建立環島移動的按鈕，並初始化地圖。

程式演練 8.10　會移動的 Marker（MovingMarker）

```
// 移動路徑的格式
```

```
const arr = [
    [25.15482253021388, 121.55273437500001],
    [23.673466557663005, 120.25634765625001],
    [21.94080665316361, 120.79467773437501],
    [24.985555713597012, 121.80541992187501],
];
```

程式演練下載網址：

https://github.com/PapaPerryLiao/WebGIS-and-JavaScript/tree/master/8/8.10

程式演練線上 Demo：

https://papaperryliao.github.io/WebGIS-and-JavaScript/8/8.10/index.html

建立名為 arr 的陣列，陣列中存放標記點移動的路徑規劃。

```
const Move = (arr) => {
    const marker = L.Marker.movingMarker(arr, [1000, 3000, 500, 100], {
autostart: true }).addTo(lMap);
    L.polyline(arr, { color: "red" }).addTo(lMap);
    lMap.fitBounds(arr);

    // 移動結束時觸發事件
    marker.on("end", function () {
        marker.bindPopup("<p>環島結束囉！</p>", { closeOnClick: false })
.openPopup();
    });
};
```

建立名為 Move 的函式，透過 L.Marker.movingMarker 可以建立具備移動軌跡的點資料圖徵，參數一為即將移動的軌跡；參數二為每段移動軌跡所需要的時間（毫秒），參數三則是移動的相關屬性設置，最後再透過 addTo 方法，把它加至地圖物件（lMap）中。

還可以為點資料圖徵加入移動的事件，這裡加入名為 "end" 的事件，在移動結束時會觸發這個事件。我們在移動結束後，透過 bindPopup 方法，綁定資訊視窗，並且告訴使用者移動已經結束的資訊。

➲ movingMarker 參數

- latlngs：移動路徑的二維陣列
- durations：每段路徑移動的時間，格式為陣列，單位毫秒
- Options：詳見下方 Options

➲ Options

- autostart：若為 true 時，當標記點加入地圖後自動開始移動，預設為 false。
- loop：若為 true 時，標記點到達終點後會自動回到起點，重複播放，預設為 false。

➲ movingMarker 事件

- start：於起點開始移動時觸發
- end：到達終點時觸發
- loop：每次循環開始時觸發

```
const button = document.getElementById("btnMove");
button.addEventListener("click", () => {
    Move(arr);
});
```

在「環島囉！」按鈕中綁定點擊事件（click），當按鈕點擊時會觸發 Move 函式，並建立一個移動的點資料圖徵。

圖 8-23　初始化地圖 UI 介面

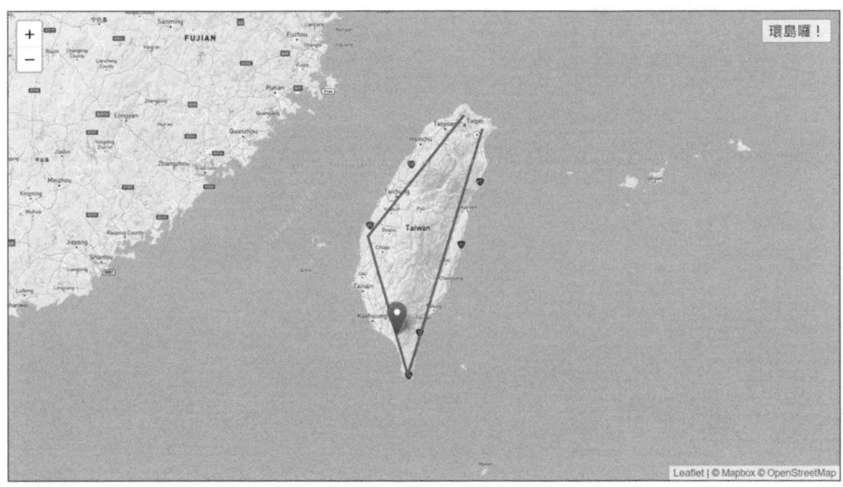

圖 8-24　MovingMarker（環島移動中）

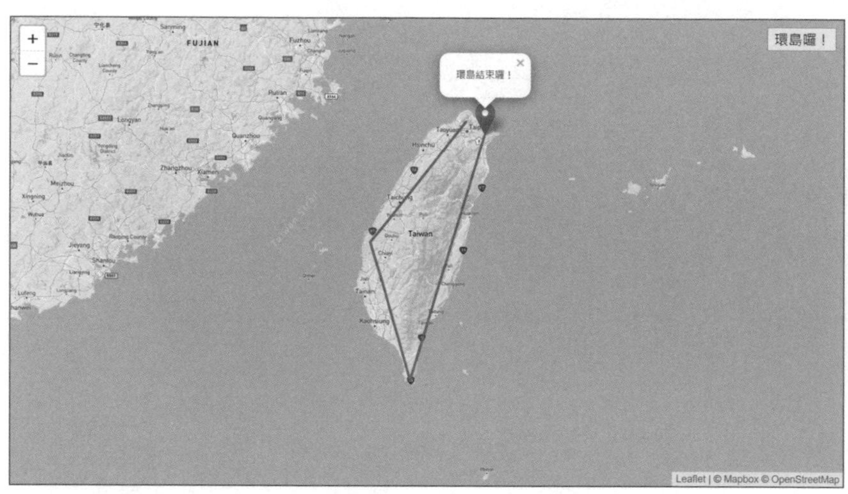

圖 8-25　MovingMarker（環島結束）

除了讓點資料圖徵有既定的移動軌跡外，還可以透過事件的操作，去動態地讓點資料圖徵停止或是繼續移動，如程式演練 8.11 所示。

程式演練 8.11　會移動的 Marker（MovingMarker）（2）

```
const route = [
    [23, 120.3508],
    [25.15, 121.523333],
];
const marker = L.Marker.movingMarker(route, [4000]).addTo(lMap);
L.polyline(route).addTo(lMap);
```

程式演練下載網址：

https://github.com/PapaPerryLiao/WebGIS-and-JavaScript/tree/master/8/8.11

程式演練線上 **Demo**：

https://papaperryliao.github.io/WebGIS-and-JavaScript/8/8.11/index.html

建立名為arr的陣列，陣列中存放標記點移動的路徑規劃。並且透過 L.Marker.movingMarker 建立一個具備移動軌跡的點資料圖徵。

```
marker.once("click", () => {
    marker.start();
    marker.on("click", () => {
        if (marker.isRunning()) {
            marker.pause();
        } else {
            marker.start();
        }
    });
});
```

透過點資料圖徵建立 once 的點擊事件（ click ），代表只會在第一次點擊時觸發，在第一次點擊時呼叫 start 方法，讓點資料圖徵開始移動。並為點資料添加點擊事件（ click ），在每次點擊時透過 isRunning 方法判斷是否在移動中，如果移動中就讓它停下；如果是靜止狀態，就讓它繼續移動。

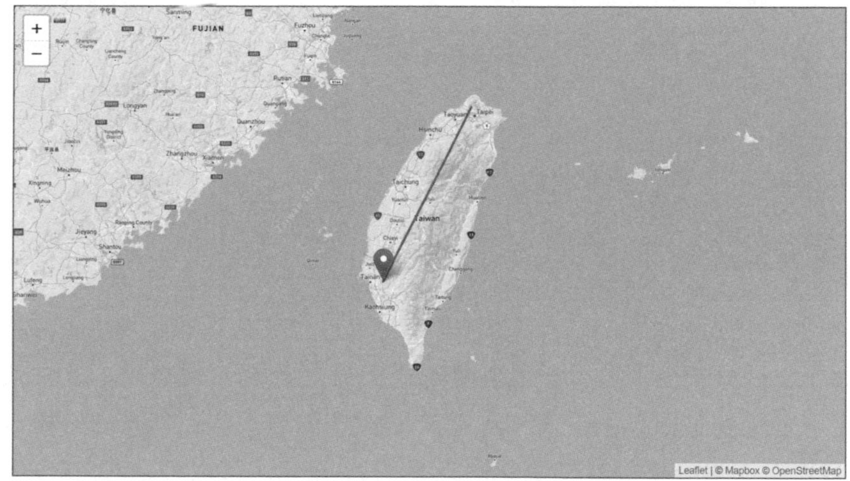

圖 8-26　MovingMarker 點擊事件（點擊前）

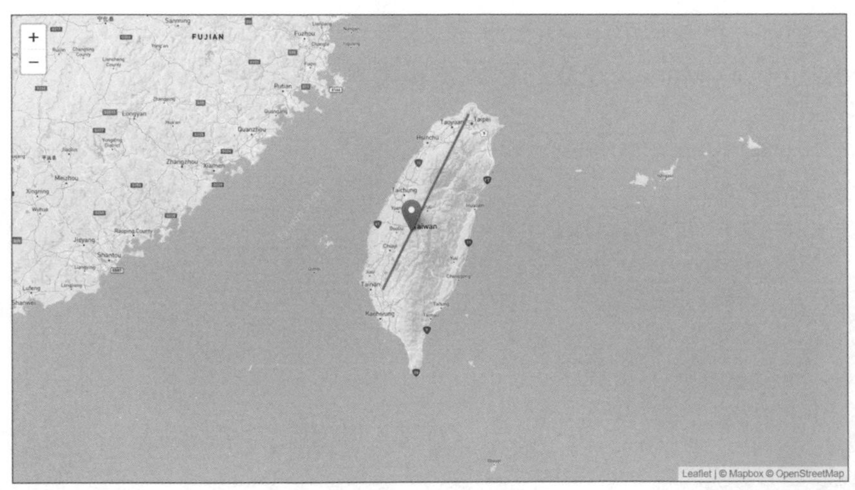

圖 8-27　MovingMarker 點擊事件（移動中點擊後停止，再次點擊繼續移動）

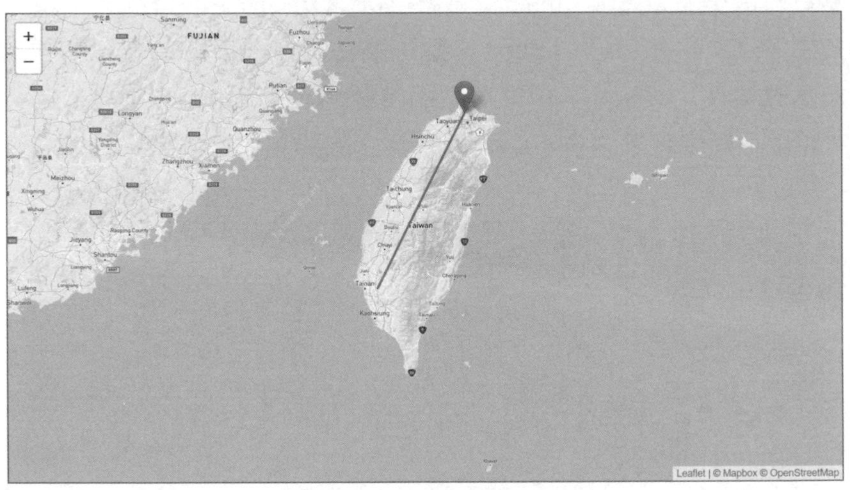

圖 8-28　MovingMarker 點擊事件（到達終點）

GIS 除了空間分析外，還有一個重要的環節就是把資料視覺化，讓決策者一目了然，並且採取最佳的決策。本章節從群聚的展現，到熱區的分析，最後是動態的點資料圖徵，相信讀者們活用這些元素，可以打造更加活化的地圖，讓使用者操作時有種身歷其境的感覺。

MEMO

MEMO

讀者回函

感謝您購買本公司出版的書，您的意見對我們非常重要！由於您寶貴的建議，我們才得以不斷地推陳出新，繼續出版更實用、精緻的圖書。因此，請填妥下列資料(也可直接貼上名片)，寄回本公司(免貼郵票)，您將不定期收到最新的圖書資料！

購買書號： **書名：**

姓　　名：________________

職　　業：□上班族　□教師　□學生　□工程師　□其它

學　　歷：□研究所　□大學　□專科　□高中職　□其它

年　　齡：□10~20　□20~30　□30~40　□40~50　□50~

單　　位：________________ 部門科系：________________

職　　稱：________________ 聯絡電話：________________

電子郵件：________________

通訊住址：□□□ ________________

____

您從何處購買此書：

□書局 ________ □電腦店 ________ □展覽 ________ □其他 ________

您覺得本書的品質：

內容方面：□很好　□好　□尚可　□差

排版方面：□很好　□好　□尚可　□差

印刷方面：□很好　□好　□尚可　□差

紙張方面：□很好　□好　□尚可　□差

您最喜歡本書的地方：________________

您最不喜歡本書的地方：________________

假如請您對本書評分，您會給(0~100分)：________ 分

您最希望我們出版那些電腦書籍：

請將您對本書的意見告訴我們：

您有寫作的點子嗎？□無　□有　專長領域：________________

歡迎您加入博碩文化的行列哦！

請沿虛線剪下寄回本公司

Give Us a Piece Of Your Mind

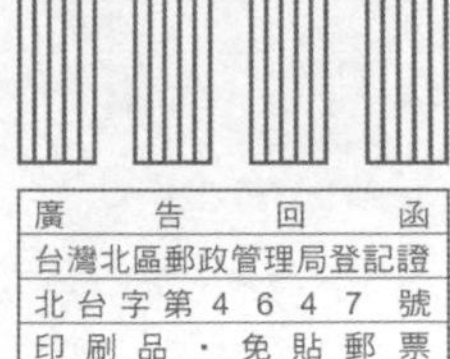

221
博碩文化股份有限公司　產品部
台灣新北市汐止區新台五路一段112號10樓A棟

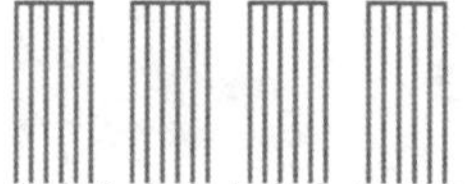

博碩文化

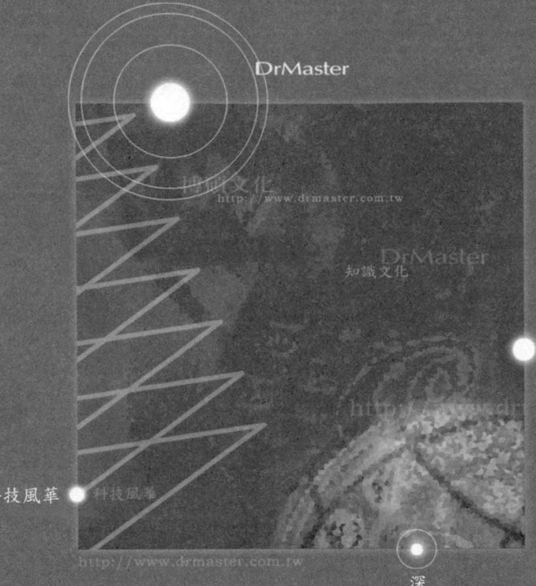
DrMaster
知識文化
科技風華
深度學習資訊新領域